wk

Helmut Geiger

Bankpolitik

Verlag W. Kohlhammer
Stuttgart Berlin Köln Mainz

Stuttgart Berlin Köln Mainz
Verlagsort: Stuttgart
Umschlag: hace
Gesamtherstellung: W. Kohlhammer GmbH
Grafischer Großbetrieb Stuttgart
Printed in Germany
ISBN 3-17-001525-7

Inhalt

Vorwort

Heute ein Buch über Bankpolitik zu schreiben, ist ein ebenso reizvolles wie diffiziles Unternehmen, denn die bankpolitische Szene ändert sich in einem atemberaubenden Tempo. Dazu hat nicht zuletzt die Freigabe der Wechselkurse beigetragen, die den Kreditinstituten eine neue Dimension von Chancen und Risiken eröffnet hat. Darüber hinaus versetzten die mit der Preispolitik der ölproduzierenden Länder veränderten Geld- und Kapitalströme die Notenbanken und das internationale Bankwesen in einen permanenten Spannungszustand. Die rasche Beschleunigung der Weltinflation konfrontierte zudem den Bankenapparat in aller Welt mit neuen, schwierigen Problemen. Deshalb ist die Frage hochaktuell, inwieweit die Geldpolitik die weltweite Inflation zurückzudrängen vermag.

Andere Entwicklungen vollziehen sich dagegen nur schleppend. So ist beispielsweise eine Reform des internationalen Währungssystems noch nicht abzusehen, und auch die Europäische Währungsunion als ein Kernstück europäischer Einigung liegt noch in weiter Ferne. Das Floating erwies sich bisher als der einzige Weg, den nationalen Notenbanken den dringend benötigten Aktionsradius für eine wirksame Antiinflationspolitik zu geben. Die Aussagen zu den währungspolitischen und weltwirtschaftlichen Perspektiven mußten mit besonderer Vorsicht erfolgen, weil politische Entwicklungen perfekte Theorien rasch überrollen können. Auch hier boten gerade die letzten Jahre genügend Anschauungsmaterial.

Die zunehmend kritische Betrachtung, der sich die Banken in den letzten Jahren in der Öffentlichkeit ausgesetzt sehen, ist wegen ihrer Verflechtung mit den wirtschaftspolitischen Entwicklungsprozessen ein verständliches Phänomen. So erstaunt es auch nicht, daß die Banken als Nervenzentren des »kapitalistischen« Systems ein besonderer Dorn in den Augen der »Systemveränderer« sind. Um so entscheidender wird es aber darauf ankommen, daß sich die Kreditinstitute ihrer wirtschaftspolitischen und damit gesellschaftlichen Funktionen und Positionen voll bewußt werden und dadurch ihren Kritikern die Munition nehmen.

Aufgabe der staatlichen Bankpolitik ist es dabei, durch eine ausreichende wettbewerbspolitische Rahmenordnung und durch wirksame aufsichtsrechtliche Bestimmungen faire Bedingungen für alle Kreditinstitute zu schaffen und dabei Mißbrauch und Mißwuchs bankgeschäftlicher Aktivitäten zu verhindern. Keinesfalls sollte sie in einen administrativen Perfektionismus verfallen, sondern Strategien entwickeln, die in unser marktwirtschaftliches System passen. Neuerungen können im komplexen Bereich der Bankwirtschaft nur dann Bestand haben, wenn sie die Bedingungen des ökonomischen, sozialen und politischen Umfeldes und seiner möglichen Entwicklungen ins Kalkül ziehen. Dazu sollen Argumente, Beurteilungskriterien und mögliche Perspektiven aufgezeigt werden.

Dieses Buch ist kein Lehrbuch und geht daher auch nur insoweit auf die Theorie ein, wie dies zur Erklärung der wirtschaftlichen Wirklichkeit unbedingt notwendig erscheint. Sein Ziel ist es vielmehr, Meinungen zu aktuellen bankpolitischen Themen zu äußern und damit zur allgemeinen Diskussion beizutragen. Selbstverständlich wird dabei in keiner Weise der Anspruch auf Vollständigkeit erhoben: Nicht zuletzt, um auch dem Nicht-Fachmann die teilweise komplexen und komplizierten Sachverhalte nahezubringen, habe ich mich bewußt auf die wesentlichen Linien konzentriert.

Das Buch behandelt drei Problemkreise: Die Geldpolitik der Notenbank als Instrument der Wirtschaftspolitik und als Grundlage der bankgeschäftlichen Tätigkeit, die Probleme der heutigen Bankenstruktur in der Bundesrepublik Deutschland und schließlich die Einwirkungen des Staates auf die Geschäftspolitik der Kreditinstitute. Bei der Fülle des hier zu verarbeitenden Materials war es leider nicht möglich, die geschäftlichen und betriebswirtschaftlichen Aspekte der Kreditwirtschaft mit der notwendigen Intensität in die Betrachtung einzubeziehen. Dies konnte nur insoweit geschehen, als es zum Verständnis der bankpolitischen Perspektiven notwendig war.

Es kostet viel Zeit, ein Buch zu schreiben. Daher danke ich den Herren Dr. Walter Geiger, Dr. Eberhart Ketzel, Dr. Dirk Schmidt und Dr. Gerhard Zweig, daß sie durch intensive Mitarbeit dieses Buch möglich gemacht haben. Mein besonderer Dank gilt Herrn Dr. Jürgen Mura für die redaktionelle Betreuung.

Bonn, im September 1975 *Helmut Geiger*

Teil I:

Neuorientierung der Notenbankpolitik?

Notenbankpolitik in der Diskussion

Inflationsbekämpfung hat Vorrang

Die Konjunkturpolitik der späten sechziger und frühen siebziger Jahre hat deutlich die Stärken und Schwächen der modernen Wirtschaftspolitik aufgezeigt. Diese Politik brachte zwar nochmals eine erhebliche Wohlstandssteigerung breiter Bevölkerungsschichten, gleichzeitig aber auch bedenkliche wirtschaftliche Fehlentwicklungen im nationalen wie im internationalen Bereich, deren Fernwirkungen heute noch nicht abzusehen sind. Nicht von ungefähr breitet sich nach der Wachstumseuphorie jetzt Wachstumspessimismus aus, und vielfach wird die Vision »magerer Jahre« an einen düsteren Horizont gezeichnet.

Das letzte Dezennium demonstrierte die nationale und internationale Bedeutung der Geld- und Währungspolitik, zeigte zugleich aber auch die Grenzen autonomer geldpolitischer Maßnahmen. Wenn die Wirtschafts- und Finanzpolitik nicht entschlossen einen klaren, den realen Möglichkeiten der jeweiligen Volkswirtschaft gemäßen Kurs steuert, kann die Geldpolitik allein diesen Mangel nicht wettmachen, wie beispielsweise zuletzt 1971/1972 und zum Teil auch in der Tarifbewegung Anfang 1974. Andererseits nützt zur Erreichung des Stabilitätsziels auch eine konsequent restriktive Finanzpolitik nur wenig, wenn die Beschränkung der öffentlichen Ausgaben nicht geldpolitisch abgesichert ist, d. h. ein Übermaß an Liquidität, vor allem aus dem Ausland, Unternehmen und private Haushalte in die Lage versetzt, die öffentliche Zurückhaltung durch um so stärkere Expansion der konsumtiven und investiven Ausgaben zu kompensieren.

Gleichzeitig haben die letzten Jahre deutlich gezeigt, daß die Inflation keine positiven Auswirkungen auf den Wirtschaftsablauf hervorbringen kann. Im Gegenteil, Inflation ist eine Krankheit im Körper einer Volkswirtschaft. Sie höhlt die Rechnungsgrundlage einer stark arbeitsteiligen Volkswirtschaft aus, bewirkt dadurch Fehlsteuerungen der volkswirtschaftlichen Prozesse, verhindert optimale wirtschaftliche Ergebnisse und wirkt damit zwangsläufig zerstörend und unsozial. Viele Länder, die auf ihre hohen Wachstumsraten stolz waren, das Infla-

tionsproblem vernachlässigten und bisweilen mitleidig die deutsche wirtschaftspolitische Diskussion verfolgt haben, sind nachdenklich geworden. Die Wachstumsraten sind dort stark geschrumpft, Arbeitslosigkeit entstand trotz (oder gerade wegen) der Inflation, die außenwirtschaftlichen Defizite erschütterten die weltwirtschaftliche Arbeitsteilung und die Sozialgefüge trotz (oder gerade wegen) einer angeblich segensreichen inflationär gestützten Wachstumspolitik um jeden Preis. So kommt es nicht von ungefähr, daß die traditionell immer stärker stabilitätspolitisch orientierten Länder Mitteleuropas bisher am besten mit den Zahlungsbilanzproblemen der Ölkrise fertig geworden sind.
Inzwischen droht die weltweite Rezession, verbunden mit dem politischen Zwang, die Arbeitslosigkeit zurückzudrängen, die guten Vorsätze für eine stärker stabilitätsorientierte Wirtschaftspolitik schon im Ansatz in vielen Ländern zu ersticken. Dies wäre verhängnisvoll, weil dann weltwirtschaftliche Friktionen erheblichen Ausmaßes schon in wenigen Jahren erneut auftreten müßten. Deshalb muß bei der im Sommer 1975 begonnenen weltweiten wirtschaftspolitischen Kooperation zur Überwindung der Weltrezession unbedingt das Ziel verfolgt werden, eine neue »Inflationsrunde« bei einem neuen weltweiten Wirtschaftsaufschwung zu verhindern. Öffentliche Finanzpolitik und Geldpolitik in den wichtigen Ländern müssen schon heute bei der Überwindung der Rezession dafür sorgen, daß die expansiven Maßnahmen »kontrolliert« erfolgen und später keinen Inflationsstoß auslösen können. Auch im internationalen Bereich gilt das vom Sachverständigenrat in seinem umstrittenen Sondergutachten vom August 1975 aufgestellte Postulat: »Der Vorschlag, eine starke Ausdehnung der Produktion anzustreben, bedeutet indessen nicht, beim Stabilitätsziel weniger ehrgeizig zu sein.«
Der weltweite Trend zur Überforderung der realen volkswirtschaftlichen Möglichkeiten hat auch vor der Bundesrepublik nicht haltgemacht. Die bisherigen Inflationsraten waren zwar im weltweiten Vergleich relativ gering, objektiv sind aber auch diese Raten in der Bundesrepublik unter wirtschaftlichen wie sozialen Gesichtspunkten unerträglich. Die entscheidende Dämpfung der Inflationsraten trat in der Bundesrepublik erst ein, als die Geldpolitik die ihr durch das Floating neu zugewachsenen Möglichkeiten außenwirtschaftlicher Absicherung voll ausschöpfte. Diese rigorose Geldpolitik brachte das Ausmaß inflationär bedingter Fehlentwicklungen der letzten Jahre ans Tageslicht, weil sie es durch Beschränkung der Geldmenge nicht mehr zuließ, daß inflationär aufgeblähte Kosten ohne weiteres weitergewälzt werden konnten.

Viele Bürger auch unseres Landes haben die nationalen und internationalen wirtschaftspolitischen Irrtümer und Versäumnisse mit Arbeitslosigkeit und Kurzarbeit büßen müssen. Auch wenn die Konjunktur wieder in Schwung kommt, wird es für viele ältere Arbeitnehmer, vermutlich gerade für diejenigen mit qualifizierter Ausbildung, schwierig sein, wieder eine adäquate Beschäftigung zu finden. Wenn die Arbeitslöhne zu rasch und im internationalen Vergleich überproportional angehoben werden, wie z. B. in den Jahren 1972 bis 1974, werden zwangsläufig Substitutionsprozesse nationaler und internationaler Art in Gang kommen und Arbeitsplätze auf Dauer vernichten. Neue Arbeitsplätze zu schaffen, ist aber in einem marktwirtschaftlichen System nur möglich, wenn die Investitionen wirtschaftlich sinnvoll bleiben. Der forcierte Umverteilungsprozeß hat dies bisher objektiv erschwert, die politische Diskussion über zusätzliche Belastungen der Unternehmen hat dies vor allem im mittelständischen Bereich subjektiv behindert.

Die Bundesrepublik hätte aber trotz der Ölpreisverteuerung und der weltweiten Inflationskrise in der Spitze der Rezession vermutlich einige hunderttausend Arbeitslose weniger, wenn die Wirtschaftsstruktur durch geeignete Maßnahmen rechtzeitig besser im Gleichgewicht gehalten worden wäre. Dazu hätte gehört: Ein rechtzeitiges Ausnutzen aller Möglichkeiten außenwirtschaftlicher Absicherung seit Mitte der sechziger Jahre; eine rechtzeitige steuerpolitische Kursänderung im Wohnungsbau und eine entschlossene Führungsrolle der öffentlichen Körperschaften in den Tarifrunden der Jahre 1973 und 1974, in der die öffentliche Hand den lohnpolitischen Fehlentwicklungen selbst den I-Punkt aufsetzte.

Nicht die Geldpolitik der Bundesbank hat die Arbeitslosigkeit bewirkt, wie gelegentlich zu hören ist, sondern wirtschafts- und finanzpolitische Versäumnisse. Dabei ist durchaus zuzugeben, daß infolge internationaler Bindungen vor allem in der europäischen Politik nicht immer alle Maßnahmen rechtzeitig oder in ausreichendem Umfang ergriffen werden konnten. Die Mär, daß nationale Stabilitätspolitik in einer inflationären Umwelt keine Chance hätte, ist seit 1974 nachdrücklich widerlegt worden. Die deutsche Inflationsrate von 7 Prozent im Jahre 1974 ist wesentlich niedriger als die Durchschnittsinflationsrate der westlichen Industrieländer von 15 Prozent bei einem gleichzeitigen Aufwertungseffekt der D-Mark gegenüber diesen Ländern in Höhe von 8 Prozent; ein in der rechnerischen Präzision vermutlich zufälliges, in der Richtung aber deutliches Beispiel dafür, daß eine Abschirmung vor der internationalen Inflation möglich ist.

Indexierung kein Ausweg

Gleichzeitig hat sich aber auch erwiesen, daß die Inflationsbekämpfung mit konventionellen Mitteln der Wirtschafts-, Finanz- und Geldpolitik möglich ist. Daher braucht man nicht zu den Ersatzrezepturen einer Indexierung zu greifen, denn diese Vorschläge gehen im Grunde ja alle davon aus, daß die Inflation ein unvermeidliches Schicksal oder politisch zu langsam und unter zu großen Opfern zu beseitigen ist. Der Hinweis auf die vermuteten positiven Wirkungen der Indexierung in verschiedenen anderen Ländern ist wenig beweiskräftig, weil die wirtschafts- und sozialpolitischen Datenkränze dieser Volkswirtschaften wesentlich von den unseren abweichen. Wir haben keine mit Brasilien vergleichbare Gesellschaftsform, keine mit Israel vergleichbare Wirtschaftsordnung und keine mit Finnland vergleichbare Struktur unserer Kreditwirtschaft.

Insbesondere ist zu berücksichtigen, daß in einer liberalen hochentwikkelten Volkswirtschaft eine Teilindexierung auf bestimmte enge Bereiche der langfristigen Kapitalansammlung nicht möglich ist. Daher müßte sich die Indexierung schließlich auf das gesamte Wirtschaftsleben, auf die Steuergesetzgebung und auf die Rechtsordnung auswirken. Abgesehen davon, daß dies Anpassungsprozesse von mindestens einem halben Jahrzehnt notwendig machen dürfte, würde allein schon eine Indexierungsdebatte großen Stils die Labilität unserer konjunkturellen und strukturellen Situation weiter verstärken und nicht mehr, sondern weniger Sicherheit für die wirtschaftlichen Dispositionen schaffen.

Deshalb ist zu bedauern, daß sich der Wissenschaftliche Beirat beim Bundeswirtschaftsministerium noch im Sommer 1975 mit missionarischem Eifer diesem Thema zugewandt hat. Leider hat auch er auf die entscheidenden zwei kritischen Fragen keine Antwort gegeben: Muß sich nicht eine Indexierung in einem Bereich der Volkswirtschaft oder in einem Sektor des Kapitalmarktes zwangsläufig auf das ganze Wirtschaftsleben ausbreiten? Was soll mit den 800 Milliarden DM Geldvermögen geschehen, die bis Ende 1975 ohne Indexschutz von den Bürgern dieses Landes gebildet worden sind?

Wenn Volkswirtschaften bei Inflationsraten von 20 Prozent angelangt sind und keine Hoffnung auf eine Wende besteht, bleibt vielleicht nur der Indexausweg als das kleinere Übel. In der konkreten deutschen Situation eine Indexdebatte im politischen Raum zu führen, wäre dagegen verfehlt. Deshalb sollten die Indexierungsdiskussionen endgültig abgeschlossen und die politischen und theoretischen Anstrengungen

auf die Bekämpfung der Inflation an ihren Wurzeln konzentriert werden. Mit Mut und guten Nerven sind dort beachtliche Erfolge zu erzielen, ohne die großen Risiken eines neuen, sehr problematischen Instruments in Kauf nehmen zu müssen.
Der Geldpolitik der Notenbank kommt in einem solchen, auf längere Sicht angelegten antiinflationären Konzept eine entscheidende Rolle zu. Das läßt sich nicht zuletzt aus den Fehlern der Vergangenheit lernen. Deshalb ist es sicher nützlich, die geldpolitische Entwicklung der letzten 20 Jahre einmal kurz zu analysieren, wobei von der jüngsten Kritik an der Bundesbank und ihrer Politik ausgegangen werden soll.

Konjunkturpolitischer Einfluß der Notenbank stößt auf Kritik

Die Erfahrungen aus zwei Inflationen haben in Deutschland dazu geführt, die Notenbank in erster Linie als Hüterin der Währung zu sehen. Ihre gesetzliche Aufgabe, den Geldwert zu sichern, soll sie autonom und unbehindert durch staatliche Eingriffe und Weisungen erfüllen können. Aus dieser Grundeinstellung erklärt sich, daß die geld- und kreditpolitischen Entscheidungen der Bundesbank bis in die sechziger Jahre hinein von öffentlicher Kritik weitgehend verschont blieben und daß man darauf vertraute, die Bundesbank werde den Kampf gegen die weltweit virulenten Inflationstendenzen nach besten Kräften führen. Wenn in jenen Jahren Kritik geübt wurde, dann fast nur gegenüber staatlichen Instanzen, die den Wirkungsgrad der Notenbankpolitik beeinträchtigen und denen vorgeworfen wurde, gegen die Inflationsgefahr nicht entschlossen genug vorzugehen.
Diese grundsätzlich positive Einstellung gegenüber der Notenbankpolitik beginnt sich in der politischen Diskussion der jüngsten Zeit zu wandeln. Es mehren sich die Stimmen, die der Bundesbank vorwerfen, eine zu starre Politik zu verfolgen: Sie hätte zwar 1974/1975 den Preisanstieg gebremst, dafür aber mehr als eine Million Arbeitslose in Kauf genommen. Die Bundesbank sei so zur stärksten konjunkturpolitischen Kraft geworden. Dies gehe über ihren eigentlichen Auftrag hinaus.
Nun ist sicher nicht zu bestreiten, daß die geld- und kreditpolitischen Maßnahmen der Bundesbank stets auch konjunkturpolitische Wirkungen ausüben. Geldwertstabilität ließ sich in den Konjunkturzyklen der letzten beiden Jahrzehnte eben oft nur durch eine Konjunkturdämpfung sichern. Wenn dies heute zum Beispiel im politischen Be-

reich zunehmend als problematisch empfunden wird, dann nicht zuletzt auch aus der Befürchtung, daß der Notenbank in diesem Dämpfungsprozeß eine zu prominente Rolle zugeteilt worden ist, ohne daß sie einer parlamentarischen Kontrolle unterliegt. Hinzu kommt, daß die Bundesbank selbst erst Erfahrungen in einer Welt sammeln mußte, in der sie durch das Floating zum erstenmal die volle Herrschaft über die Binnengeldmenge und ihre Veränderungen gewonnen hat. Damit stehen wir in der Tat vor der Frage, was die Geldpolitik unter den neuen Bedingungen zu leisten vermag und wo ihre Grenzen liegen.

Von den sich zum Teil erst in Umrissen abzeichnenden Problemen sollen hier nur die wichtigsten angesprochen und etwas ausführlicher behandelt werden. Dazu gehört einmal die Frage nach dem richtig dosierten Einsatz der Notenbankinstrumente. Ihre Beantwortung hängt nicht zuletzt davon ab, wie flexibel sich die Kreditwirtschaft selbst, die Unternehmen und die öffentlichen Haushalte auf geldpolitische Maßnahmen der Notenbank einstellen können.

Entscheidend ist jedoch, daß die Bundesbank seit dem Übergang zum Floating im Frühjahr 1973 stärker als bisher in der Lage ist, durch ihre Geldpolitik auf die Beschäftigung, die Produktionsstruktur der Wirtschaft und das Wirtschaftswachstum einzuwirken. Deshalb hört man immer häufiger die Frage, ob denn nicht unter diesen Umständen die Notenbank der politischen Kontrolle bedarf, wenn sie durch ihre Politik Zielsetzungen berührt, die nicht in ihren eigentlichen Zuständigkeitsbereich fallen.

Hiermit ist die Frage nach der Integration der Notenbankpolitik berührt. Diese stellt sich heute nicht nur national, sondern in zunehmendem Maße auch international: Die Pläne zur Schaffung einer Europäischen Währungsunion und zur Reform des Weltwährungssystems wirken zum Teil unmittelbar auf die binnenwirtschaftlichen Möglichkeiten der Geld- und Kreditpolitik zurück. Auch hier wird zum Teil völliges Neuland betreten.

Schon aus diesen Gründen lassen sich die vorstehenden Probleme nicht nur aus theoretischer Sicht behandeln. Auch wer beispielsweise in dem heftigen Streit »Monetaristen« und »Fiskalisten« den Ansichten der einen oder anderen Seite zuneigt, darf die Probleme nicht losgelöst von der politischen Willensbildung, der gegebenen Wirtschaftsverfassung und Wirtschaftsstruktur sehen und entscheiden wollen. Vor diesem Hintergrund sollte auch die Diskussion um die Stellung der Geldpolitik in der allgemeinen Wirtschafts- und Stabilitätspolitik geführt werden. Die folgenden Überlegungen sind als Beitrag für eine solche Diskussion gedacht.

Die »neue« Notenbankpolitik: außenwirtschaftlich abgesichert und geldmengenorientiert

Das entscheidende Datum wurde bereits genannt: Seit März 1973, nach der Freigabe des Wechselkurses der DM und der Währungen vieler anderer Länder gegenüber dem Dollar, ist die nationale Geldpolitik in der Lage, die Liquidität des Bankensystems und der Gesamtwirtschaft weitgehend nach eigenen Zielvorstellungen zu steuern. Die unmittelbaren Folgen dieses Übergangs zum Floating waren Liquiditätseinengung, stark steigende Zinsen und deutlich verminderte Zuwachsraten des Geld- und Kreditvolumens. Mit der Verknappung des Geldangebots wurde schließlich auch die angestrebte Konjunkturdämpfung erreicht und der inflatorische Preisauftrieb gebremst. Dies ist sicher ein erster Erfolg der von der Bundesbank beschrittenen »neuen« Wege der Geldpolitik, des Versuchs, die stabilitätspolitischen Probleme über die Steuerung der Geldmenge zu bewältigen; und in der Tat hat sich die geldpolitische Szene seit dem Frühjahr 1973 entscheidend verändert.
Wie sehen diese neuen Wege der Geldpolitik aus, auf welchen empirischen Erfahrungen beruhen sie und welchen theoretischen Erkenntnissen entsprechen sie? Erst nach Beantwortung dieser Fragen sind ihre längerfristigen Konsequenzen abzuschätzen.

Bisherige Geldpolitik ohne Stabilisierungschancen

Die Nachkriegsgeschichte der Notenbankpolitik ist durch eine Fülle von Datenänderungen gekennzeichnet, mit denen die Notenbank auf die sich rasch ändernden Bedingungen der Wirtschaftsentwicklung in der Bundesrepublik reagierte. Vereinfachend lassen sich jedoch in den vergangenen 25 Jahren zwei Phasen der Notenbankaktivität unterscheiden, bei deren Charakterisierung der Einfluß außenwirtschaftlicher Faktoren eine entscheidende Rolle spielt.

Die erste Phase reichte bis in den Anfang der sechziger Jahre hinein. Die Wirtschaft der Bundesrepublik erlebte damals einen fast rückschlaglosen Aufschwung. Seine Voraussetzungen waren ein rasch ausbaufähiges Produktionspotential, ein großes Arbeitskräfteangebot, das noch durch Zuwanderungen aus der DDR verstärkt wurde, ein hohes Maß an technischem Wissen und unternehmerischem Leistungswillen sowie ein beträchtlicher Nachholbedarf auf fast allen Gebieten. Aufgrund dieser Faktoren konnte das Produktions- und Dienstleistungsangebot kräftig ausgeweitet und die Arbeitsproduktivität sprunghaft gesteigert werden. Damit waren von der Kostenseite ausgesprochen günstige Stabilitätsvoraussetzungen gegeben: Die Preissteigerungsraten betrugen in diesen Jahren kaum einmal mehr als 2,5 Prozent – mit Ausnahme der Korea-Krise, in der vorübergehend Inflationsraten bis zu 6 Prozent erreicht wurden.

Trotzdem verliefen jene, heute fast schon als »besonnte Vergangenheit« erscheinenden Jahre nicht ohne geldpolitische Spannungen. So versuchte beispielsweise die damalige Bank deutscher Länder in den Jahren 1950/1951, den von den internationalen Rohstoffmärkten ausgehenden Preissteigerungen durch eine scharf restriktive Geld- und Kreditpolitik (einschließlich Kreditplafondierung) entgegenzuwirken und so den »Korea-Boom« zu brechen. Die Notenbank mußte jedoch schon damals die Erfahrung machen, daß eine übermäßige Auslandsnachfrage auch die Liquidität mitbringt, die zur Finanzierung eines Aufschwungs erforderlich ist. Ihre Restriktionspolitik blieb deshalb nahezu wirkungslos. Die Spannungen wurden im wesentlichen durch die damals noch mögliche schnelle Steigerung der Produktion behoben.

Ähnliches zeigte sich in den Jahren 1956/1957, in denen es auch zur ersten Kontroverse zwischen der Notenbank und der Bundesregierung kam: Wieder versuchte die Bank deutscher Länder, eine von der Auslandsnachfrage induzierte Konjunkturüberhitzung durch restriktive Maßnahmen abzukühlen, während die Regierung den Aufschwung noch als wirtschaftspolitischen Erfolg empfand. Adenauer sprach damals von einem Schlag gegen die Konjunktur und vom »Fallbeil« der Frankfurter Beschlüsse.

Rückschauend ist jedenfalls bemerkenswert, daß sich schon in der ersten Phase Störungen der Geldpolitik durch außenwirtschaftliche Einflüsse ergaben, obgleich zu jener Zeit noch beachtliche Reste einer Devisenzwangswirtschaft vorhanden waren. Diese Hemmnisse entfielen erst mit dem Übergang zur »Konvertibilität«: Ende 1958 wurde die Europäische Zahlungsunion (EZU) durch das Europäische Währungsabkommen (EWA) abgelöst.

Mit der Liberalisierung des Geld- und Kapitalverkehrs erhielt auch die Geldpolitik einen neuen Akzent: Sie mußte von nun an nicht nur auf die binnenwirtschaftlichen Wirkungen ihrer Maßnahmen achten, sondern auch die währungspolitischen Rückwirkungen im Auge behalten. Daß hier Neuland betreten worden war, zeigte sich bereits im ersten Aufschwung nach dem Übergang zur Konvertibilität: Als die Bundesbank in den Jahren 1959/1960 versuchte, den Boom durch Zinserhöhungen zu bremsen, wurden ihre Restriktionsmaßnahmen durch den verstärkten Zufluß von Auslandsgeld unterlaufen – die traditionelle Restriktionspolitik war »self-defeating« geworden, die traditionellen Instrumente der Notenbank konnten den Geldzustrom aus dem Ausland nicht abwehren. Die Bundesbank gab deshalb im Herbst 1960 den Versuch auf, die Kreditnachfrage durch eine Hochzinspolitik zu bremsen. Zur Abwehr der Übernachfrage des Auslandes wurde dann im März 1961 die DM zum erstenmal – um 5 Prozent – aufgewertet, ein Schritt, der im nachhinein als zu spät und zu schwach charakterisiert wurde.

Es folgten einige Jahre relativer Ruhe, die auch von der Wirtschaftspolitik als Übergang zu einer neuen Phase der Wirtschaftsentwicklung gewertet wurden. Die lange Periode des Nachkriegsaufschwungs schien beendet, nicht zuletzt auch deshalb, weil die Produktions- und Arbeitskräftereserven, die das »Wirtschaftswunder« zwischen 1950 und 1960 begünstigt hatten, ausgeschöpft waren. Das mag mit dazu beigetragen haben, daß der insgesamt nur schwache Konjunkturaufschwung von 1963/1965 in seiner Spätphase Geldentwertungsraten brachte, die deutlich über denen früherer Anspannungsphasen lagen. Dieser Inflationsschub konnte jedoch noch mit den traditionellen wirtschafts- und geldpolitischen Instrumenten bekämpft werden, die in der sich anschließenden leichten Rezession mit 1,5 Prozent (1967) und 1,3 Prozent (1968) erreichten Steigerungsraten des Preisindex für die Lebenshaltung kamen dem Ideal der Geldwertstabilität sehr nahe.

Dieser Erfolg wird zum Teil der Durchsetzung einer neuen »Verteilungspolitik« zugeschrieben, die damals unter dem Stichwort »Soziale Symmetrie« lief. Diese forderte eine temporäre Zurückhaltung der Tarifpartner bei Lohnanhebungen, die dann im Aufschwung durch eine aktivere Lohnpolitik abgelöst werden sollte. Tatsächlich haben sich in den Jahren 1967/1968 die Lohnkosten kaum stärker als die gesamtwirtschaftliche Produktivität erhöht, so daß die Lohnstückkosten konstant blieben. Bei kräftig steigenden Investitionen mußte dies zu einer »Gewinnexplosion« in den Unternehmen führen, die nun wieder Forderungen nach einer beschleunigten Anpassung der

Tariflöhne nach sich zog. Als diese etwas zu lange auf sich warten ließ, kam es zu unkontrollierten Streiks, deren Beilegung Löhne und Lohnkosten in breiter Front nach oben zog, und zwar weit über den gleichzeitig erzielten Produktivitätsfortschritt hinaus. Damit fand auch die Phase der relativen Preisstabilität ein rasches Ende. Die Hoffnung, daß das neue Stabilitäts- und Wachstumsgesetz die starken konjunkturellen Ausschläge einebnen könnte, wie es seine Väter euphorisch angekündigt hatten, trog hauptsächlich deswegen, weil die entscheidende Inflationsquelle nicht verstopft und dämpfende Maßnahmen immer zu spät und vielfach auch nicht stark genug dosiert eingesetzt wurden, um inflationäre Störungen gar nicht erst entstehen zu lassen.

Die Inflationserscheinungen seit 1969 waren also zunächst aus der nun einsetzenden Verschärfung des Verteilungskampfes zu erkennen. Der schnelle Preisanstieg dieser Jahre ist außerdem auf die Überforderung der wirtschaftlichen Leistungsfähigkeit durch anspruchsvolle Reformprogramme und auf die verstärkte Flucht in Sachwerte (»Betongold«) zurückzuführen, die durch Inflationsfurcht und eine unelastische Steuerpolitik bei der Förderung des Wohnungsbaus ausgelöst wurde.

Entscheidend war jedoch, daß trotz des verschärften Verteilungskampfes und der »Inflation der Ansprüche« ein beachtliches Preisgefälle zum Ausland erhalten blieb: Hohe Exportüberschüsse und der internationale Preiszusammenhang lassen auch die inflatorischen Störungen seit 1969 primär als auslandsinduzierte Inflation erscheinen, selbst wenn diese durch wiederholte Aufwertungen etwas gebremst wurde.

Die Inflationsursachen waren daher in den meisten westlichen Industrieländern in der Regel von gleicher Art, nur mit dem Unterschied, daß in vielen Ländern Regierungen und Notenbanken die internen Inflationsinfekte sehr viel laxer bekämpften und sogar durch eine stark defizitäre Haushaltspolitik sowie durch eine Politik des leichten Geldes versuchten, die letzte Wachstumsreserve auszuschöpfen. Daß dieses nur mit steigenden Inflationsraten möglich war, zeigten die letzten Jahre besonders deutlich. Die festen Wechselkurse erwiesen sich dabei als ein Transmissionsriemen, der die inflationären Impulse aus den einzelnen Ländern transportierte. Dabei wurden die liberalen, stark außenhandelsorientierten Länder naturgemäß am stärksten berührt.

In Anbetracht dieser Einflüsse ist es heute unbestritten, daß der nationalen Geldpolitik ein zu hohes Maß an Stabilitätsverantwortung zugeschoben wurde. Bei starren Wechselkursen und freiem Kapitalverkehr mit dem Ausland war weder eine wirkungsvolle Verknappung des Geldangebots noch eine entsprechende Verteuerung der Geldbeschaffung zu erreichen. Hieran änderten auch die »Ersatzaufwertung« vom Herbst 1968 und die Aufwertung der DM im Oktober 1969 nur wenig. Im Gegenteil führte jeder Aufwertungsverdacht sofort zu gigantischen Devisenzuflüssen, die selbst hohe administrative und dirigistische Barrieren überwanden. Eine wirkungsvolle außenwirtschaftliche Absicherung der stabilitätsorientierten Geldpolitik war das Gebot der Stunde. Die Diskussion hierüber nahm zeitweise religionskriegsähnliche Züge an, weil sich vor allem die Exportwirtschaft in ihrer Existenz bedroht sah.

Außenwirtschaftliche Absicherung – conditio sine qua non

Die Notwendigkeit einer außenwirtschaftlichen Absicherung der stabilitätsorientierten Geldpolitik ist also sehr früh sichtbar geworden. Dabei stand zunächst das Problem im Vordergrund, ob und in welcher Weise die traditionell auf Zinssatzveränderungen gerichtete Notenbankpolitik gegen zinsinduzierte Devisenzuflüsse abgeschirmt werden konnte. Erste negative Erfahrungen waren bereits 1960/1961 gemacht worden, als die zur Konjunkturdämpfung eingeleitete Hochzinspolitik wegen verstärkter Devisenzuflüsse abgebrochen werden mußte. In der Folgezeit versuchten deshalb Bundesregierung und Bundesbank, den aus einem positiven Zinsgefälle zwischen Inland und Ausland entstehenden Anreiz zu Geld- und Kapitalimporten zu beseitigen. Zu diesen Maßnahmen gehörten u. a. die Einführung der Kouponsteuer im Jahre 1965, das Verzinsungsverbot für Einlagen Gebietsfremder bei deutschen Kreditinstituten; außerdem können seither durch eine Änderung der Mindestreservebestimmungen Verbindlichkeiten gegenüber Gebietsfremden mit einer Mindestreserve bis zu 100 Prozent belegt werden.
Der letzte Schritt in diese Richtung war 1971 die Verabschiedung des Bardepotgesetzes. Danach kann angeordnet werden, daß bis zu 100 Prozent (anfangs 50 Prozent) der Verbindlichkeiten aus den von Gebietsansässigen bei Gebietsfremden aufgenommenen Mittel zinslos auf Bundesbankkonten zu hinterlegen sind (Bardepotpflicht). Diese Bestimmungen wurden erstmals im Frühjahr 1972 angewandt, aber

bereits im Herbst 1974 wieder suspendiert. Auch durch das Bardepot sollte die Aufnahme zinsgünstiger Kredite im Ausland verhindert werden, um so die Hochzinspolitik gegen Devisenzuflüsse abzuschirmen.
Alle diese Maßnahmen verloren jedoch nach gewissen Anfangserfolgen schnell an Wirksamkeit. Das gilt auch für das Bardepotgesetz – trotz des erhöhten Bardepotsatzes und der Verringerung des Freibetrages. Es wurde einfach dadurch unterlaufen, daß an die Stelle einer direkten Kreditaufnahme im Ausland indirekte Formen traten, insbesondere durch stärkere Inanspruchnahme des Kunden- bzw. Lieferantenkredits. Durch eine Bardepotverordnung wurden deshalb auch die Zahlungsziele im Außenhandel normiert und die Abtretung von Forderungen genehmigungspflichtig gemacht.
Damit war jedoch die Grenze zu dirigistischen Maßnahmen bereits überschritten: Tatsächlich blieb der Bundesregierung und der Notenbank unter den gegebenen Umständen gar keine andere Wahl, als dem Geld- und Kapitalimport nun auch durch direkte Kontrollen und die Einführung von Genehmigungspflichten entgegenzuwirken; hiervon wurden zunächst festverzinsliche Wertpapiere, später auch Aktien und andere Forderungsrechte betroffen. Der Marsch in eine totale Devisenbannwirtschaft schien unvermeidlich.
Inzwischen hatte sich nämlich die Lage an der »außenwirtschaftlichen Front« entscheidend verschlechtert. Unter dem Einfluß einer internationalen Vertrauenskrise in den Dollar war es im August 1971 zu einer Suspendierung der Goldeinlösungspflicht für den Dollar sowie im Dezember des gleichen Jahres zu einem »Realignement« fast aller Welthandelswährungen und einer ersten Dollarabwertung gekommen. Die Ruhe währte jedoch nur wenige Monate: Nach immer rascher aufeinanderfolgenden Währungskrisen brach schließlich im Frühjahr 1973 das nur noch künstlich zusammengehaltene System fester Wechselkurse zusammen: Mit der Suspendierung der Einlösungspflicht des Dollars war das Bretton-Woods-System faktisch durch flexible Wechselkurse abgelöst worden. Die formale Neuordnung durch ein Währungsabkommen steht allerdings noch aus.
Im übrigen wird kein »reines« Floating betrieben. So haben einige Mitgliedsländer der Europäischen Gemeinschaften schon im März 1973 beschlossen, untereinander annähernd feste Währungsrelationen beizubehalten. Dieser Floating-Block modifiziert das System flexibler Wechselkurse insofern, als die Mitglieder weiterhin am Devisenmarkt intervenieren müssen, wenn die Kurse einzelner Währungen aus der »Währungs-Schlange« auszubrechen drohen. Die Bundesbank mußte

deshalb wiederholt in größerem Umfang Währungen der Mitgliedsländer ankaufen, andererseits wurde aber auch kurzfristig die DM gestützt, wenn Gegenreaktionen plötzlich zu einem stärkeren DM-Angebot an den Devisenmärkten führten. Damit hat die außenwirtschaftliche Absicherung der Geldpolitik auch heute noch einige Lücken, die sich aber wegen der notwendigen internationalen Kooperation wohl nicht völlig schließen lassen. Dies gilt vor allem dann, wenn die Notenbanken zinsinduzierte Geldzu- und -abflüsse durch Interventionen an den Devisenmärkten abstützen, wie dies offensichtlich im Verlauf des Jahres 1975 streckenweise praktiziert wurde. Der Sinn des Floating würde aber entscheidend ausgehöhlt, wenn dies ständig und in größerem Umfange praktiziert werden würde.

Der Start in die neue Geldpolitik

Monetaristische Konzeption gewinnt Einfluß auf die Notenbankpolitik

Die »neue Geldpolitik« ist ein Musterbeispiel für den Einfluß wirtschaftswissenschaftlicher Lehrmeinungen auf die Wirtschaftspraxis. Allerdings hat es auch hier viele Jahre gedauert, bis sich die ökonomische Logik in der Praxis durchzusetzen begann. Das gilt sowohl für das Konzept einer bewußten Geldmengensteuerung durch die Notenbanken als auch für die damit untrennbar verbundene Forderung nach flexiblen Wechselkursen. In beiden Fällen hat die Wissenschaft sehr früh das theoretische Gerüst für die neue Geldpolitik geliefert. In der Wechselkursfrage stand in der Bundesrepublik allerdings zunächst die Zurückdrängung der Übernachfrage des Auslandes im Vordergrund; andererseits machte man geltend, daß in einer inflationären Umwelt nur eine stufenweise Aufwertung der DM den internationalen Preiszusammenhang in Richtung auf mehr Binnenpreisstabilität durchbrechen könnte. So hat insbesondere der Sachverständigenrat zur Begutachtung der gesamtwirtschaftlichen Entwicklung bereits in seinem ersten Jahresgutachten eine stufenweise Aufwertung der DM gefordert.
In der Argumentation des Sachverständigenrates spielte zunächst mehr die Nachfrage und weniger der Liquiditätseffekt von Devisenzuflüssen eine Rolle, zumal die jeweils zufließenden Beträge bis zum Jahre 1969 in erheblichem Umfang in Kapitalexporte umgeleitet werden konnten.

So wurde die Bundesrepublik in den Jahren 1968/1969 zeitweilig zu einem der größten Kapitalexportländer der westlichen Welt; allerdings war damit eine erhebliche Fristentransformation verbunden, denn das einströmende Geld wurde meist nur kurzfristig angelegt, die Kapitalausfuhr erfolgte dagegen zu wesentlich längeren Fristen.
Der Liquiditätsaspekt von Devisenzuflüssen erhielt erst eine zentrale Bedeutung, als mit dem Eurodollarmarkt ein leistungsfähiger internationaler Geld- und Kreditmarkt entstand. Er ermöglichte geradezu gigantische Geld- und Kapitalbewegungen in sehr kurzen Zeiträumen, die sich jeweils in Richtung auf die höchsten nationalen Zinssätze und die geringsten Währungsrisiken in Bewegung setzten. Da die Bundesrepublik seit Ende 1968 als permanenter Aufwertungskandidat galt, konnte es kaum überraschen, daß allein zwischen 1969 und 1973 rund 80 Milliarden DM aus den ausländischen Finanzzentren Zuflucht in der Bundesrepublik suchten. Hiergegen waren auch ausgeklügelte Dirigismen machtlos.
Der schubweise Einbruch von Auslandsliquidität war offensichtlich nur durch Aufgabe der Interventionspflicht der Bundesbank zugunsten des Dollars und durch Verzicht auf feste Wechselkurse zu verhindern. Diese Erkenntnis wurde durch die moderne »Quantitätstheorie« unterstützt, die vorschlägt, die Geldmenge gerade in dem Umfang wie das reale Bruttosozialprodukt wachsen zu lassen. Unter der Annahme einer konstanten Umlaufgeschwindigkeit des Geldes bleibt dann für die Durchsetzung von generellen Preissteigerungen kein Raum.
Für die praktische Wirtschaftspolitik folgt aus dem »monetaristischen« Konzept, daß die Notenbank die volle Kontrolle über die Geldmenge besitzen muß. Dazu gehört aber, daß auch keine unerwünschte Liquidität aus dem Ausland zufließen darf. Die Monetaristen sind deshalb Anhänger flexibler Wechselkurse, weil diese allein eine wirkungsvolle außenwirtschaftliche Absicherung ermöglichen.
Das Verdienst der Monetaristen liegt jedoch nicht nur in der Wiederentdeckung quantitätstheoretischer Gedankengänge, sondern auch in der Integration der Geldtheorie in die allgemeine Wirtschaftstheorie (Gleichgewichtstheorie). Dabei sind vor allem ihre Untersuchungen über den Zusammenhang von Inflation und Zinshöhe sowie über den sogenannten »Transmissionsmechanismus«, d. h., den Einfluß von Geldmengen und Zinsänderungen auf das Anlage- und Investitionsverhalten der Wirtschaft von praktischer Bedeutung.
Im Mittelpunkt der Kritik an der monetaristischen Konzeption steht die Faustregel, nach der die Notenbank ihre Instrumente so einsetzen soll, daß die Zunahme der Zentralbankgeldmenge (der »Geldbasis«)

die Zuwachsrate eines projizierten nominellen Bruttosozialproduktes nicht überschreitet. Außerdem wird ein genaues Rezept zur Bestimmung der »richtigen« Zuwachsrate im Verhältnis zu dem jeweils erforderlichen realen Finanzierungsvolumen vermißt.
Daneben lassen sich jedoch auch praktische Einwände vorbringen. So ist beispielsweise die Annahme der Monetaristen, eine Veränderung des Geldmengenwachstums übe einen direkten Einfluß auf den güterwirtschaftlichen Bereich aus, zu schwach, um hierauf wirtschaftspolitische Maßnahmen aufzubauen. Direkte Eingriffe in die Ausgabenentwicklung, insbesondere der öffentlichen Haushalte, werden vor allem von den sich an J. M. Keynes orientierenden Wissenschaftlern für wirksamer gehalten (»fiskalistischer« Standpunkt).
Außerdem ist nicht hinreichend klar, was unter der von der Notenbank zu steuernden »Geldmenge« zu verstehen ist. Empirische Untersuchungen sind bei unterschiedlichen Geldmengendefinitionen zu durchaus verschiedenen Ergebnissen über den Zusammenhang zwischen Geldmengen- und Güterwachstum gekommen. Die Bundesbank definiert die Geldmenge als Summe aus dem zu konstanten Sätzen berechneten Mindestreservesoll der Kreditinstitute (den bei der Bundesbank zinslos zu unterhaltenden Guthaben) und dem Bargeldumlauf; das ist jedoch mit dem bisherigen Begriff »Zentralbankgeld« nicht identisch. Die Auflösung einer Konjunkturausgleichsrücklage bedeutet nach dieser Definition z. B. keineswegs eine Zentralbankgeldzufuhr in gleicher Höhe. Was hiervon in die Geldmenge eingeht, hängt von den Dispositionen der Unternehmen und privaten Haushalte sowie von der Kreditschöpfung des Bankenapparates ab.
Auch der Zusammenhang zwischen einer Veränderung der Geldbasis und der Geldbestände inländischer Nichtbanken ist insbesondere bei einer Verknappung des (Notenbank-)Geldangebots nicht eindeutig. Zum einen können sich Verschiebungen innerhalb der Geldbasis selbst, d. h. zwischen den Zentralbankguthaben der Kreditinstitute und dem Bargeldumlauf ergeben, zum anderen sind bei Ankündigung restriktiver Maßnahmen auch die Aufnahme von Krediten auf Vorrat und die Anlage der aufgenommenen Mittel auf Terminkonten möglich; dies könnte zunächst als »expansiver« Effekt erscheinen. Werden diese liquiden Mittel später aufgelöst, so könnte dies wieder – optisch – als Erfolg der Restriktionspolitik gewertet werden, ohne daß es zu einer echten Einschränkung der wirksamen Nachfrage gekommen sein muß. Ähnliche Überlegungen gelten für die unter dem Einfluß von Zinsstrukturänderungen erfolgenden Umdispositionen zwischen Spar- und Termineinlagen. So haben zum Beispiel die starken Umbuchungen

von Spareinlagen auf Termineinlagen in den Jahren 1973/1974 und die Rückverlagerungen dieser Gelder in Spareinlagen und kürzerlaufende Wertpapiere im Jahre 1975 wegen der unterschiedlichen Mindestreservesätze das Mindestreservesoll der Kreditinstitute – die entscheidende Maßgröße für die Geldmenge – und damit die Ausgangsdaten für die Geldpolitik verändert. Es ist deshalb richtig, wenn die Monetaristen selbst eine kurzfristige Orientierung der Geldpolitik an den Veränderungen einzelner monetärer Größen ablehnen und eine Orientierung auf mittlere Sicht fordern.

Die Geldmengensteuerung ist zudem wettbewerbspolitisch nicht neutral. In einigen Bereichen, beispielsweise bei den öffentlichen Haushalten und bei Großunternehmen, wirkt eine Geldmengenverknappung nicht oder nur mit relativ großer zeitlicher Verzögerung, während mittlere und kleinere Unternehmen sehr schnell von der Geldmengen- und Kreditrestriktion getroffen werden können.

Schließlich lassen sich vermutlich auch heute noch nicht alle Auslandseinflüsse auf das Geldangebot durch flexible Wechselkurse beseitigen. So unterliegt beispielsweise das gewaltige Anlagevolumen der erdölproduzierenden Länder sicherlich anderen Gesetzmäßigkeiten als die »spekulativen« kurzfristigen Geldbewegungen der früheren Jahre, die im wesentlichen aus den Liquiditätsreserven der großen international operierenden Unternehmen und Banken gespeist wurde. Die ölexportierenden Länder suchen mit ihren Anlagen nicht mehr einen kurzfristigen Zins- oder Aufwertungsgewinn, sondern eine möglichst wertbeständige Anlage. Der durch die weltweite Rezession verursachte geringere Energieverbrauch hat im übrigen bisher die befürchteten riesigen Anlagevermögen der Ölländer nicht entstehen lassen, zumal viele Ölländer ihren Warenimport enorm gesteigert haben.

Deutsche Bundesbank formuliert quantitative Zielvorstellungen

Trotz der angeführten Vorbehalte gegen eine unreflektierte Anwendung des monetaristischen Konzepts ist der Versuch der Bundesbank zu begrüßen, quantitative Zielvorstellungen für die Geldpolitik zu formulieren, um so allen am Wirtschaftsprozeß Beteiligten Anhaltspunkte dafür zu geben, mit welchen Bedingungen sie bei ihren wirtschaftlichen Entscheidungen rechnen müssen. Den Startschuß hierfür gab der Beschluß des Zentralbankrates vom Dezember 1974, durch den sich die Bundesbank nach Empfehlungen des Sachverständigenrates zur Begutachtung der gesamtwirtschaftlichen Entwicklung erstmals im voraus konkret auf eine geldpolitische Zielgröße festgelegt hat: Die geplante Zunahme der Zentralbankgeldmenge um 8 Prozent im Jahre 1975 war in Anbetracht des damals prognostizierten realen Wachstums von etwa 2 Prozent noch als stabilitätspolitisch vertretbar anzusehen.

Allerdings weisen sowohl der Sachverständigenrat als auch die Deutsche Bundesbank darauf hin, daß der Zusammenhang zwischen Geldmenge, Inflation und Beschäftigung nicht so eng ist, wie in der öffentlichen Diskussion vielfach angenommen wird. So stellt insbesondere der Sachverständigenrat im Jahresgutachten 1974/1975 ausdrücklich fest, daß die Erkenntnisse über diesen Wirkungszusammenhang nicht ausreichen, um jeweils exakt voraussagen zu können, wann und in welchem Ausmaß sich bestimmte monetäre Impulse auf die Höhe des Preisniveaus und auf die realwirtschaftlichen Vorgänge auswirken. Verläßliche und nutzbare Wirkungen der Geldpolitik werden nur mittelfristig, und zwar begrenzt auf die Veränderung des Preisniveaus, erwartet. Dem ist voll zuzustimmen.

Doch auch hinsichtlich der »verläßlichen und nutzbaren Wirkungen« auf mittlere Sicht werden von den Sachverständigen gewisse Vorbehalte angemeldet. So sei bei der schwachen Konjunkturentwicklung im Herbst 1974 noch offen, ob im Jahre 1975 der durch ein Wachstum der Geldbasis um 8 Prozent gegebene Spielraum in dem gewünschten Maß für einen Zuwachs des realen Sozialprodukts oder für ein geringeres reales Sozialprodukt und entsprechend höhere Preissteigerungen genutzt werde. Der zusätzliche Hinweis, daß der stabilitätspolitische Erfolg der vorgesehenen Geldmengenbegrenzung nicht allein in der Hand der Bundesbank liege, sondern von Faktoren wie der Höhe der nominalen Tariflohnvereinbarungen oder dem Investitionsverhalten der Unternehmen abhänge, dürfte für die Bewertung der Geldpolitik als Mittel zur Erreichung aktueller wirtschaftspolitischer Ziele von entscheidender Bedeutung sein. Geldpolitik allein reicht also auch heute nicht aus, die wirtschaftspolitischen Ziele in einem vernünftigen Gleichgewicht zu halten und die Stabilität des Geldwertes zu sichern.

Fiskalischen und direkten beschäftigungspolitischen Maßnahmen fällt nach wie vor eine wesentliche Rolle zu, weil diese im Vergleich zur Geldpolitik unmittelbarer wirken. Demgegenüber muß es das Ziel künftiger Geldpolitik sein, durch eine mittelfristige Verstetigung der Geldmengenentwicklung dazu beizutragen, Übersteigerungen der gesamtwirtschaftlichen Nachfrage zu verhindern und Spielräume für Preisniveauerhöhungen gar nicht erst entstehen zu lassen.

Verstetigungsziel nicht zu mechanistisch ansteuern

Das Ziel einer Verstetigung des Wirtschaftsablaufs darf allerdings nicht zu mechanistisch aufgefaßt werden: Sonderfaktoren, die sich nicht als Saisoneinflüsse oder in säkulare Trends einordnen lassen, können vorübergehend stärkere Abweichungen von einer mittelfristig vorgegebenen Orientierungsgröße im Geldmengenwachstum erfordern. So kann beispielsweise die Zunahme der Zentralbankgeldmenge vollständig durch eine Erhöhung des Bargeldumlaufs bedingt sein. Ferner können konjunkturell bedingte Sonderausgabenprogramme von öffentlichen Haushalten vorübergehend zu einem erheblichen Kreditbedarf und damit zu einer entsprechend stärkeren Expansion der Bilanzen der Kreditinstitute führen, die dann auch durch eine entsprechend höhere Zentralbankgeldmenge finanzierbar sein muß. Eine stärkere Expansion der Bankbilanzen muß schließlich auch dann akzeptiert werden, wenn beispielsweise die Rentenmärkte (in Ausnahmefällen auch der Aktienmarkt) – wie das vor allem im Jahr 1974 der Fall war – über längere Zeit funktionsunfähig geworden sind. Das bedeutet nämlich nichts anderes, als daß Schuldverhältnisse zwischen Nichtbanken, die über Kreditinstitute laufen, eine Zeitlang nicht wie üblich über die Wertpapiermärkte konsolidiert werden können.

Alle diese Faktoren zwingen zu einer nüchternen Prüfung der Wirkungsmöglichkeiten und Grenzen der neuen mengenorientierten Geldpolitik. Auf jeden Fall sollte vermieden werden, kurzfristige Entwicklungen der vorstehend angedeuteten Art mit einem Rückfall in dirigistische Praktiken zu beantworten; hiermit würde auch die neue Art der Geldpolitik selbst in Frage gestellt.

Die mengenorientierte und außenwirtschaftlich abgesicherte Geldpolitik hat viele Probleme gelöst, die noch vor wenigen Jahren eine wirksame Geldpolitik erschwert, wenn nicht unmöglich gemacht haben. Dieser unbestreitbare Fortschritt läßt aber manchmal vergessen, daß jede Politik ihre Grenzen hat und notwendige Mängel aufweist. Eine Beschäftigung mit diesen Grenzen und Mängeln ist um so dringlicher, als heute schon abzusehen ist, daß sich vor allem das Problem der »Feinsteuerung« gerade unter der Herrschaft der neuen Geldpolitik als besonders dringlich erweist. Die großen Schwierigkeiten einer solchen Feinsteuerung im praktischen wirtschaftspolitischen Geschehen dürfen dabei allerdings nicht verkannt werden.

Ein Teil der Instrumente, die in den vergangenen Jahren zur Durchsetzung der Notenbankziele entwickelt oder diskutiert worden sind, könnte deshalb bei allfälligen Schwierigkeiten aus der Schublade geholt werden. Dabei sollte man mehr als bisher auf die gesamtwirtschaftlichen Kosten etwaiger neuer Maßnahmen achten. Einerseits ist durchaus klar und unbestreitbar, daß jede wirksame Geldpolitik mit Belastungen für die Wirtschaft verbunden ist, die von Wachstumseinbußen bis zu Beschäftigungsrückschlägen reichen können. Andererseits haben jedoch gerade die Erfahrungen der jüngsten Zeit deutlich werden lassen, daß geldpolitische Maßnahmen oft sehr negative Nebenwirkungen haben können, die mit ihrer eigentlichen Zielsetzung – der Geldwertstabilisierung – nichts mehr zu tun haben. Hier wurden (und werden) der Wirtschaft und den Kreditinstituten oft zusätzliche »Kosten« aufgebürdet, die nicht zielgerecht sind und daher so niedrig wie möglich gehalten werden sollten.

Globalsteuerung plus Feinsteuerung

Ausgangspunkt der folgenden Überlegungen ist die Frage, ob eine Feinsteuerung der Geldpolitik als Alternative zu einer Globalsteuerung möglich ist oder ob die globale Geldpolitik hierdurch sinnvoll ergänzt werden kann. Dabei ist zunächst nicht an die Art der »Feinsteuerung« gedacht, die sich aus dem Ziel der neuen Geldpolitik ergibt, das Geldangebot in möglichst engem Kontakt zu den mit Geldwertstabilität (noch) zu vereinbarenden Zuwachsraten des Geld- und des Kreditvolumens zu halten. Es geht vielmehr um die Möglichkeit von differenzierenden Maßnahmen, die den unterschiedlichen Wirkungen einer an sich global konzipierten Geldpolitik Rechnung tragen. Beispielhaft kann hier auf Wettbewerbsverzerrungen bei Unternehmen und Kreditinstituten als Ergebnis geldpolitischer Eingriffe hingewiesen werden. Ziel einer solchen differenzierten Feinsteuerung müßte es sein, der global konzipierten Geldpolitik auch eine globale Wirksamkeit zu sichern. Selbstverständlich ist es auch hier nicht möglich, allen verzerrenden Wirkungen der Geldpolitik nachzugehen. Wegen ihrer grundsätzlichen Bedeutung sollen deshalb nur zwei Problemkreise ausführlich behandelt werden, die auch im Rahmen einer mengenorientierten Geldpolitik ihre frühere Bedeutung behalten haben oder wiedergewinnen können: Das Problem der Auslandsliquidität und damit verbunden das Problem der Kontrolle des Geldangebots selbst.

Abschöpfung von Auslandsliquidität differenzieren

Wie bereits gezeigt, hatte der Zufluß von Auslandsliquidität über viele Jahre hinweg den Charakter eines wirtschaftspolitischen Datums, an dem sich die Geldpolitik orientieren mußte. Inzwischen ist durch den Übergang zu weitgehend flexiblen Wechselkursen zwar ein sehr viel höheres Maß an außenwirtschaftlicher Absicherung der Geldpolitik erreicht worden; Blockfloaten und Vereinbarungen über kontrollierende Eingriffe in die Wechselkursentwicklung haben jedoch diese Absicherung partiell durchlöchert, so daß auch jetzt noch auslandsbedingte Liquiditätszu- und -abflüsse möglich sind. Tatsächlich war die Bundesbank in den vergangenen zwei Jahren wiederholt gezwungen, unerwünschten Liquiditätszuflüssen aus dem Ausland durch kompensierende Maßnahmen entgegenzuwirken. Dabei wurden erstmals auch differenzierende Eingriffe in den Liquiditätsstatus der verschiedenen Kreditinstitutsgruppen vorgenommen. Diese »Feinsteuerung« ist hier zu diskutieren.

Der Einsatz der traditionellen geldpolitischen Instrumente zur Abschöpfung von Auslandsliquidität blieb nicht ohne strukturverzerrende Nebenwirkungen. Das gilt nicht zuletzt für die lineare Erhöhung der Mindestreservesätze oder die Kürzung der Rediskontkontingente: Beide Maßnahmen stellten nur formal eine Gleichbehandlung aller Kreditinstitute dar. Tatsächlich wäre eine differenzierende Feinsteuerung durch unterschiedlich ansetzende Abschöpfungsmodalitäten sachgerechter gewesen.

Eine genauere Analyse des Ausbreitungseffektes von Auslandsgeldern ergab nämlich, daß diese im ersten Schritt zwar überwiegend den Unternehmen zuflossen, die Schlußfolgerung jedoch, daß davon dann alle Kreditinstitute gleichmäßig partizipierten, unzutreffend war. Vielmehr schlug sich der Liquiditätsgewinn zum weitaus überwiegenden Teil zunächst insbesondere bei den Großbanken nieder, weil diese Institute die meisten Kunden mit Auslandsverbindungen betreuen. Soweit die übrigen Institutsgruppen ein Defizit an Bankenliquidität aufwiesen, mußten sie dieses dann tendenziell über die Banken mit starken Auslandsverbindungen decken.

Die Bundesbank hat diesen Tatbestand schließlich in der Weise berücksichtigt, daß sie bei späteren Abschöpfungsmaßnahmen die Mindestreservesätze nicht mehr für alle Einlagenarten gleichmäßig, sondern differenziert nach Sicht- und Termineinlagen einerseits sowie Spareinlagen andererseits erhöht hat, wobei letztere relativ schwächer belastet wurden. Auch die Rediskontkontingente wurden nicht mehr linear, sondern nach der Höhe der haftenden Eigenmittel bei relativer Schonung der kleineren Institute unterschiedlich stark gekürzt. Durch diese differenzierende Feinsteuerung konnten die bei pauschalen Abschöpfungsmaßnahmen auftretenden Nachteile bei einzelnen Kreditinstituten partiell verringert werden.

Aber auch in der stärker differenzierenden Form blieb diese Abschöpfung von Auslandsgeld für den Bankenapparat problematisch. Das gilt vor allem für die kompensierende Erhöhung der Mindestreserveverpflichtungen: Wenn man die Entwicklung der Mindestreserven von Ende 1968 bis Ende 1973 verfolgt, so ist das »Soll« in dieser Zeit um ungefähr 40 Milliarden DM auf die beachtliche Summe von 55 Milliarden DM angewachsen. Das bedeutet aber, daß diese von den Kreditinstituten im wesentlichen zu verzinsenden Mittel bei der Bundesbank unverzinst gehalten werden müssen. Die hierdurch bewirkte Ertragsbelastung der Kreditinstitute ist mit einer Sondersteuer zu vergleichen, deren »Steuersatz« sich aus dem durchschnittlichen Mindestreservesatz und der Höhe der Zinssätze bestimmt, zu dem die jeweilig festgelegten Mittel am Markt hätten untergebracht werden können.

Für den Bereich der Kreditnehmer ist die Wettbewerbsneutralität bei einer außenwirtschaftlichen Absicherung der Geldpolitik noch schwerer als bei den Kreditinstituten zu erreichen. Das galt schon vor der Freigabe des Wechselkurses der DM und hat sich seit dem Frühjahr 1973 kaum geändert. Entscheidend für die hier auftretenden Wettbewerbsverzerrungen ist die Tatsache, daß vor allem Großunternehmen mit internationalem Standing stets in der Lage sind, sich die jeweils benötigten Mittel über ihre ausländischen Geschäftsverbindungen auch dann zu beschaffen, wenn die binnenwirtschaftlichen Kreditrestriktionen greifen. Soweit ihnen der Weg der direkten Kreditaufnahme versperrt war, genügten und genügen oft schon relativ geringfügige Veränderungen in den Zahlungszielen mit dem Ausland, den sogenannten »terms of payment«, um zusätzliche Finanzierungsmittel zu mobilisieren. Das wird durch flexible Wechselkurse allenfalls erschwert: Die Großunternehmen nehmen dann auch gewisse Kursrisiken in Kauf, wenn ihr Fremdmittelbedarf sehr dringend ist.

Demgegenüber sind die meisten mittelständischen Unternehmen voll auf Bankkredite aus dem Inland angewiesen. Sie werden deshalb von einer effizienten Restriktionspolitik besonders hart getroffen. Sie müssen zudem zusätzliche Rentabilitätsnachteile verkraften, wenn die Kreditbeschaffung durch eine Hochzinspolitik stark verteuert wird. Hier ergeben sich Möglichkeiten für eine differenzierende Feinsteuerung praktisch nur durch den Einsatz von gezielten Finanzierungshilfen, die sich aber nicht stabilitätswidrig auswirken dürfen.

Eine wirksame Geldpolitik kann unter diesen Umständen zu verstärkten Konzentrationstendenzen führen: Tatsächlich hat die mengenorientierte Geldpolitik deutlich werden lassen, wie anfällig gerade kleinere Unternehmen gegenüber einer verschlechterten Finanzierungssituation sind. Hier werden in den kommenden Jahren noch zusätzliche Erfahrungen gesammelt werden müssen, um eine zu starke Konzentration der Wirtschaft durch einen zu radikalen kreditpolitisch bedingten Ausleseprozeß zu verhindern.

Hinzuzufügen ist, daß die außenwirtschaftliche Absicherung über flexible Wechselkurse zwar eine strengere Kontrolle der Binnengeldmenge erlaubt, jedoch die Kapitalbeschaffung über die Grenzen hinweg an sich nicht behindert, weil ja ein Gleichgewicht in den Zahlungsströmen mit erheblichen Kapitalimporten und Kapitalexporten verbunden sein kann.

Geldpolitische Maßnahmen richtig dosieren

Während bei der außenwirtschaftlichen Absicherung vornehmlich die Frage zu diskutieren war, auf welche Weise Liquiditätszuflüsse durch eine differenzierende Feinsteuerung wettbewerbsneutral abgeschöpft werden können, handelt es sich bei der Kontrolle des gesamten Geldangebots durch die Bundesbank um eine direktere Art der Feinsteuerung: Das Problem liegt hier in der richtigen Dosierung der geldpolitischen Maßnahmen. Dabei spielten Wahl und Ausgestaltung der notenbankpolitischen Instrumente ebenfalls eine entscheidende Rolle. Es geht darum, die richtigen geldpolitischen Instrumente zum richtigen Zeitpunkt so einzusetzen, daß ihre Effizienz optimal ist und ihre negativen Nebenwirkungen möglichst gering sind.

Auch auf diesem Gebiet mußten und müssen erst noch ausreichende Erfahrungen gesammelt werden: Einerseits hat das Floating die Geldpolitik zwar von dem Dilemma zwischen Geldverknappung und störender Auslandsliquidität befreit; andererseits sind aber mit der vollen Wirksamkeit der Notenbankinstrumente auch Steuerungsprobleme sichtbar geworden, die in dieser Schärfe früher nicht auftreten konnten. Das trifft vor allem auf den Versuch zu, die freien Liquiditätsreserven der Kreditinstitute durch Mindestreserveerhöhungen, Kürzung der Rediskontkontingente und Aussetzung des normalen Lombardkredits auf einen Stand von »nahe-null« zu bringen und dort zu halten. Dabei wurde jedoch die Elastizität der Geldbeschaffung für die Kreditinstitute zum Teil so stark verringert, daß bereits geringe, technisch bedingte Liquiditätsverknappungen zu exorbitanten Zinsausschlägen auf den Geldmärkten führten.

Die Bundesbank mußte daher neue Verfahren der Feinsteuerung entwickeln, um eine wirkungsvolle Kontrolle, aber auch die notwendige Elastizität des Geldangebots zu sichern. Erste Schritte auf diesem Wege waren die zeitlich begrenzte Bereitschaft der Bundesbank, Wech-

sel mit befristeten Rücknahmeverpflichtungen anzukaufen und Sonderlombardkredite zu erhöhten Zinsen einzuräumen.
Schon in der Anfangsphase der mengenorientierten Geldpolitik ist ein starker Einfluß auf die Konjunktur- und Wirtschaftsentwicklung sichtbar geworden. Dabei hat sich gezeigt, daß die Lasten weiter ungleichmäßig verteilt sind und deshalb strukturelle Schäden auftreten können, wenn eine Stabilisierungspolitik allein von der Geldpolitik getragen wird. Benachteiligt sind auch hier wieder vornehmlich mittelständische Unternehmen und die Unternehmen des Wohnungsbaus. Sie werden in der Regel doppelt getroffen: Einmal erschwert die mit der Liquiditätsverknappung beabsichtigte Kreditrestriktion ihnen die Finanzierung der laufenden Ausgaben. Zum anderen kann die hiermit verbundene Verteuerung der Kreditaufnahme sie so stark belasten, daß sie, vor allem im Wohnungsbau, zur Geschäftsaufgabe gezwungen werden. In dieser Branche kommt erschwerend hinzu, daß auch der Absatz sowohl beim Verkauf als auch bei der Vermietung von Wohnungen sehr zinsempfindlich ist und Absatzstockungen bei der »kurzen« Eigenkapitaldecke der Unternehmen nicht sehr lange durchgehalten werden können, es sei denn, die finanzierenden Banken versuchen, die Unternehmen auf ihre Kosten durch die Hochzinsphase zu bringen. Stark spezialisierten Banken fällt dies bei der Massierung der Fälle naturgemäß schwer. Die Dünnhäutigkeit der mittleren Unternehmen gegenüber einer radikalen Kreditverknappung kommt nicht zuletzt in den hohen Konkurszahlen der Jahre 1974/1975 zum Ausdruck.
Demgegenüber werden Großunternehmen und die öffentlichen Haushalte von der Liquiditätsverknappung und Kreditverteuerung nicht mit der gleichen Schärfe getroffen. Große Wirtschaftsunternehmen sind meist in der Lage, einen wesentlichen Teil ihrer Investitionsausgaben aus laufenden Einnahmen (cash-flow) zu bezahlen. Außerdem können sie bei hoher Liquiditätsanspannung den Verrechnungsverkehr zwischen den Unternehmen (Industrie-Clearing) intensivieren und so auch einen Teil der Kreditverteuerung auffangen. Unter extremen Restriktionsbedingungen genügt es schließlich oft schon, die Investitionsprogramme etwas einzuschränken, wenn sie sich von der zusätzlichen Fremdfinanzierung unabhängig machen wollen. Bekanntlich kann die Eigenfinanzierungsquote der Unternehmen in rezessiven Phasen auf 90 Prozent und mehr ansteigen, weil sie ihre Nettoinvestitionen entsprechend verringern.
Als Ergebnis dieser ungleichen Auswirkungen der Geldpolitik auf Unternehmen unterschiedlicher Größe ergeben sich für mittelständische Unternehmen von Konjunkturzyklus zu Konjunkturzyklus periodisch

wiederkehrende Nachteile, die um so größer sind, je stärker die Geldpolitik greift und je geringer die Eigenkapitalausstattung der Unternehmen ist. Wenn nicht eine immer stärkere Konzentration der Wirtschaft gefördert werden soll, muß die Geldpolitik durch finanz- und steuerpolitische Maßnahmen ergänzt und teilweise korrigiert werden. Im übrigen wären natürlich diese unerwünschten Reibungsverluste der Geldpolitik um so geringer, je mehr es gelänge, die wirtschaftliche Entwicklung stärker zu verstetigen.

Reform des Notenbankinstrumentariums?

Die Novellierungsvorschläge von 1972

Die Kernfrage ist, ob sich die Geldpolitik durch eine Reform des Notenbankinstrumentariums verstetigen und gleichzeitig flexibler gestalten läßt. Hierzu wurde der Öffentlichkeit in den letzten Jahren eine ganze Skala von Reformvorschlägen bis zu fertigen Entwürfen für eine Novellierung des Bundesbankgesetzes unterbreitet. Ein Teil der Novellierungsvorschläge ist unter den veränderten Bedingungen und nach den Erfahrungen mit der außenwirtschaftlich abgesicherten Geldpolitik nur noch bedingt aktuell. Trotzdem ist nicht auszuschließen, daß sie wieder aus der Schublade hervorgeholt werden, wenn sich nicht alle in die heutige Geldpolitik gesetzten Erwartungen erfüllen. Dann sollten aber die bisherigen Diskussionsergebnisse berücksichtigt werden.

Die Novellierungsvorschläge des Bundesfinanzministeriums und der Bundesbank aus dem Jahre 1972 sollten der Notenbank schärfere und schneller wirkende Instrumente für die inländische Geld- und Kreditversorgung verschaffen, um dadurch die Effizienz der Restriktionspolitik zu steigern und die Kreditinstitute stärker an die kreditpolitische Leine zu legen.

Die Notwendigkeit einer solchen Novellierung wurde mit dem Argument begründet, die Geldpolitik greife nicht mehr, weil die Kreditinstitute in den zurückliegenden Jahren ein neues »Liquiditätsgefühl« entwickelt hätten. Denn diese orientierten sich weniger als bisher am Umfang ihrer Rückgriffsmöglichkeiten auf Zentralbankgeld (freie Liquiditätsreserven) und seien zunehmend bereit, ihre Liquiditätshaltung zugunsten größerer Rentabilität einzuschränken.

Diese Tendenz werde dadurch verschärft, daß die von den Kreditinstituten bei der Bundesbank festzulegenden zinslosen Pflichtguthaben (Mindestreserven) die Kreditgewährung nur mittelbar beeinflußten, weil sie von der Einlagenentwicklung und nicht direkt von der Kreditentwicklung abhängen. Wenn die Mindestreservepflicht dagegen von der Zunahme des Kreditvolumens abhängig gemacht würde, dann müßten die Kreditinstitute schneller auf eine Liquiditätsverknappung reagieren. Auch seien die Möglichkeiten der Bundesbank, durch Mindestreserveerhöhungen einen kontraktiven Einfluß auf die Kreditexpansion zu gewinnen, wegen der im Bundesbankgesetz festgelegten Obergrenzen (30 Prozent für Sichteinlagen, 20 Prozent für Termineinlagen, 10 Prozent für Spareinlagen) zu gering geworden. Um auch künftig, beispielsweise bei massiven Auslandsgeldzuflüssen, nicht aktionsunfähig zu werden, müßte der Mindestreserverahmen erweitert werden.

Darüber hinaus müßten, um die Marktwirtschaft zu erhalten, in der Geldpolitik notfalls dirigistische Mittel eingesetzt werden können, da sich mit marktwirtschaftlichen Mitteln immer weniger Einfluß auf das Verhalten von Wirtschaft und Kreditinstituten und damit auf die Geldwertstabilität ausüben lasse.

Die Novellierungsvorschläge von 1972 enthielten daher

- Maßnahmen zur Verringerung der Bank-zu-Bank-Liquidität, also der Geldanlagen der Banken untereinander
- die Einführung einer Mindestreservepflicht auf den Kreditzuwachs einer bestimmten Periode
- eine Ausweitung des Mindestreserverahmens für die Einlagen bei Kreditinstituten
- die Möglichkeit einer direkten Kreditbeschränkung (Kreditplafondierung).

Umstrittene Bank-zu-Bank-Liquidität

Das von der Bundesbank beklagte erweiterte »Liquiditätsgefühl« der Kreditinstitute wurde vor allem darauf zurückgeführt, daß die Institute mehr und mehr Forderungen gegen andere Banken als Teil ihrer eigenen Liquiditätsreserven anzusehen schienen. Diese veränderte Einstellung habe auch den früher beobachteten engen Zusammenhang zwischen Veränderungen der freien Liquiditätsreserven (Bestände an regulierbaren Offenmarktpapieren, von den Banken nicht voll ausgenutzte Rediskontkontingente bei der Bundesbank, freier Lombardkreditspielraum und Geldanlagen im Ausland) und dem Wachstum des Kreditvolumens zerstört. Nicht zuletzt deshalb habe sich die Kreditexpansion im Jahre 1972 fortgesetzt, obgleich die freien Liquiditätsreserven der Kreditinstitute nachhaltig verringert wurden.

Die Novellierungsentwürfe zum Bundesbankgesetz sahen daher vor, die Interbankforderungen sowie indirekt auch Teile der Bankschuldverschreibungen im Bestand in die Mindestreservepflicht einzubeziehen.

Dies hätte die Aufnahme von Geldmarktmitteln durch die Kreditinstitute zunächst verteuert, bei angespannter Liquiditätslage wahrscheinlich sogar verhindert. Verständlicherweise wurde eine solche Regelung vor allem von solchen Kreditinstituten angegriffen, die seit jeher auf die Aufnahme von Geldmarktmitteln angewiesen sind oder aber die Funktion von Liquiditätssammelstellen ausüben.
Doch auch unabhängig von dieser mehr interessen- und strukturbedingten Kritik lassen sich gegen die geplante Mindestreservebelastung der Interbankverbindlichkeiten schwerwiegende Bedenken anmelden. Zunächst einmal war die beobachtete Lockerung des Zusammenhangs zwischen den freien Liquiditätsreserven und dem Kreditwachstum erst in zweiter Linie das Ergebnis eines neuen »Liquiditätsgefühls«, entscheidend war vielmehr die Tatsache, daß die Kreditinstitute bis zum Frühjahr 1973 über ein praktisch unbegrenztes Liquiditätspotential verfügten: Die mangelhafte außenwirtschaftliche Absicherung ließ auch in Zeiten starker administrativer und dirigistischer Hemmnisse genügend Rückgriffsmöglichkeiten auf Auslandsliquidität offen.
Mit einem Rückgriff auf Auslandsliquidität ist jedoch immer eine Ausweitung der Interbankforderungen und -verpflichtungen verbunden: Da die jeweils aus dem Ausland zufließende Liquidität vorwiegend bei den Instituten anfiel, die besonders stark im Auslandsgeschäft engagiert waren, die Bundesbank jedoch die Auslandsliquidität global abschöpfte, mußten die Kreditinstitute, denen Auslandsliquidität nicht direkt zufloß, in verstärktem Umfang auf den Geldmarkt zurückgreifen. So zwang die kürzere Liquiditätsdecke vor allem geldmarktabhängige Kreditinstitute zu noch intensiveren Geldmarktoperationen, wenn sie nicht zahlungsunfähig werden wollten.
Gerade während der Herstatt-Krise wurde aber deutlich, daß die Liquiditätsbremsen der Bundesbank jetzt auch im Geldgeschäft zwischen den Banken voll greifen. Für eine besondere, vor allem rentabilitätsmäßige Belastung des Interbankgeschäfts besteht daher kein Anlaß mehr. Zudem wäre es auch für die Erhaltung einer ausgewogenen Bankenstruktur bedenklich, wenn eine solche zusätzliche Belastung die Zahl der im Geldmarktgeschäft besonders engagierten selbständigen Privatbankhäuser weiter vermindern und den Instituten zusätzliche Schwierigkeiten bereiten würde, die in den mehrstufigen lokal und regional gegliederten Institutsgruppen, im Sparkassensektor und bei den Genossenschaftsbanken, Liquiditätsausgleichsfunktionen wahrnehmen. Es kann aber keineswegs im Interesse der Bundesbank liegen, eine seit langem gewachsene Arbeitsteilung zwischen den verschiedenen Institutsgruppen und -ebenen zu zerstören.

Ein Gesichtspunkt, der in der Diskussion um eine Einschränkung der Interbankforderungen und -verpflichtungen ebenfalls von Bedeutung war, auch wenn er mit der Einführung von Mindestreserven auf diese Position allenfalls am Rande etwas zu tun hat, resultiert aus der Möglichkeit, durch Geldmarktgeschäfte mit unterschiedlichen Fristigkeiten die vom Kreditwesengesetz gezogenen Grenzen in den Liquiditätsgrundsätzen, insbesondere im Grundsatz III, hinauszuschieben. Diese Liquiditätsgrundsätze, die darauf abzielen, die Risiken durch Fristentransformation im Bankgeschäft in vertretbaren Grenzen zu halten, sehen in dem den kurzfristigen Geschäftsbereich betreffenden Teil III z. B. vor, daß die Kreditinstitute kurzfristige Kredite nur bis zur Höhe von 20 Prozent ihrer Spareinlagen (weitere 60 Prozent sind für das langfristige Kreditgeschäft einsetzbar) und 60 Prozent der Termin- und Sichteinlagen gewähren dürfen. Geldgeschäfte unter Banken führten im Grundsatz III bei den Finanzierungsmitteln zu einer Anrechnung, nicht aber zu einer Belastung auf der Kreditseite. Dieser Regelung wurde auch die zeitweise registrierte Aufblähung des Bestandes an Forderungen und Verbindlichkeiten zwischen Kreditinstituten zugeschrieben, die man gelegentlich als »Grundsatz-Reiterei« bezeichnete. Im Jahre 1973 wurde diese Möglichkeit jedoch durch Änderung im Grundsatz III wesentlich eingeschränkt, zumindest soweit dem keine methodischen Hindernisse entgegenstanden.

Mindestreserven auf Kredite kein geeignetes Instrument

In der Geldpolitik wird sowohl in der theoretischen Analyse wie in der Praxis der Bundesbank davon ausgegangen, daß Unternehmen und private Haushalte zusätzliches Geld nur über zusätzliche Kredite erhalten können. Dies ist gleichzeitig die entscheidende Voraussetzung für eine mengenorientierte Geldpolitik, wie sie heute allgemein akzeptiert wird. Nun können aber die Kreditinstitute nur zusätzliche Kredite gewähren, wenn sie über Zentralbankgeld verfügen. Infolgedessen wird heute versucht, den Geld- und Kreditschöpfungsspielraum der Banken durch eine entsprechende Steuerung der Zentralbankgeldmenge in den Grenzen zu halten, die mit den stabilitätspolitischen Zielen vereinbar sind.
Vor dem Floating hatte sich diese Beeinflussung der Geldmengenexpansion jedoch als ein Prozeß mit erheblichen Wirkungsverzögerungen erwiesen, und es lag deshalb nahe, daß man die Kreditausweitung direkt in den Griff bekommen und kontrollieren wollte: Als Instru-

ment dazu sollte neben der noch zu diskutierenden Kreditplafondierung die Einführung von Mindestreserveverpflichtungen auf den Zuwachs der Bankforderungen dienen. Der Novellierungsentwurf des Bundesfinanzministeriums enthielt daher den Vorschlag, den jeweils als überhöht anzusehenden Zuwachs im Kreditvolumen mit einer Mindestreserve bis zu einem Höchstsatz von 100 Prozent zu belegen, in der Erwartung, durch diese quantitative Begrenzung und die dann rasch ansteigenden Zinssätze schnelle konjunkturelle Bremswirkungen erzeugen zu können.

So plausibel dieser Vorschlag auf den ersten Blick wirkt, weil er eine sehr schnelle Einschränkung der Kreditexpansion zu sichern scheint, so lassen sich doch zahlreiche Einwände dagegen vorbringen. Zunächst ist mit der von den Autoren unterstellten schnellen Wirksamkeit nicht zu rechnen, denn für Verzögerungen würde schon die gegenseitige Verbundenheit der Kreditinstitute über den Geldmarkt sorgen, die eine Verlagerung von freien Liquiditätsreserven in die Institute ermöglicht, die den jeweils als angemessen vorgegebenen Zuwachs im Kreditgeschäft noch nicht erreicht haben. Das gilt auch unter der Herrschaft einer mengenorientierten Geldpolitik, doch könnte der Bremsweg verkürzt werden, weil bei insgesamt knapper Bankenliquidität ohnehin nur eine mäßige Kreditausweitung möglich ist. Die dazu erforderlichen prohibitiv wirkenden Mindestreservesätze können dann aber zu unvertretbaren Belastungen der Kreditnehmer führen. Da zudem bei einer effizienten außenwirtschaftlichen Absicherung das traditionelle Instrumentarium ebenso schnell greift, erscheint die Einführung einer Mindestreserve auf Kredite auch unter diesem Aspekt nicht notwendig.

Entscheidende bankpolitische Bedenken gegen eine Mindestreservepflicht auf den Zuwachs an Bankaktiva richten sich allerdings auch auf einen anderen Aspekt. Denn ihre Einführung hätte bei den einzelnen Kreditinstituten und Institutsgruppen wegen deren unterschiedlicher Geschäftsstruktur einen durchaus unterschiedlichen Effekt und würde damit zu einer wesentlichen Wettbewerbsverzerrung führen. Nur wenn alle Kreditinstitute in gleichem Maße in der Lage wären, ihre Konditionen im Kredit- und im Einlagengeschäft flexibel anzupassen, könnten sie die zusätzlichen Kosten der Aktiv-Zuwachsreserve gleichzeitig und über die ganze Breite ihrer Geschäftspalette weitergeben, vergleichbar in etwa mit der jetzigen Situation bei der Mindestreservepflicht auf Einlagenbestände. In Wirklichkeit sind jedoch nicht alle Kreditinstitute gleichermaßen flexibel, insbesondere nicht jene Institute, die überwiegend das langfristige Geschäft betreiben.

Denn in diesem Kreditgeschäft werden auch heute noch grundsätzlich Festkonditionen vereinbart, weil feste Konditionen auch für die Mittelbeschaffung der Banken über Pfandbriefe und Kommunalobligationen gelten. Damit hätten aber diese Institute bei der Einführung von Aktiv-Zuwachsreserven keine Möglichkeit, die zusätzliche Belastung auf ihr Gesamtgeschäft weiterzuwälzen. Sie müßten diese entweder aus ihrer Rentabilität tragen, was rasch an die Grenzen stößt und weder geld- noch konjunkturpolitisch gewollt sein kann, oder aber ihre Konditionen im Neugeschäft wesentlich verschlechtern und dadurch Markteinbußen erleiden.
Praktisch würden auf diese Weise die Institute mit einem hohen Anteil langfristiger Kredite durch die Aktiv-Zuwachsreserve weitgehend wettbewerbsunfähig. Dagegen könnte der hierdurch gewonnene Wettbewerbsspielraum von anderen Instituten mit einer »günstigeren«, mehr kurzfristig gegliederten Bilanzstruktur genutzt werden. Eine solche Wettbewerbsverzerrung würde um so stärkere strukturelle Änderungen im Kreditgewerbe hinterlassen, je höher die Sätze der Aktiv-Zuwachsreserve angesetzt würden. Daher sollte die Einführung einer Zuwachsmindestreserve auch aus diesem Grunde unterbleiben.

Erhöhung des Mindestreserverahmens nicht mehr aktuell

Im Rahmen der Novellierungsentwürfe zum Bundesbankgesetz waren auch Vorschläge für eine substantielle Ausweitung der Abschöpfungsmöglichkeiten enthalten. Diese sahen erhöhte Mindestreservegrenzen für die Bankeinlagen sowie erweiterte quantitative Möglichkeiten für die Offenmarktpolitik vor. Beide Vorschläge standen, wie die gesamte Novelle, unter dem Eindruck der gewaltigen Devisenzuflüsse seit 1969, die durch verstärkte Abschöpfungsmaßnahmen neutralisiert werden sollten. Während die Notwendigkeit und Modalitäten einer verstärkten Offenmarktpolitik später noch ausführlicher behandelt werden, kann die angestrebte Erweiterung des Rahmens für Mindestreserveerhöhungen wohl zu den Akten gelegt werden: Die jetzt praktizierte außenwirtschaftliche Absicherung hat Devisenzuflüsse in der Größenordnung der Jahre 1968 bis 1973 unwahrscheinlich werden lassen, selbst wenn anlagesuchende »Petrodollars« noch Unsicherheiten offenlassen.
Im übrigen wurde schon 1972 geltend gemacht, daß der vorhandene Spielraum zur Abschöpfung von Devisenzuflüssen über erhöhte Mindestreservesätze noch lange nicht ausgenutzt sei: Tatsächlich betrug

der »Auslastungsgrad« dieser Abschöpfungsmöglichkeiten maximal rund 70 Prozent (Ende 1973). Ende 1974 waren demgegenüber nur noch 50 Prozent des durch die Höchstsätze der Mindestreserven vorgegebenen Rahmens genutzt.

Kreditplafondierung ein zweischneidiges Schwert

Um extremen Fehlentwicklungen schnell und effizient begegnen zu können, forderten Bundesfinanzministerium und Bundesbank schließlich noch ein Instrument zur direkten Begrenzung des Kreditwachstums: Die Kreditplafondierung. Damit wurde ein Gedanke wieder aufgegriffen, der schon bei der Einbringung des Stabilitätsgesetzes vom Jahre 1967 eingehend diskutiert und dann nicht zuletzt wegen der negativen Erfahrungen im Ausland doch fallengelassen worden war. Und wenn auch heute die Einführung einer Kreditplafondierung wegen der neuen geldpolitischen Situation nicht mehr aktuell ist, so sollen hier doch die wichtigsten Gegenargumente noch einmal kurz zusammengefaßt werden, da sie verschiedentlich immer noch als stärkste stabilitätspolitische Waffe betrachtet wird. Dabei handelt es sich einmal um Argumente, die sich mit der geldpolitischen Effizienz des Instruments beschäftigen, zum anderen aber auch um Überlegungen, die sich auf die strukturpolitischen Nebenwirkungen und die Vereinbarkeit der Kreditplafondierung mit unserer Wirtschaftsordnung beziehen.

Wenn man die stabilitätspolitischen Wirkungen einer Kreditplafondierung abschätzen will, so wird zunächst wieder die Frage relevant, ob und in welchem Grad die Geldpolitik außenwirtschaftlich abgesichert ist. Denn beim Fehlen einer solchen Absicherung ist auch jeder Versuch, das Kreditwachstum zu begrenzen und dadurch die Nachfrage zurückzudrängen und den Geldwert zu stabilisieren, ohnehin zum Scheitern verurteilt, wie sich nicht zuletzt an ausländischen Erfahrungen ablesen läßt. Denn wie bei der Aktiv-Zuwachsreserve könnte sich zumindest die Großwirtschaft über ein verstärktes Industrie-Clearing und eine forcierte direkte Kapitalbeschaffung bei den Nichtbanken sowie durch eine Verschiebung der Zahlungsziele zum Ausland hin den restriktiven Zielen der Plafondierung weitgehend entziehen.

Damit treten auch hier wieder unerwünschte strukturelle Nebenwirkungen auf, denn jeder Kreditdirigismus trifft primär die mittelständische Wirtschaft, die der Restriktion nicht ausweichen kann, weil ihr

weder die Möglichkeiten des Industrie-Clearings noch einer direkten Mittelbeschaffung über den Kapitalmarkt oder das Ausland offenstehen. Gerade die wirtschaftlich schwächeren mittelständischen Unternehmen sind aber vielfach sogar in Restriktionszeiten auf eine verstärkte Kreditaufnahme angewiesen, wenn sich die Zahlungsziele, vor allem im Geschäftsverkehr mit Großunternehmen, zu ihren Ungunsten verkürzen. Die konzentrationsfördernde Wirkung solcher Tendenzen ist offenkundig.
Diese strukturellen Sekundäreffekte lassen die Kreditplafondierung aber auch in politischer Hinsicht zu einer zweischneidigen Waffe werden, denn keine Regierung kann es zulassen, daß der Mittelstand immer wieder benachteiligt wird. Nicht zuletzt aus diesem Grunde wurde bei der Beratung des Stabilitätsgesetzes gefordert, die Bundesregierung beim Einsatz der Kreditplafondierung zu beteiligen. Diese als »Zweischlüsseltheorie« bezeichnete Regelung war auch im Entwurf des Bundesfinanzministeriums zur Novellierung des Bundesbankgesetzes enthalten, veranlaßte aber die Bundesbank schon 1966 im wohlverstandenen Eigeninteresse auf das zunächst von ihr geforderte Instrument der Kreditplafondierung zu verzichten.

Elemente eines modifizierten Instrumentariums

Nach den vorstehenden Überlegungen zu früheren Reformkonzepten erscheint eine grundlegende Änderung des geldpolitischen Instrumentariums heute nicht mehr erforderlich. Denn es hat sich gezeigt, daß die Notenbank bei wirksamer Absicherung ihrer Politik gegen unerwünschte Devisenzuflüsse mit den vorhandenen Instrumenten durchaus in der Lage ist, das Geld knapp und teuer zu machen. Damit ist aber auch eine erfolgreiche Stabilitätspolitik möglich, wenn sich die inflatorischen Störungen primär aus einem zu hohen Geldumlauf und einer zu starken Kreditexpansion erklären lassen.
Dieses grundsätzliche Votum für das traditionelle Notenbankinstrumentarium schließt aber den Versuch nicht aus, das Interventionssystem noch flexibler und transparenter zu machen und bei seiner Anwendung in besonderen Situationen auch andere Schwerpunkte zu setzen. Denn gerade die ersten Erfahrungen mit der mengenorientierten und außenwirtschaftlich abgesicherten Geldpolitik haben deutlich werden lassen, daß die Kontrolle des Geldangebots und der Banken-

liquidität allein nicht ausreicht, um Fehlentwicklungen zu verhindern. Vielmehr müssen auch klare Vorstellungen über das jeweils Erreichbare und den Grad und das Tempo der »Manipulierbarkeit« der ökonomischen Verhaltensweisen entwickelt werden, wenn gesamt- und einzelwirtschaftliche Schäden vermieden werden sollen. Dabei muß prinzipiell auch in der Geldpolitik das Verursachungsprinzip gelten, d. h. belastende Maßnahmen sind dort anzusetzen, wo Fehlentwicklungen verursacht werden.

Zwei Dinge sind in jedem Fall zu fordern: Alle Notenbankinstrumente müssen rechtlich eindeutig fixiert und die Festsetzung von Maß- oder Regelgrößen überschaubar und transparent sein. Das gilt sowohl für die zur Kontrolle des Zentralbankgeldangebots einzusetzenden als auch für die jeweils zum Entzug von Zentralbankgeld vorgesehenen Instrumente. Diese sollten so flexibel und genau dosierbar ausgestaltet werden, daß sie das Stabilisierungsziel mit minimalen Wettbewerbsverzerrungen und Reibungsverlusten erreichen lassen.

Refinanzierungsinstrumente flexibler gestalten

Deshalb sollten auch die Instrumente überprüft werden, die zur Kontrolle des Geldangebots eingesetzt werden, besonders bei der Festsetzung der Rediskontkontingente der Banken und der hieran anknüpfenden Grenzen für die Inanspruchnahme von Lombardkrediten bei der Bundesbank. Dabei ist bisher sowohl die Art und Weise problematisch, in der die jeweiligen Kontingente von der Bundesbank bestimmt werden, als auch die mit Diskont- oder Lombardpolitik im engeren Sinne bezeichnete Veränderung der Zinssätze für die Inanspruchnahme des Notenbankkredits.

Gegen die bisher übliche Ausgestaltung des Diskontkredits läßt sich einwenden, daß sie relativ umständlich und zu wenig flexibel ist: Da die Kreditaufnahme auf die Restlaufzeit der eingereichten Wechsel, also auf eine Frist bis zu 90 Tagen festgelegt ist, kann sie dem tatsächlichen Zentralbankgeldbedarf oft nicht schnell genug angepaßt werden. Auch bei einer Kürzung der Kreditkontingente nimmt das Abschmelzen der Bankenliquidität mehr Zeit in Anspruch, als mit den jeweils verfolgten kreditpolitischen Zielen vereinbar sein kann.

Demgegenüber weist jedoch der Lombardkredit unbestreitbare Vorzüge auf, denn dieser kann auf der Basis der jeweils hinterlegten lombardfähigen Wertpapiere jederzeit kurzfristig in Anspruch genommen und wieder zurückgezahlt werden und eignet sich damit auch in höherem Maße für eine geldpolitische Feinsteuerung. Schließlich hat sich gerade zu Beginn der Geldpolitik der Floating-Periode gezeigt, daß der Lombardsatz (auch als »Sonderlombard«) den tatsächlichen Geldmarktverhältnissen elastischer und mit weniger Signalwirkung für Richtungsänderungen der allgemeinen Kreditpolitik anzupassen ist, als der in seiner realen Bedeutung immer wieder stark überschätzte Diskontsatz.

Aus den Zeiten der staatlichen Zinsbildung haftet dem Diskontsatz noch immer die Leitzinsfunktion an, die er praktisch aber nur im Zusammenhang mit einer entsprechenden Liquiditätspolitik der Bundesbank haben kann. Denn die Liquiditätssituation des Bankensystems, nicht dagegen der Diskontsatz bestimmt bei freier Zinsfestsetzung das Zinsniveau einer Volkswirtschaft. Deshalb könnte durchaus auch die Frage diskutiert werden, ob es überhaupt noch sinnvoll ist, den Diskontkredit in seiner bisherigen Form beizubehalten, weil die ursprünglich als quantitative Bremse und als Besicherungsmittel gedachte Bindung an »gute Handelswechsel« auf andere Weise ersetzt werden könnte. So würde ein gut ausgebautes Aufsichts- und Prüfungsrecht die Möglichkeit eröffnen, den Notenbankkredit auch als Buchkredit an die Banken auszugestalten, wobei der Lombard die Sicherungsfunktion für einen Teil dieser Kredite übernehmen könnte. Dies alles würde dann zu größerer Flexibilität und rascherer Anpassung führen.

Schwergewicht auf die Offenmarktpolitik verlagern

Darüber hinaus sollte aber das Schwergewicht der Geldmarktbeeinflussung und marktorientierten Zinsgestaltung vom Diskont- und Lombardkredit auf die Offenmarktpolitik verlagert werden. Dies entspricht auch dem Vorschlag des Sachverständigenrats zur Begutachtung der gesamtwirtschaftlichen Entwicklung, die Abgabe und Abschöpfung von Zentralbankgeld stärker als bisher durch Offenmarktoperationen zu steuern. Der Vorteil einer solchen Politik liegt nämlich nicht zuletzt darin, daß es hier keines dramatischen Kurswechsels bedarf, da der Notenbankkredit jeweils mit leichter Hand durch Variation der Abgabe- und Rücknahmesätze der Geldmarktpapiere der Bundesbank verbilligt oder verteuert werden kann, ohne daß damit eine »Signalwirkung« verbunden sein muß.

Das Material für eine solche elastische Offenmarktpolitik ist in ausreichendem Umfang vorhanden. Schon heute kann die Bundesbank Mobilisierungs- und Liquiditätspapiere in einem Gesamtbetrag von über 16 Milliarden DM schaffen. Darüber hinaus sollte dieser Betrag bei Bedarf, wie in dem bereits erwähnten Novellierungsentwurf zum Bundesbankgesetz vorgesehen, um 16 Milliarden DM aufgestockt werden. Außerdem können noch die »normalen« Geldmarkttitel (Schatzwechsel, Schatzanweisungen und Vorratsstellenwechsel) sowie rediskontfähige Wechsel und ein Großteil der umlaufenden Schuldverschreibungen von Bund, Bahn und Post in die Offenmarktoperationen einbezogen werden.

Ein stärkerer Einsatz der Offenmarktpolitik würde auch das »Kontingentierungsproblem« bei der Festsetzung der Rediskontkontingente und der Grenzen für die Inanspruchnahme des Lombardkredits entschärfen (das auch beim Übergang zu einem »Buchgeldsystem« des Notenbankkredits nicht verschwinden würde): Denn bei den Offenmarktoperationen erfolgt die Bereitstellung von Zentralbankgeld nicht nach irgendwelchen »Bedarfsgesichtspunkten«, die Veränderung der Zentralbankgeldmenge ergibt sich hier vielmehr aus der unterschiedlichen Bereitschaft der einzelnen Institute, die jeweiligen, von der Bundesbank für den Rückkauf ihrer Offenmarktpapiere festgelegten Sätze zu zahlen. Wenn die Bundesbank diese Sätze richtig steuert, kann sie auf diese Weise eine stabilitätsgerechte Versorgung der Kreditinstitute und der Wirtschaft mit Zentralbankgeld erreichen.

Dagegen erscheint die Empfehlung des Sachverständigenrats, das Mindestreservekonzept vollständig durch das Instrument der Offenmarktpolitik zu ersetzen, weder erforderlich noch zweckmäßig, da die größeren Vorteile bei einem gemischten Abschöpfungssystem liegen, das allerdings die Offenmarktpolitik nicht nur als kleines Rädchen der Tagessteuerung der Geld- und Kapitalmärkte betrachten darf.

Mindestreserve- und Offenmarktpolitik kombinieren

Gegen den Vorschlag, die Mindestreservepolitik wenigstens partiell durch die Offenmarktpolitik zu ersetzen, wird vor allem geltend gemacht, daß der Gesamtbetrag der für Offenmarktoperationen zur Verfügung stehenden Titel zu gering sei, um eine wirkungsvolle Geldmengenpolitik zu betreiben. Außerdem wirke die Offenmarktpolitik beim Entzug von Zentralbankgeld nicht direkt genug und könne von den Kreditinstituten unterlaufen werden.

Das erste dieser Argumente wurde bereits behandelt; so sollten insbesondere beim Einsatz der Offenmarktpolitik zur Ergänzung anderer Maßnahmen der Geldpolitik die im Bundesbankgesetz bereits vorgesehenen Fazilitäten an Mobilisierungs- und Liquiditätspapieren ausgeweitet werden. Dagegen ist kaum zu bestreiten, daß die Mindestreservepolitik schneller und direkter wirkt, wenn die verfügbare Menge an Zentralbankgeld vermindert werden soll. Dies schließt natürlich nicht aus, daß sich nicht auch die Offenmarktpolitik noch wirksamer gestalten ließe. Wenn die Bundesbank beim gegenwärtigen Verfahren jeweils abschätzen muß, welche Zinshöhe gerade ausreicht, um den jeweils erwünschten Abschöpfungseffekt zu erzielen, dann ist das, wie die jüngsten Erfahrungen gezeigt haben, nicht immer leicht. Die Bundesbank hat deshalb mit dem Tenderverfahren bereits eine elastischer wirkende Methode der »Marktzinssteuerung« angewandt: Sie bietet eine bestimmte Menge an Offenmarktpapieren an und läßt die Marktteilnehmer bestimmen, zu welchem Zinssatz sie bereit sind, die Papiere abzunehmen und in entsprechendem Umfang auf Zentralbankgeld zu verzichten. Allerdings könnte bei einer sehr expansiven Kreditnachfrage selbst eine hohe Verzinsung der Offenmarktpapiere nicht ausreichen, um den Kreditinstituten so viel Zentralbankgeld zu entziehen, wie es den geld- und kreditpolitischen Vorstellungen der Bundesbank entspricht. In solchen Fällen ließe sich die Bankenliquidität leichter und schneller über die Erhöhung der Mindestreservesätze verringern.

Eine Kombination von Mindestreserve- und Offenmarktpolitik könnte einerseits die diskriminierenden Effekte der Mindestreservehaltung entschärfen, andererseits aber auch der liquiditäts- und geldpolitischen Funktion der Mindestreservehaltung in ausreichendem Maße gerecht werden: Wie bisher sollte zwar die notwendige Ansammlung von liquiden Reserven unverzinslich erfolgen, für extreme, geldpolitisch motivierte Mindestreserveverpflichtungen könnten aber die Anlagevorschriften gelockert und die Reservehaltung durch die Übernahme von verzinslichen Offenmarkttiteln erfüllt werden. Von Mindestanforderungen abgesehen, die sich aus dem banküblichen Zahlungsverkehr ableiten ließen, könnte es den Disponenten der einzelnen Kreditinstitute überlassen bleiben, welche Beträge sie als zinslose Transaktionskasse bei der Landeszentralbank halten oder zur Erfüllung der zusätzlichen Reserveverpflichtungen in weniger leicht liquidisierbaren Offenmarktpapieren festlegen wollen. Damit würde auch die alte Streitfrage gegenstandslos, ob nicht die im Vergleich zu anderen Kapitalsammelstellen einseitige Ertragsbelastung der der Mindestreserve unterliegenden Kreditinstitute durch eine Verzinsung der Reserven beseitigt werden könnte. Denn eine Kombination aus Mindestreserve- und Offenmarktpolitik würde die Verzinsung weitge-

hend überflüssig machen, weil ein Teil der entzogenen Liquidität via Offenmarkt dann verzinst werden würde.
Im Gegensatz zur heutigen Praxis würde bei einer Verstärkung der Offenmarktpolitik die Deutsche Bundesbank den Kreditinstituten also einen begrenzten Ertragsausgleich für die mit einem erhöhten Liquiditätsentzug verbundene Minderung ihrer anderweitigen Anlagemöglichkeiten sichern. Gleichzeitig würden durch eine derartige Regelung die beim derzeitigen System bestehenden Wettbewerbsnachteile solcher Institute beseitigt, die wegen ihrer spezifischen Geschäftsstruktur geringere Möglichkeiten für die Weiterwälzung dieser »Sondersteuer« finden als andere Institute, die im wesentlichen das kurzfristige Geschäft betreiben. Die Bundesbank hat im Sommer 75 erstmalig in großem Stil zur Stützung des Rentenmarktes Offenmarktpolitik betrieben, indem sie hohe Summen festverzinslicher Wertpapiere ankaufte, damit Liquidität in den Kreislauf schleuste und das Zinsniveau am Rentenmarkt stabilisierte. Es ist nur zu hoffen, daß auch für Zwecke der Geldabschöpfung zur gegebenen Zeit die Offenmarktpolitik in einem stärkeren Umfang verwendet wird, auch wenn es dann für die Bundesbank keine Zinsen bringt, sondern Zinsen kostet.

Notenbankrentabilität kein Argument gegen Verzinsung

Damit ist allerdings ein kritischer Punkt berührt, denn gegen eine verstärkte Belastung der Bundesbank mit Zinszahlungen im Rahmen einer »aktiven Offenmarktpolitik« wird häufig eingewandt, daß die Notenbank »rentabel« arbeiten müsse. So wird neben Kostendeckung im allgemeinen ein Überschuß angestrebt, der zu einem Teil an den Bundeshaushalt abzuführen ist. Wenn in dieser Sicht die Bundesbank ein Erwerbsunternehmen wie andere öffentliche Unternehmen ist, so hat das aber auch zu der grotesken Diskussion geführt, ob die Bundesbank nicht durch die »Aufwertungsverluste« im kaufmännischen Sinne als »überschuldet« zu gelten habe.
Gerade an diesem Beispiel wird deutlich, daß die üblichen Ertrags- und Gewinnvorstellungen bei der Notenbank fehl am Platze sind: Denn Notenbanken können aus ihrer Funktion der Geldversorgung einer Volkswirtschaft heraus ja niemals zahlungsunfähig werden. Selbst wenn man davon ausginge, daß auch die Notenbank ihre laufenden Ausgaben und Zinsaufwendungen durch entsprechende Einnahmen decken müsse, bestände in dieser Hinsicht bei der Bundes-

bank kein Anlaß zur Sorge, da den erheblichen Zinserträgen aus der verzinslichen Anlage ihrer Devisenbestände und aus der Inanspruchnahme des Diskont- und des Lombardkredits nur relativ geringe Zinsaufwendungen gegenüberstehen. So betrugen beispielsweise für 1974 die Zinserträge rund 6,0 Milliarden DM, die Zinsaufwendungen dagegen nur 0,2 Milliarden DM.

Daher wäre es also durchaus möglich, wenigstens einen Teil der sich aus Abschöpfungsmaßnahmen ergebenden Reservehaltung (einschl. der Übernahme von Offenmarktpapieren) zu verzinsen. Bei einem Abschöpfungsvolumen von 10 Milliarden DM würden sich bei einem Zinssatz von 5 Prozent zusätzliche Zinsaufwendungen in Höhe von 500 Millionen DM ergeben. Der »Luxus« einer marktorientierten Geldpolitik ist also keineswegs unerschwinglich teuer.

Abschließend noch einige Anmerkungen zu den Wertberichtigungen, die die Bundesbank »aus Anlaß der Abwertung des Dollars« und aus ähnlichen Gründen vornehmen mußte und wohl auch in den kommenden Jahren immer wieder vornehmen müssen wird. Diese werden von der Bundesbank voll in die Gewinn- und Verlustrechnung aufgenommen, so daß sich beispielsweise für 1974 ein Verlust von rund 2,2 Milliarden DM ergibt, obgleich die Bank einen »Betriebsüberschuß« von 5,1 Milliarden DM erzielt hat. Hier werden die formalen Prinzipien der doppelten Buchführung auf Tatbestände angewandt, für die sie nicht entwickelt worden sind, denn es ist wenig sinnvoll, Erfolge der außenwirtschaftlichen Absicherung und der Inflationsbekämpfung einer Volkswirtschaft als Verlustquelle erscheinen zu lassen. Allenfalls könnte man diese Positionen als jeweils neu entstandene »Ausgleichsforderungen« deklarieren.

Die aktuelle geldpolitische Szene

Die neue mengenorientierte Geldpolitik wird seit Anfang 1973 betrieben. Selbstverständlich hat sich auch die Bundesbank erst auf die teilweise unerwarteten Konsequenzen einer fast totalen Herrschaft über die Geldversorgung einstellen müssen. Vor allem die ersten Monate der neuen Politik könnte man rückschauend als »Zeit der Experimente« bezeichnen. Die Bundesbank wollte in dieser Zeit den Kreditinstituten in erster Linie deutlich machen, daß sie es mit dem Konzept einer rigorosen Verknappung der Bankenliquidität ernst meinte. Es sollte »kneifen«, wie es Bundesbankpräsident Klasen in jenen Tagen einmal formulierte.

Auch in der Folgezeit war die Bundesbank darauf bedacht, nicht einmal den Anschein einer Lockerung ihres Restriktionskurses zu erwecken, solange die Geldentwertungsraten hoch und die Tendenzen zur Beschleunigung des Preisauftriebs nicht gebannt waren. Insbesondere um die Jahreswende 1973/1974 fürchtete sie, die vorsichtigen Lockerungsmaßnahmen der Bundesregierung durch die Freigabe der 7b-Abschreibungen und die Beseitigung der Investitionsabgabe könnten als Zeichen für eine nachlassende Inflationsbekämpfung gewertet werden. Sie hielt deshalb an ihrer Restriktionspolitik zunächst voll fest, mit dem Ergebnis, daß die Zinssätze wieder anzogen und das Geld knapp blieb. Erst gegen Mitte des Jahres 1974 ließ die Bundesbank erkennen, daß sie nun insbesondere an einer Senkung der Geldmarktsätze interessiert war.

Die Bundesbank wurde wegen der langen Hochzinsphase von einigen Seiten stark kritisiert, ohne daß jedoch Alternativen für eine möglichst rasche Wiedergewinnung der Geldstabilität aufgezeigt wurden. Bedauerliche Folge der rigorosen, vergleichsweise lange durchgehaltenen monetären Restriktion war aber, daß die Hauptlast der Stabilisierungspolitik von den finanzschwachen mittelständischen Unternehmen getragen werden mußte. Auf diesen Mangel einer globalen geldpolitischen Stabilisierungspolitik wurde bereits mehrfach hingewiesen. Die Wirtschafts- und Finanzpolitik muß hier deshalb künftig korrigierend eingreifen, damit nicht in einer solchen Situation erhebliche Strukturschäden entstehen. Als Hilfen kommen beispielsweise Kreditverbilligungsprogramme zugunsten des Mittelstandes (z. B. aus ERP-

Mitteln) und gezielte Steuererleichterungen in Betracht. Das Argument, derartige Hilfen verhinderten eine notwendige »Reinigungskrise«, ist nicht stichhaltig. Eine »Reinigung« der Wirtschaft von mittelständischen Unternehmen würde unsere Wirtschaftsordnung zerstören.

Mit dieser Feststellung rennt man heute sicherlich offene Türen ein. Wichtiger ist deshalb die Absicht, so extreme inflatorische Störungen wie in den Jahren 1971/1974 gar nicht erst wieder entstehen zu lassen. Dazu gehört auch die Verstetigung der Geldpolitik, wie sie die Bundesbank jetzt anstrebt.

Allerdings darf man auch hiervon *allein* keine Wunderdinge erwarten: Die Vergangenheit hat gezeigt, daß sich ein Konjunkturaufschwung schon durch die Beschleunigung der Umlaufgeschwindigkeit des Geldes, d. h. durch häufigeren Einsatz der jeweils vorhandenen Geldbestände, »finanzieren« läßt. Die vorgesehene Wachstumsrate der Geldmengenbestände kann deshalb keine Fixgröße sein. Die Bundesbank selbst scheint ebenfalls einer flexiblen Anpassung dieser Größe an die jeweils gegebene Konjunkturlage zuzuneigen. So hat sie beispielsweise das Zentralbankgeldvolumen um die Jahreswende 1974/1975 mit einer Jahresrate von mehr als 8 Prozent wachsen lassen, um die konjunkturell erwünschten Zinssenkungstendenzen durchzusetzen. Gegen eine solche Politik bestehen keine Bedenken, da die Bundesbank durchaus in der Lage ist, die Liquiditätsversorgung jederzeit auf einen Stand von »nahe Null« herabzudrücken und so das Geldmengenwachstum zu bremsen. Eine Aufgabe des neuen geldpolitischen Konzepts ist mit derartigen Abweichungen vom Trend jedenfalls nicht verbunden.

Bedenklicher wäre es allerdings, wenn man in der wirtschaftspolitischen Debatte je nach Bedarf unterschiedliche Definitionen der Geldmenge verwenden und damit eine Stetigkeit der Geldpolitik vortäuschen würde, die in Wirklichkeit nicht vorhanden ist. Es ist aber zu begrüßen, daß die Bundesbank im Jahresverlauf nicht sklavisch an bestimmten Prozentsätzen klebt, sondern z. B. im Sommer 1975 am Kapitalmarkt eine entschlossene Offenmarktpolitik betrieb, um in einer wichtigen konjunkturpolitischen Phase den Kapitalmarktzins nicht ansteigen zu lassen. Eine solche Politik, die dann zu einem höheren Geldmengenwachstum führen kann, ist aber nur befristet vertretbar. Auch die Notenbank kann ja das Faktum nicht aus der Welt schaffen, daß hohe Inflationsraten und niedriger Kapitalmarktzins unverträgliche Größen sind. Dazu wird im zinspolitischen Kapitel noch Näheres zu sagen sein.

Entscheidend wird für die künftige mengenorientierte Geldpolitik sein, dem generellen Zusammenhang zwischen der außenwirtschaftlichen Absicherung über Wechselkursänderungen, der nationalen Zinspolitik und den Stabilisierungserfordernissen stets volle Beachtung zu schenken. Nur so lassen sich Fehlentwicklungen bereits im Anfangsstadium bereinigen.

Wie wichtig es ist, inflatorische Fehlentwicklungen frühzeitig zu bekämpfen, hat die nur langsam fortschreitende Stabilisierung im Verlauf des Jahres 1975 drastisch demonstriert, denn die Geldentwertungsraten bildeten sich trotz Rezession und beachtlicher Arbeitslosigkeit nur sehr langsam zurück. Dies dürfte vor allem auf die starken administrativen Einflüsse zurückzuführen sein, die unser Preisniveau von den Agrarmärkten über die Mieten bis hin zu wichtigen öffentlichen Dienstleistungen beeinflussen: Der gesamte Bereich der administrierten Preise folgt mit beachtlichem timelag der allgemeinen Preisentwicklung, weil die verantwortlichen politischen Instanzen unpopuläre Preiserhöhungen so lange wie möglich hinausschieben, zumal sie in der Hochkonjunktur bei vollen öffentlichen Kassen die Preise bestimmter Güter und Dienstleistungen subventionieren können.

Wenn die Geldpolitik in der Vergangenheit mit der mangelnden außenwirtschaftlichen Absicherung belastet war, so ist seit dem Sommer 1975 ein neuer »Kriegsschauplatz« entstanden: Eine stabilitätsorientierte Geldpolitik auch bei hohen strukturellen Defiziten der öffentlichen Haushalte zu betreiben. Die mittelfristige Finanzplanung der öffentlichen Haushalte zeigt trotz aller politisch motivierten Varianten deutlich, daß die Höhe der öffentlichen Verschuldung in den Jahren 1976 bis 1979 ein geldpolitisches Datum ersten Ranges sein wird. Das unerwartet hohe Staatsdefizit 1975 zu refinanzieren war unproblematisch, weil sich im Verlauf dieses Jahres eine Rekordsparquote der privaten Haushalte einstellte, die Wirtschaft weitgehend kreditabstinent war, der Wohnungsbau deutlich weniger Finanzierungsmittel als früher benötigte und die Bundesbank geldpolitischen Spielraum besaß, um gezielt die öffentliche Refinanzierung zu stützen.

In den folgenden Jahren wird sich aber die Gretchenfrage stellen: Hält die Bundesbank eine mengenorientierte Geldpolitik unter dem Vorzeichen »Verstetigung« durch oder orientiert sie ihre Geldpolitik stärker am Finanzbedarf der öffentlichen Haushalte, um dort die Refinanzierung zu akzeptablen Zinsen und Fristen sichern zu helfen. Aus stabilitätspolitischer Sicht muß die Antwort eindeutig sein: Zusätzliche Geldschöpfung zugunsten der öffentlichen Haushalte – in welcher Form auch immer – muß ausscheiden. Der Finanzierungsbedarf eines

Jahres kann inflationsneutral nur aus der laufenden Sparkapitalbildung und aus dem Wachstum der Geldmenge finanziert werden, das den stabilitätspolitischen Zielen entspricht. Sind die Finanzierungsansprüche höher, müssen steigende Zinsen den Ausgleich schaffen und die private Kreditnachfrage zurückdrängen. Schon aus dieser vereinfachenden Sicht wird klar, daß die verschiedenen Zielprojektionen in der mittelfristigen Finanzplanung nicht voll konvergieren.

Wenn die öffentlichen Haushalte einen zu hohen Anteil an der volkswirtschaftlichen Kapitalbildung für konsumtive Zwecke beanspruchen, dann kann dies nur zu Lasten der Investitionsquote gehen. Zudem würden steigende Kapitalmarktzinsen die erhoffte Konjunkturbelebung schon im Ansatz stören und damit die Zuwachsrate des Bruttosozialprodukts dezimieren. Außerdem dürfte im Konjunkturaufschwung auch die sehr hohe Sparquote wieder zurückgehen und die Wirtschaft für Lageraufstockung und Investitionen mehr Kredite benötigen; kurzum, die Konkurrenz um Finanzierungsmittel wird erheblich zunehmen.

Die Höhe des Staatsverbrauchs und die Art seiner Finanzierung werden also entscheidende Daten für Geldpolitik, Wirtschaftswachstum und Stabilität sein. Mit den Sparmaßnahmen und den Steuererhöhungen des Herbstes 1975 allein wird dieses schwierige Problem für die nächste Zukunft kaum zu bewältigen sein. Schließlich ist noch vor dem Irrglauben zu warnen, man könne mit »Superkonsortialfinanzierungen« oder gar mit Finanzierungen unter sanftem moralischen Druck die sich aus den Kreditmarktbedingungen ergebenden Belastungsgrenzen überspringen.

Integration auf drei Ebenen

Schon bei der Diskussion der Grenzen der Geldpolitik wurde wiederholt deutlich, daß selbst bei einer besseren »Feinsteuerung« Nebenwirkungen auftreten können, die aus struktureller oder ordnungspolitischer Sicht bedenklich sind. Wirtschaftspolitik und Geldpolitik sollten deshalb immer aus einem »Guß« sein, die Maßnahmen in beiden Sektoren sollten sich gegenseitig ergänzen und abstützen, keineswegs konterkarieren. Das bedarf einer besonders sorgfältigen Abstimmung zwischen Regierung und Notenbank.

Diese Integrationsprobleme der Geldpolitik tauchen jedoch nicht nur im nationalen Rahmen auf: Die europäischen Einigungsbestrebungen und die Ansätze zu einer Reform des internationalen Währungssystems können ebenfalls zu Widersprüchen zwischen den Zielen der nationalen Geldpolitik und den sich aus internationalen Verpflichtungen ergebenden Zwängen der Währungspolitik führen. Es lassen sich deshalb drei Ebenen der Integrationsproblematik unterscheiden: Neben der nationalen auch eine europäische und eine internationale Ebene im weitesten Sinn.

Keines der für die Integration der Geldpolitik so zahlreich in den vergangenen Jahren angebotenen Patentrezepte hat sich als brauchbar erwiesen. Sie sind von den Tagesereignissen oft sehr schnell überrollt und rasch vergessen worden. So lassen sich auch heute in einer realistischen Betrachtung nur einige Leitlinien und Zielvorstellungen für die Lösung der anstehenden Integrationsprobleme skizzieren.

Notenbank und nationale Wirtschaftspolitik

Deutsche Bundesbank: autonom, aber integriert

Bei einer kritischen Würdigung der Geschichte der Notenbankpolitik seit der Währungsreform ist das erfreuliche Element die weitgehende Harmonie zwischen Bundesregierung und Bundesbank: Von den bereits erwähnten temporären Kontroversen abgesehen hat es nie eine *nachhaltige* Trübung der Zusammenarbeit zwischen diesen beiden »Gewalten« gegeben. Das mag auf den ersten Blick überraschen, denn ganz so unproblematisch, wie sich ihr Verhältnis bisher darstellt, ist es schon von der gesetzlichen Regelung ihrer Kompetenzen her gesehen nicht.

Das gesetzgeberische Anliegen war schon bei der Gründung der Bank deutscher Länder, dem Staat jede Möglichkeit zu nehmen, die Notenpresse als Finanzierungsquelle zu mißbrauchen. Die Versorgung der Bundesrepublik mit Zahlungsmitteln sollte ausschließlich von der Notenbank gesteuert werden können; sie war insofern völlig »autonom«.

Das Autonomieprinzip ist auch gesetzlich verankert: Die Bundesbank ist nach § 12 des Bundesbankgesetzes hinsichtlich ihrer geldpolitischen Maßnahmen »von Weisungen der Bundesregierung unabhängig«. Da zudem die Kreditlinien für Bund und Länder bei der Bundesbank relativ eng bemessen worden sind, ist ein Mißbrauch der Notenbank als Finanzierungsquelle für die öffentlichen Haushalte praktisch ausgeschlossen. Die Bundesbank war und ist in dieser Hinsicht durchaus in der Lage, »die Währung zu sichern« und die Inflationsquelle »staatliche Defizitfinanzierung über Geldvermehrung« zu verschließen, die ja die klassischen Inflationen von 1918/1923 und 1945/1948 verursacht hat.

Diese »schöne Welt« hatte jedoch bis März 1973 einen entscheidenden Fehler: Inflationsgefahr droht heute nicht mehr nur vom Staat, also der nationalen Finanzpolitik, sondern bei der starken außenwirtschaftlichen Orientierung und Verflechtung unserer Wirtschaft ebenso intensiv von einer inflationären Wirtschafts- und Finanzpolitik anderer Staaten. Für die Festsetzung und Veränderung des Wechselkurses der D-Mark war aber die Bundesregierung zuständig, genau wie beispielsweise für die Anwendung des Außenwirtschaftsgesetzes und anderer gesetzlicher Regelungen, die eine Abschirmung gegen inflatorische Devisenzuflüsse ermöglichen sollten.

Von hier aus wird fast selbstverständlich, weshalb es bis zu Beginn der siebziger Jahre keine nachhaltigen Kontroversen zwischen Bundesregierung und Bundesbank geben konnte: Jeder Versuch einer harten Notenbankpolitik auch gegen den Willen der Regierung wurde bei offener außenwirtschaftlicher Flanke sehr schnell »selfdefeating«. Infolgedessen konnte es niemals zu einer so starken Verknappung des Geldmengenangebots kommen, daß hierdurch die Finanzlage der öffentlichen Haushalte oder die Liquiditätslage der Wirtschaft ernsthaft verschlechtert wurde. Differenzen konnten allenfalls über Zeitpunkt und Ausmaß von Restriktionsmaßnahmen und Wechselkursberichtigungen entstehen.

Mit dem Übergang zu flexiblen Wechselkursen hat sich das Bild entscheidend verändert: Da nunmehr der Bundesbank auch die Steuerung des Wechselkurses der DM übertragen wurde, hat sie erstmals die weitgehende Herrschaft über die Entwicklung der Geldmenge erlangt. Daraus könnten tiefergreifende Meinungsverschiedenheiten zwischen Bundesbank und Bundesregierung resultieren. Bislang ist dies allerdings durch die gemeinsamen Anstrengungen zur Wiederherstellung der Geldwertstabilität überdeckt worden. Doch deuten kritische Stimmen aus dem politischen Raum darauf hin, daß sich das Klima künftig verschlechtern könnte. Aus dieser Sicht gewinnt das Problem einer Integration der Notenbankpolitik an Aktualität und Brisanz.

Zieldivergenzen durch Abstimmung lösen

Erst jetzt wird nämlich die zweite – etwas schwächere – Bestimmung des Bundesbankgesetzes bedeutsam, die ihre Unabhängigkeit von »Weisungen« ergänzt: Die Bundesbank ist »verpflichtet, unter Wahrung ihrer Aufgabe, die allgemeine Wirtschaftspolitik der Bundesregierung zu unterstützen«. Hieraus ergibt sich die Frage, wie weit die Bundesbank bei der Sicherung der Währung andere wirtschaftspolitische Zielsetzungen vernachlässigen kann und darf. Das braucht sich nicht nur auf Vollbeschäftigung und Wachstum zu beziehen; es kann sich auch um die Gefährdung ordnungspolitischer Vorstellungen handeln. Beispiele hierfür wurden bereits mehrfach angeführt. Zieldivergenzen können sich vor allem dann ergeben, wenn die Bundesregierung dem Wachstums- und Vollbeschäftigungsziel einen höheren Stellenwert als der Erhaltung der Geldwertstabilität einräumen würde. Potentielle Konfliktsituationen sind aber auch bei unterschiedlichen konjunkturellen Diagnosen und Prognosen oder bei einer jeweils anderen Bewertung der vorliegenden Daten über die wirtschaftliche Entwicklung denkbar. Differierende Auffassungen über die geeigneten Instrumente, ihre Dosierung und das richtige timing könnten ebenfalls zu ernsthaften Auseinandersetzungen zwischen Bundesbank und Bundesregierung führen, wobei die Zeiträume kurz vor entscheidenden Wahlen besonders konfliktträchtig sein könnten. Schließlich könnten auch Differenzen über das Stabilitätsziel selbst und seine Definition auftreten.

Deshalb dürfte in Zukunft den Abstimmungsprozessen zwischen Bundesregierung und Bundesbank noch größere Bedeutung zukommen.

Nach dem Bundesbankgesetz ist die Notenbank verpflichtet, die Bundesregierung in allen wesentlichen währungspolitischen Fragen zu beraten und sie auf Wunsch zu informieren. Außerdem haben Mitglieder der Bundesregierung das Recht, an Beratungen des Zentralbankrates (allerdings ohne Stimmrecht) teilzunehmen, Anträge zu stellen und die Aussetzung der Beschlußfassung bis zu zwei Wochen zu verlangen. Andererseits soll die Bundesregierung den Bundesbankpräsidenten zu währungspolitischen Beratungen hinzuziehen.
Diese gegenseitige Beratungs- und Konsultationspflicht wird so intensiv weitergeführt werden müssen, wie sie seit einiger Zeit schon praktiziert wird, um auch unter den neuen Gegebenheiten Auseinandersetzungen zwischen Bundesbank und Bundesregierung gar nicht erst entstehen zu lassen. Käme es nämlich einmal zu einer tiefgreifenden Kontroverse zwischen diesen beiden stabilitäts- und konjunkturpolitisch relevanten Entscheidungszentren, so könnte sich daraus auch eine Polarisierung der öffentlichen Meinung ergeben, die das bisher durchaus bewährte System der »Gewaltenteilung« zwischen Notenbank und Regierung zerstören könnte.

Autonomie muß erhalten bleiben

Das Problem der Integration der Notenbankpolitik ist aber nicht dadurch zu lösen, daß die Notenbank der Kontrolle der Bundesregierung oder der des Parlaments unterworfen wird; dies würde mit der Unabhängigkeit der Bundesbank die Erfüllung ihrer Hauptaufgabe, die Währungsstabilität zu sichern, gefährden. Wegen der weltweiten inflationären Gefahren erscheint es angebracht, auch im institutionellen Bereich dem Kampf gegen die Inflation absolute Priorität einzuräumen und einem autonomen staatlichen Organ, nämlich der Bundesbank, für diese Aufgabe eine besondere Unabhängigkeit vom politischen Tagesgeschehen einzuräumen. Gerade weil die Notenbank in der Bundesrepublik autonom ist und ihre Stabilitätspolitik nicht unter dem Zwang tagespolitischer Kompromisse und Junktims durchfechten muß, ist unsere stabilitätspolitische Situation besser als anderswo. Deshalb muß die Bundesbank bei aller Kooperation ein selbständiger Entscheidungsträger in ihrem Verantwortungsbereich bleiben und darf keinesfalls zu einem Erfüllungsgehilfen der Regierungspolitik werden.
Die schon erwähnte Zwei-Schlüssel-Theorie, d. h. der Zwang zu gemeinsamem Handeln von Bundesregierung und Bundesbank beim Einsatz bestimmter Instrumente, beispielsweise zur Begrenzung des Geld-

mengen- oder des Kreditwachstums muß also abgelehnt werden. Sonst würde der Konflikt sozusagen institutionalisiert und vorprogrammiert, und das Ergebnis könnte wiederum nur eine Beschränkung der Notenbankautonomie sein.

Als Mittel der Integration hat sich in der Vergangenheit die personelle Zusammensetzung des Zentralbankrates erwiesen, dessen Mitglieder zum Teil von der Bundesregierung und zum Teil von den Länderregierungen vorgeschlagen werden. Auf diese Weise wird vermieden, daß sich der Zentralbankrat zu einem unpolitischen oder gar antipolitischen Entscheidungsgremium entwickelt. Im Idealfall sollten deshalb im Zentralbankrat Persönlichkeiten aus der Bundesbank, aus der Wirtschafts- und Finanzpolitik und aus der Bankpraxis in einer guten Mischung vertreten sein. Wenn auch diese ideale Mischung nicht immer möglich ist – politische Einflüsse sind bei einem politischen Gremium selbstverständlich – so hat sich in der Vergangenheit der Zentralbankrat aber stets als integrierende Kraft erwiesen und eine vordergründige Politisierung seiner Entscheidungen verhindert. So hat die relativ lange Laufzeit der Dienstverträge der Mitglieder des Zentralbankrats dazu beigetragen, daß eine politisch einseitige Besetzung dieses Gremiums nicht möglich war, weil sich durch die Besetzungsrechte von Bund *und* Ländern zwangsläufig ein gewisses politisches Gleichgewicht in diesem Gremium ergibt.

Dennoch könnten die politischen Auseinandersetzungen um die Bundesbankpolitik zunehmen, gerade weil sich die Notenbank heute in einer wesentlich stärkeren Position befindet als vor dem Übergang zum Floaten der D-Mark. Dazu kommen die Schwierigkeiten, die hohen Defizite der öffentlichen Haushalte in den kommenden Jahren inflationsneutral zu finanzieren. Die eigentliche Bewährungsprobe der Autonomie der Notenbank dürfte deshalb erst bevorstehen.

Europäische Notenbankpolitik – ein Fernziel

Stufenplan ohne Realisierungschancen

Seit der Gründung der Europäischen Wirtschaftsgemeinschaft im Jahre 1958 ist es ihr erklärtes Ziel, die währungspolitische Zusammenarbeit der Mitgliedsländer in den Dienst des Integrationsprozesses zu stellen und die »Währungspolitik in einem für das Funktionieren des Gemeinsamen Marktes erforderlichen Ausmaß zu koordinieren«. Daher erhielt im März 1970 eine Arbeitsgruppe unter Vorsitz des Luxemburgischen Ministerpräsidenten Pierre Werner den Auftrag, konkrete Möglichkeiten »für eine schrittweise Verwirklichung der Wirtschafts- und Währungsunion« herauszuarbeiten. Diese sogenannte Werner-Gruppe kam in ihrem Abschlußbericht zu dem Ergebnis, daß dieses Ziel bis 1980 zu erreichen sei, und legte hierfür einen Stufenplan vor, der auf der Vorstellung einer fortschreitenden Koordinierung der Wirtschaftspolitik in den einzelnen Mitgliedsländern bei gleichzeitigen Integrationsfortschritten der Währungspolitik basierte.

Die EG-Kommission übernahm die Vorschläge der Werner-Gruppe insoweit, als sie dem Ministerrat vorschlug, bis Ende 1970 eine Entschließung über die stufenweise Errichtung einer Wirtschafts- und Währungsunion anzunehmen. Allerdings enthielt dieser Entschließungsentwurf nur Maßnahmen der sog. Ersten Stufe, die nach den Vorstellungen der Werner-Gruppe am 1. Januar 1971 in Kraft treten sollte. Ihr Hauptgewicht lag auf dem Ausbau der Konsultationspflicht, der Festlegung gemeinsamer Richtlinien für die Wirtschaftspolitik und quantitativer Orientierungsdaten für die Haushaltspolitik, Integration der Kapitalmärkte sowie einem abgestimmten Vorgehen der Zentralbanken zur Verminderung der Schwankungsbreiten der Wechselkurse innerhalb der Gemeinschaft. Die Kommission vermied es dagegen, den Vorstellungen der Werner-Gruppe über die Endstufe zuzustimmen und den zeitlichen Schlußpunkt der angestrebten Union festzulegen.

Hatte die Kommission bereits die klare Zielvorgabe der Werner-Gruppe, nämlich die Gemeinschaft zu einem Stabilitätsblock zu entwickeln, aufgeweicht und auch die Parallelität zwischen Wirtschafts- und Währungspolitik relativiert, so bedeutete die Entscheidung des EG-Ministerrates vom 9. Februar 1971, daß jetzt ein eigenständiger Währungsraum als eigentliche Zielsetzung in den Vordergrund rückte. Den »Ökonomisten« gelang es immerhin, gegen die Absichten der »Monetaristen« eine Verfallklausel durchzusetzen. Sollte Anfang 1974 der Übergang zur »Zweiten Stufe« infolge fehlender Fortschritte auf dem Gebiet der gemeinsamen Wirtschaftspolitik nicht beschlossen werden, dann würden alle währungspolitischen Bestimmungen der »Ersten Stufe« automatisch auslaufen.

Als im Mai 1971 die internationale Währungskrise ausbrach, erhielt der Stufenplan bereits den ersten Stoß: Die Gemeinschaft war nicht imstande, die beschlossenen gemeinsamen Maßnahmen zu verwirklichen, die Divergenz in den wirtschaftspolitischen Zielschwerpunkten der einzelnen Mitglieder trat offen zutage.

Währungsschlange bisher wichtigstes Ergebnis

In einem zweiten Anlauf wurde im März 1972 beschlossen, den Stufenplan wieder aufzunehmen und vor allem die Schwankungsbreite der EG-Währungen untereinander auf 2,25 Prozent nach beiden Seiten zu verringern. Ein besonderes Interventionssystem sollte außerdem garantieren, daß die europäische Währungsschlange auch innerhalb der 4,5prozentigen Bandbreite des IWF-»Tunnels« Bestand hätte.
Die weitere währungspolitische Entwicklung der Gemeinschaft wurde entscheidend von den Beschlüssen im März 1973 bestimmt, als das Bretton-Woods-System fester Wechselkurse endgültig aufgegeben wurde. Während nun grundsätzlich alle Währungen gegenüber dem US-Dollar und damit auch untereinander frei beweglich waren, beschlossen die Mitgliedsländer der EG, ihre Wechselkurse auch künftig innerhalb einer engen Bandbreite von 2,25 Prozent schwanken zu lassen und die erforderlichen Deviseninterventionen von Mitgliedsländern in einem monatlichen Saldenausgleich zu kompensieren. Diesen Beschluß zu verwirklichen wurde dadurch erschwert, daß seit Januar 1973 Großbritannien, Dänemark und Irland Gemeinschaftsmitglieder geworden waren, und gerade Großbritannien – ähnlich wie Italien – mit erheblichen Zahlungsbilanzproblemen zu kämpfen hatte. Um diese Länder in der »Schlange« zu halten, hätten die anderen Mitgliedsländer permanent intervenieren müssen.
So war es stabilitätspolitisch nicht nur für die »stabileren« Mitglieder, sondern auch für die Gemeinschaft selbst richtig, daß Großbritannien, Italien und Irland sich bald aus der »Schlange« lösten und durch Freigabe ihrer Wechselkurse die Partner von der Interventionspflicht entbanden. Als dann im Januar 1974 auch Frankreich aus dem EG-Währungsverbund austrat, war zwar das Ziel einer europäischen Währungsunion wieder in weite Ferne gerückt, aber die Sachzwänge hatten bewirkt, daß Illusionen abgebaut und die Voraussetzungen für eine stabilitätsorientierte Wirtschaftspolitik verbessert wurden. Daran hat sich auch durch den am 10. Juli 1975 erfolgten Wiedereintritt Frankreichs in die »Schlange« grundsätzlich nichts geändert.
Mit seiner Rückkehr in den europäischen Währungsverbund wird aber naturgemäß der Einfluß Frankreichs auf die europäische Währungspolitik wieder zunehmen. Glücklicherweise sind jedoch die übrigen

Mitglieder der »Schlange« den französischen Forderungen nach einer Änderung des Interventions- und Kreditierungsmechanismus nur geringfügig entgegengekommen und haben grundlegende Änderungen am Interventionsmechanismus abgelehnt. Wenn auch die Rückkehr des Franc in den europäischen Währungsverbund unter europapolitischen Aspekten zu begrüßen ist, wird aber erst die Zukunft zeigen, ob dieser Schritt durch die tatsächlichen wirtschaftlichen Verhältnisse in Frankreich zu diesem Zeitpunkt schon gerechtfertigt war und ob er zu einem realistischen Wechselkurs erfolgt ist. Keinesfalls sollte diese Erweiterung des Währungsblocks aber dazu führen, daß das Floating gegenüber dem Dollar und anderen Währungen europäisch »verschmutzt« wird.

»Europäischer Fonds« als Kristallisationskern?

Am 6. April 1973 wurde in Luxemburg der Europäische Fonds für währungspolitische Zusammenarbeit eingerichtet, dessen Funktionen in der multinationalen Verrechnung der Zahlungssalden der Zentralbanken einschließlich ihrer Devisenmarktinterventionen sowie im Vollzug des kurzfristigen Währungsbeistands bestehen. Der kurzfristige Währungsbeistand hat insofern an Bedeutung gewonnen, als er eine zu frühe weitergehende »Vergemeinschaftung« der nationalen Devisenreserven verhindern half. Solange die einzelnen Länder unterschiedliche wirtschaftspolitische Ziele verfolgen, hätte eine solche Vergemeinschaftung den Effekt, daß Defizitländer vom Zwang zur Zahlungsbilanzdisziplin weitgehend befreit würden, zu Lasten der stabilitätsorientierten Mitgliedsländer.
Im übrigen dient der Europäische Fonds für währungspolitische Zusammenarbeit mehr und mehr auch als Kristallisationskern für die Koordinierung der äußeren Währungspolitik einschließlich der außenwirtschaftlichen Absicherung der EG. Daneben treffen sich die Notenbankpräsidenten bereits seit 1964 in regelmäßigen Abständen bei der Bank für internationalen Zahlungsausgleich in Basel. Die laufende Arbeit wird im Währungsausschuß der EG geleistet, dem auch hohe Beamte aus den Wirtschaftsressorts der beteiligten Länder angehören. Der Währungsausschuß spielt auch eine wichtige Rolle bei der Einräumung und laufenden Überwachung des mittelfristigen finanziellen Beistands, für den jedoch im Gegensatz zum kurzfristigen Währungsbeistand nicht die Zentralbanken, sondern die Regierungen im Ministerrat zuständig sind.

Zieldivergenzen erschweren Integrationsprozeß

Trotz dieser vielfältigen Zusammenarbeit ist aber die Geschichte der Europäischen Gemeinschaft ein Musterbeispiel dafür, daß weder politische Absichtserklärungen noch die Etablierung neuer Institutionen genügen, um nationale wirtschaftspolitische Steuerungsprozesse über die Grenzen hinweg zu koordinieren und den erklärten Zielsetzungen entsprechend zu integrieren. Dabei muß allerdings berücksichtigt werden, daß es naturgemäß ein schwieriger und langwieriger Prozeß ist, einen für alle Mitgliedsländer befriedigenden und gleichzeitig auch für die Gemeinschaft sinnvollen Interessenausgleich zu finden. Denn die historisch gewachsenen Verhältnisse und die aktuellen Entwicklungen der einzelnen Länder divergieren vielfach so stark, daß schon der kleinste gemeinsame Nenner ein Erfolg ist.
In der bisherigen Zieldivergenz der einzelnen Länder liegt einer der Hauptgründe dafür, daß der Integrationsprozeß nicht weiter fortgeschritten ist. Aber schon bei der Festlegung der kurz- und mittelfristigen Ziele gemeinsamer Wirtschaftspolitik zeigen sich Schwierigkeiten, die aus der unterschiedlichen konjunkturellen, strukturellen und regionalen Situation der Mitgliedsländer resultieren.

Währungspolitische Instrumente angleichen

Ein erster Schritt zur währungspolitischen Integration könnte es sein, das währungspolitische Instrumentarium der Mitgliedsländer stärker aneinander anzugleichen. Dies wird durch die unterschiedliche Kompetenzverteilung zwischen Notenbanken und Regierungen in den einzelnen Ländern nicht gerade erleichtert. Bei der Koordinierung der nationalen Notenbankpolitiken käme es zunächst weniger darauf an, daß jedes Land die gleichen Instrumente einsetzt, sondern daß die Notenbanken die gleichen Ziele verfolgen. Später wäre es jedoch sinnvoll, in den Mitgliedsländern nach und nach ein einheitliches Instrumentarium auf der Basis der Diskont-, Lombard-, Offenmarkt- und Mindestreservepolitik aufzubauen. Dagegen ist vom Einsatz dirigistischer Instrumente wie Kreditplafondierung, selektive Kreditpolitik, administrative Zinspolitik usw. dringend abzuraten. Allerdings können auch gleiche Instrumente wegen der unterschiedlichen Bankenstrukturen in den einzelnen Ländern eine unterschiedliche Effizienz entwickeln. Die Angleichung der Bankenstrukturen ist aber ein sehr langfristiger Prozeß, der wiederum durch eine

Harmonisierung der staatlichen Bankpolitiken gefördert werden müßte.
Eine entscheidende Voraussetzung für eine funktionierende Wirtschafts- und Währungsunion ist die optimale Fluktuation von Gütern und Kapital innerhalb dieser Union. Daher gehört ein gemeinsamer europäischer Kapitalmarkt zur Harmonisierungsphase, denn es genügt keinesfalls, nur den Güterverkehr zwischen den Mitgliedsländern zu liberalisieren. Die noch bestehenden vielfältigen Dirigismen im Kapitalverkehr zwischen den EG-Ländern müssen deshalb abgebaut und die institutionellen Voraussetzungen für einen gemeinsamen Kapitalmarkt geschaffen werden.

Währungsunion nur unter realistischem Zeithorizont

Die wichtige politische Frage ist, ob mit fortschreitender Harmonisierung und Koordinierung der nationalen Notenbankpolitiken auch eine weitergehende institutionelle Verfestigung dieser Kontakte verbunden sein sollte. Mit anderen Worten: Genügen Information, Konsultationen und Abstimmung der Notenbanken über ihre Ziele und Aktivitäten oder besteht eine ökonomische Notwendigkeit für ein EG-Gremium mit Entscheidungsbefugnis?
Ein Kristallisationskern für eine institutionelle Kooperation wäre der bereits erwähnte Ausschuß der Notenbankpräsidenten der EG-Mitgliedsländer, der in regelmäßigen Abständen zusammentrifft. Die Arbeit dieses Gremiums ist vor allem wegen des gemeinsamen Floatings wichtig geworden. Für eine gemeinsame Steuerung der Geldpolitik im Sinne einer föderativ aufgebauten Europäischen Zentralbank sind aber höchstens Ansätze vorhanden. Dies liegt sowohl am unterschiedlichen Status der einzelnen Notenbanken (autonom – regierungsabhängig), als auch an den unterschiedlichen Aufgaben und Instrumenten.
Solange aber die entscheidenden Fragen der wirtschaftspolitischen Zielsetzungen, der wirtschaftspolitischen Führungsinstitutionen, der koordinierten Fiskal- und Einkommenspolitik nicht gelöst werden, solange sind institutionelle Fortschritte in der Währungspolitik nicht möglich. Sie wären sogar gefährlich, wenn sie nicht auf einem gesicherten Fundament gemeinsamer, gleichgerichteter Wirtschafts- und Finanzpolitik aufbauen könnten.
Der Weg zum politischen Ziel einer EG-Währungsunion und damit einer EG-Zentralbank wird weit sein. Selbst wenn die schwierigen wirtschaftspolitischen Grundsatzfragen gelöst sind, ist er mit organi-

satorischen Problemen gepflastert. Welchen Status soll beispielsweise eine europäische Notenbank erhalten, wie unabhängig soll sie sein und wer soll sie kontrollieren? Soll sie mit marktwirtschaftlichen Instrumenten ausgestattet werden oder auch ein reiches Arsenal dirigistischer Möglichkeiten erhalten? Es ergeben sich dabei eine Fülle schwieriger Probleme, die immer zum Zentralpunkt zurückführen. Welches Ziel soll eine gemeinsame Wirtschafts- und Finanzpolitik in der Europäischen Gemeinschaft verfolgen, wer soll diese Politik machen und welche Mittel sollen angewandt werden? Solange dies von den europäischen Regierungen nicht klar beantwortet wird, führen Teilintegrationen nicht weiter.
Dies gilt auch für eine einheitliche Währung, die schließlich die nationalen Währungen ablösen soll. Die Entscheidung des EG-Ministerrats vom März 1975 zur Festlegung einer neuen europäischen Rechnungseinheit, die sich nach einem »EG-Währungskorb« errechnet, ist ein erster Schritt, der wenigstens die Rechenbasis »europäisiert« und vom Dollar löst. Eine europäische Währung kann dagegen erst am Ende des Integrationsprozesses stehen. Die auf Gipfelkonferenzen publikumswirksam genannten Termine haben sich bisher als Illusion erwiesen.

Internationale Integration erfordert funktionsfähiges Weltwährungssystem

Bretton-Woods-System an internationaler Inflation zerbrochen

Um die Welt nach der Beendigung des Zweiten Weltkrieges zu geordneten internationalen Handels- und Währungsbeziehungen zurückzuführen, wurde auf der Währungs- und Finanzkonferenz der Vereinten Nationen in Bretton Woods im Juli 1944 der Plan für eine neue Weltwährungsordnung beschlossen. Diese sollte bei freier Austauschbarkeit (Konvertibilität) der nationalen Währungen multinationale Zahlungsbeziehungen zwischen den Staaten ermöglichen und durch grundsätzlich feste Austauschverhältnisse zwischen den Währungen handelspolitische Abwertungswettläufe verhindern. Als zentrale Institution dieses Weltwährungssystems wurde der Internationale Währungsfonds (IWF) geschaffen, der die Wechselkurspolitik der Mitgliedsländer auf der Grundlage des Abkommens überwachen und bei Zahlungsbilanzungleichgewichten kurzfristige Überbrückungskredite gewähren sollte.

Dieses Währungssystem, das im wesentlichen das Gold und den US-Dollar als internationale Reservemedien benützte (Gold-Devisen-Standard), funktionierte bis ungefähr zur zweiten Hälfte der sechziger Jahre im wesentlichen gut und leistete zu der beispiellosen Entwicklung des internationalen Handels einen entscheidenden Beitrag. Es zerbrach schließlich an seiner Unfähigkeit, die internationale Liquidität in erforderlichem Maße zu steuern und eine internationale Inflation zu verhindern. Insbesondere die festen Wechselkurse, eine der Hauptsäulen des Systems, übertrugen die Inflation von einem Land zum anderen, verursachten gewaltige Zahlungsbilanzungleichgewichte (oder konnten sie zumindest nicht verhindern) und heizten schließlich die internationale Währungsspekulation in einem derartigen Ausmaß an, daß der einzige Ausweg im allgemeinen Floaten bestand. Die bis dahin bestehende feste Bindung gegenüber dem Fixpunkt US-Dollar wurde aufgegeben.

Reformdiskussion noch nicht abgeschlossen

Jede Diskussion über ein neues Weltwährungssystem steht heute unter dem Zwang, Lösungen zu finden, die einerseits den nationalen Bemühungen um mehr Stabilität und möglichst geringe Arbeitslosigkeit den nötigen Spielraum gewähren, die aber andererseits die internationale Arbeitsteilung erhalten, selbst wenn es einigen Ländern nicht gelingt, mit dem Inflationsproblem fertig zu werden. Patentlösungen, wie sie vor einigen Jahren in der Form einer Weltzentralbank angeboten wurden, können nach den Erfahrungen der letzten Jahre als eine machbare, realistische Lösung nicht mehr ernstgenommen werden. Aus den gleichen Erwägungen ist auch die Rückkehr zu einem System mit starren Wechselkursen, d. h. zum alten Bretton-Woods-System, irreal. Eine Reform des internationalen Währungssystems muß auf der Basis beweglicher Wechselkurse erfolgen, wobei man sich allerdings über den Grad der Flexibilität streiten kann – und sich bislang auch noch nicht einig ist.
Die nun schon seit über zehn Jahren andauernden Bemühungen um eine Reform des Weltwährungssystems sind nicht zuletzt durch das Ölpreisdiktat der OPEC-Staaten und seiner Auswirkungen auf die internationalen Finanzströme erheblich erschwert, zugleich aber nur noch dringlicher geworden.
Wie jedoch das neue Weltwährungssystem konkret aussehen wird, steht heute noch weitgehend in den Sternen geschrieben. Auf der

Jahrestagung des Internationalen Währungsfonds im September 1973 in Nairobi schien man nahe am Ziel zu sein, denn es herrschte weitgehende Übereinstimmung über die Grundelemente des künftigen Weltwährungssystems:

- Feste, aber anpassungsfähige Wechselkurse mit der Möglichkeit des Floatens in besonderen Situationen
- Rückkehr zur freien Konvertibilität aller Währungen
- Sonderziehungsrechte als zentrales Reserveelement
- Wirksame Kontrolle der internationalen Liquidität
- Systemverbesserung zum Ausgleich der Zahlungsbilanzen
- Besondere Berücksichtigung der Bedürfnisse der Entwicklungsländer.

Der Schock über die mit dem Ölpreisdiktat der OPEC-Staaten verbundenen währungspolitischen Konsequenzen legte die »Große Reform« dann auf Eis und initiierte den Versuch einer Reform der kleinen Schritte. So einigte man sich im Rahmen der sogenannten Zwanziger-Gruppe, die ursprünglich ein optimales Wechselkurssystem fester, aber anpassungsfähiger Paritäten konzipieren sollte, im Jahre 1974 lediglich auf sechs Richtlinien für ein geordnetes Floating, die die Notenbankinterventionen an den Devisenmärkten unter Berücksichtigung der Interessenlagen der davon betroffenen Länder auf die Verhinderung abrupter und vorübergehender Kursausschläge beschränken und Währungsdirigismen der floatenden Länder verhindern sollen.

Floating – erfolgreich, aber nicht »legalisiert«

In den Statuten des IWF ist dagegen das Floating bis heute noch nicht »legalisiert« worden, und es ist zur Zeit auch noch nicht abzusehen, ob, wann und in welcher Form das geschehen wird. Denn trotz der unbestreitbaren Erfolge des Floatings bei der Abwehr von internationalen Währungskrisen drängen starke Kräfte, insbesondere Frankreich, wieder auf die Etablierung fixer Paritäten. Dieser Forderung standen die USA zunächst offen gegenüber, allerdings ohne sich auf einen festen Zeitpunkt festlegen zu wollen, nachdem sie zuvor die pragmatische Ansicht vertreten hatten, jedes Land solle sich »sein« Wechselkurssystem selbst wählen können. Inzwischen jedoch lehnen die Vereinigten Staaten eine Rückkehr zu festen Wechselkursen eindeutig ab. Die Beratungen während der IWF-Jahrestagung 1975 haben gezeigt, daß eine starke Mehrheit der Mitgliedsländer die Lösung in einem System sieht, das flexible Wechselkurse als »Normalfall« vor-

sieht, den einzelnen Ländern aber freistellt, sich für festere Paritäten zu entscheiden.
Da sich ein neues Weltwährungssystem weniger an perfektionistischen Modellen orientieren, sondern vielmehr mit genügend Flexibilität ausgestattet sein sollte, um elastisch auf die weltwirtschaftlichen Entwicklungen reagieren zu können, erscheint eine Rückkehr zum System fester Wechselkurse auf absehbare Zeit ausgeschlossen. Denn das System fester Wechselkurse mit freier Währungskonvertibilität ist, wie seine langjährige Praktizierung gezeigt hat, ein ausgesprochener »Schönwetterstandard«: Nur wenn sich alle Länder stabilitätskonform verhalten, ist keine außenwirtschaftliche Absicherung nötig. Andererseits überträgt dieses System ohne rechtzeitige und richtig quantifizierte Kursanpassungen die inflationären Impulse wie mit einem Transmissionsriemen von einem Land zum anderen. Da aber nicht damit zu rechnen ist, daß die Weltinflation in absehbarer Zeit durch eine intensivere Stabilitätspolitik gestoppt werden kann und außerdem notwendige Wechselkursanpassungen künftig entsprechend den zahlungsbilanzpolitischen Erfordernissen vollzogen werden, wäre es aus stabilitätspolitischer Sicht nicht zu verantworten, zu einem System fester Wechselkurse à la Bretton Woods, das keine marktkonforme und effiziente außenwirtschaftliche Absicherung bietet, zurückzukehren.

Reform auf der Basis flexibler Wechselkurse?

Als »Schlechtwetterstandard« hat das Floating bisher bessere, wenn auch keine vollkommenen Ergebnisse gezeigt. Seine prinzipiellen Vorteile liegen darin, daß es die gesunden Währungen besser gegenüber kranken Währungen abschirmt als das System fester Paritäten, Dirigismen im internationalen Kapitalverkehr prinzipiell überflüssig macht, spekulationsbedingte Währungskrisen nicht so leicht wie das System fester Wechselkurse eintreten läßt und daß es sich den langfristigen wirtschaftlichen Trends automatisch und flexibel anpaßt.
Die gegen das Floating vorgebrachten Gründe liegen weniger darin, daß man seine Tauglichkeit als Instrument der außenwirtschaftlichen Absicherung generell in Frage stellt. Eins der hauptsächlichen Gegenargumente sind die bisher zu beobachtenden starken kurzfristigen Kursschwankungen, die nach Meinung der Gegner flexibler Wechselkurse die Risiken im internationalen Güter- und Kapitalverkehr sehr stark erhöhen und dadurch zu wohlstandsmindernder Desintegration der Weltwirtschaft führen können. In der Praxis hat sich der inter-

nationale Handels- und Zahlungsverkehr via Kurssicherungsgeschäfte aber erstaunlich schnell und flexibel auf die schwankenden Wechselkurse eingestellt, so daß diese Karte der Floating-Gegner kaum sticht.
Ein weiteres nennenswertes Gegenargument spiegelt die Befürchtung, das System flexibler Wechselkurse könnte mit einem Abwertungswettlauf einen Handelskrieg entfesseln: Beim »schmutzigen« Floating könnten die Notenbanken den Außenwert ihrer Währungen durch den Ankauf fremder Währungen an den Devisenmärkten absenken, um dem eigenen Land durch den niedrigeren Kurs Absatzvorteile an den Weltmärkten zu verschaffen. Damit würden die freien Wechselkurse gewissermaßen zu einem Instrument außenwirtschaftlicher Öffnung anstatt Absicherung.
Doch auch dieses Argument ist bisher nicht bestätigt worden; denn unter der in jedem System möglichen Nichtbeachtung internationaler Spielregeln könnte man Abwertungen gerade bei festen Wechselkursen viel gezielter praktizieren. Auch kann ein Land, das international kreditfähig bleiben will, es sich auf die Dauer kaum leisten, den Außenwert seiner Währung künstlich stark absinken zu lassen; denn es könnte nicht lange die damit verbundene Kapitalflucht und internationale Kreditverweigerung verkraften. Hier liegen stabilisierende Untergrenzen. Außerdem: wenn alle Länder die eigene Währung verkaufen und fremde Währungen kaufen wollten, so stiegen damit an den Devisenmärkten Angebot und Nachfrage, durchkreuzten die nationalen Einzelinteressen und wirkten tendenziell stabilisierend auf das gesamte Wechselkursgefüge.
Bei der Frage, ob die gegenwärtige Wechselkurspraxis den zinspolitischen Spielraum und die Geldpolitik der einzelnen Länder begrenzt, muß unterschieden werden zwischen solchen Ländern, deren Wechselkurse untereinander frei schwanken, und zwischen solchen Ländern, die sich in einem Währungsverbund zur Einhaltung einer begrenzten Bandbreite verpflichtet haben. Im ersten Fall bewirken zinsinduzierte Devisenbewegungen eine Wechselkursänderung, die weiteren Zu- bzw. Abflüssen tendenziell entgegenwirkt. Der Kursanstieg des US-Dollar als Reaktion auf das Zinsgefälle zur D-Mark im Sommer 1975 ist ein anschauliches Beispiel für diesen Mechanismus. Solange dabei auf Notenbankinterventionen verzichtet wird, entsteht für die nationale Geldpolitik keine Störung. Insoweit hängt eine Beeinträchtigung des geldpolitischen Spielraums weniger von unterschiedlichen Zinsniveaus floatender Länder als von Absprachen der Notenbanken über »marktwidrige« gegenseitige währungspolitische Stützungsmaßnahmen ab.
Anders sehen die Auswirkungen unterschiedlicher Zinsniveaus von

Ländern aus, die in einem Währungsverbund zum Einhalten einer bestimmten Wechselkursbandbreite verpflichtet sind. Zinsinduzierte Wechselkursschwankungen, die die obere oder untere Grenze der vereinbarten Bandbreite zu durchbrechen drohen, zwingen zu Deviseninterventionen der Notenbanken und schränken so die geldpolitische Autonomie ein. Deshalb setzt ein dauerhaft stabiler Wechselkursverbund eine koordinierte und harmonisierte Geld- und Zinspolitik der beteiligten Länder voraus.

Weltwährungssystem braucht mehr Elastizität

Trotzdem darf aber nicht übersehen werden, daß die multilateral floatenden Wechselkurse ein nur labiles Gleichgewichtssystem bilden. Daher wird man auch im Rahmen des Internationalen Währungsfonds versuchen, einen Kompromiß zwischen den Vorteilen fester und flexibler Wechselkurse zu finden und dabei ihre jeweiligen Nachteile möglichst zu vermeiden. Daß das Weltwährungssystem mehr Elastizität braucht, um insbesondere die destabilisierenden Kapitalbewegungen auffangen zu können, ist heute herrschende Meinung. Nur bereitet das Rezept, wie man den idealen Cocktail aus »fest« und »flüssig« mixen kann, weiterhin großes Kopfzerbrechen. Ziel einer solchen Mixtur muß es auf jeden Fall sein, die kurzfristige Kursentwicklung zu stabilisieren, ohne die mittel- und langfristige Kursbildung zu behindern, den Ausgleich der Zahlungsbilanzen sicherzustellen sowie den einzelnen Ländern ein entsprechendes Maß an außenwirtschaftlicher Absicherung für ihre jeweiligen nationalen Wirtschaftspolitiken zu garantieren.
Die rasch wechselnden Reformvorschläge machen es unmöglich, eine konkrete Prognose über die künftige Gestalt des Weltwährungssystems zu machen. Zur Zeit deuten aber einige Anzeichen darauf hin, daß auf mittlere Sicht das Prinzip gegeneinander floatender Währungsblöcke noch an Bedeutung gewinnen könnte. Der europäische Währungsblock, dessen Mitgliedsländer untereinander in der sogenannten »Schlange« durch annähernd feste Wechselkurse miteinander verbunden sind, ihre Kurse gegenüber dem Dollar aber schwanken lassen, sind ein anschauliches Beispiel für ein derartiges Mischsystem fester und flexibler Wechselkurse. Dabei wird den abgestimmten Interventionen der nationalen Notenbanken noch erhöhte Bedeutung zukommen.
Gleichzeitig könnte dem Internationalen Währungsfonds durch ver-

stärkte Gewährung kurzfristiger Interventionskredite oder gegebenenfalls sogar durch direkte kursglättende Interventionen an den Devisenmärkten eine größere Rolle zufallen. Die dafür erforderliche Transaktionskasse könnte sich der Fonds etwa dadurch verschaffen, daß er die nationalen Notenbanken durch entsprechende Verzinsungsangebote veranlassen würde, ihm einen Teil ihrer Devisen-Reserven zu kurzfristigen Bedingungen zu überlassen. Eine solche Kompetenzerweiterung des IWF müßte allerdings unter stabilitätspolitischen Aspekten an die Bedingung geknüpft werden, daß sich alle Fondsmitglieder den verbindlichen Regeln zur Aufrechterhaltung der monetären Disziplin unterwerfen.

Flexible Lösung für internationale Reservemedien

Das Problem der internationalen Reservemedien sollte flexibel gelöst werden. Eine weitere Aufblähung der internationalen Liquidität darf aber nicht toleriert werden, zumal durch das starke Wachsen der internationalen Liquidität sich ohnehin die Inflationsgefahren weltweit vermehrt haben. Viele Länder haben bisher die Ölkrise nur durch zusätzlichen internationalen Kredit einigermaßen überstanden. Die Begrenzung der internationalen Geldmenge gilt besonders für die Sonderziehungsrechte des Internationalen Währungsfonds, deren Funktion als internationales Zentralbankgeld zwar gestärkt werden sollte, die aber beispielsweise keinesfalls zum inflationstreibenden Instrument der Entwicklungshilfe werden dürfen. Die monetäre (langfristig angelegte) Entwicklungshilfe muß weiterhin über die Weltbank und über Direkthilfen der Industrie- und der Ölländer erfolgen.
Auch die weitere Demonetisierung des Goldes sollte flexibel und pragmatisch vollzogen werden. Grundsätzlich könnte es jeder Notenbank freigestellt werden, Gold als Reservemedium zu halten und als Zahlungsmittel zu verwenden. Gleichzeitig wäre aber auf die Festsetzung von marktpreisabweichenden Verrechnungspreisen zwischen den Notenbanken zu verzichten. Damit würde die bisherige Sonderrolle des Goldes im internationalen Währungssystem beseitigt, soweit sie auf besonderen institutionellen Voraussetzungen beruht. Das würde natürlich nicht ausschließen, daß die einzelnen Notenbanken weiterhin unterschiedliche Goldpräferenzen entwickeln werden. Denn gerade die jüngste Zeit hat wieder gezeigt, daß selbst die massiven Attacken der USA das Gold nicht aus seiner Funktion als internationales Reservemedium verdrängen konnten.

Inzwischen zeichnet sich ab, daß eine Art von Stillhalteabkommen als »benign-neglect« die unterschiedlichen Standpunkte gelten läßt. Es wäre allerdings nicht im Sinne einer stabilitätsorientierten Währungspolitik, wenn nationale »Neubewertungsgewinne« zu einer Ausweitung der Staatsausgaben führten. Zweifellos würde die Glaubwürdigkeit einer stabilitätsgerechten Integration des Goldes in ein künftiges Währungssystem darunter leiden, wenn eine De-facto-Rückkehr zum Goldstandard als Weg offenbliebe, wie sie sich anläßlich des Kredits der Bundesrepublik Deutschland an Italien gegen die Verpfändung von Währungsgold gezeigt hat. Was für einen krisenhaften Ausnahmefall kurzfristig toleriert werden kann, darf nicht zur Regel werden. Bei einer Auflösung der Goldbestände des IWF in Verbindung mit der Abschaffung des offiziellen Goldpreises darf kein neues Inflationspotential entstehen, auch nicht unter der Fahne der Entwicklungshilfe. Akzeptabel ist dagegen eine Konstruktion, aus den einmaligen Gewinnen durch Goldpreiserhöhung einen besonderen IWF- oder Weltbankfonds zu speisen, der die Aufgabe hat, den Entwicklungsländern etwa durch Rohstoffpreisschwankungen bedingte kurzfristige Überbrückungskredite zu gewähren.
Das Problem der Reservemedien reduziert sich in dem Maße, wie der Ausgleich der Zahlungsbilanzen funktioniert, weil dann die Notwendigkeit, Transaktionskasse in fremden Währungen zu halten, weitgehend entfällt. Der Ausgleich der Zahlungsbilanzen ist aber nicht allein eine Frage der praktizierten Wechselkurssysteme, sondern vielmehr eine Frage der verfolgten nationalen Wirtschaftspolitiken. Ein geordnetes Währungssystem hat grundsätzlich nur die Funktion, den nationalen Notenbanken die internationale Integration und das internationale Zusammenspiel zu erleichtern. Stabilitätspolitik beginnt aber nach wie vor zu Hause.

Teil II:

Universalbanksystem auf dem Prüfstand

Banken im Kreuzfeuer

Im Zuge der gesellschaftspolitischen Reformdiskussionen der letzten Jahre ist auch das deutsche Universalbankensystem wieder verstärkt in das Kreuzfeuer der öffentlichen Kritik geraten. Ausgehend von der »Macht« der Banken, ihrem vermuteten wirtschaftlichen und politischen Einfluß, reichen die Forderungen der Kritiker bis zur Verstaatlichung der Banken. Dabei werden den Kreditinstituten vor allem die bankfremden Beteiligungen, die Ausnutzung des Vollmachtstimmrechts in den Hauptversammlungen der Aktiengesellschaften, die risikoreichen Devisengeschäfte, der mangelhafte Schutz der Bankeinlagen und nicht zuletzt eine bewußte oder systembedingte Konterkarierung der Geld- und Kreditpolitik der Notenbank und einer effizienten staatlichen Konjunkturpolitik vorgeworfen. Einige dieser Kritikpunkte tangieren die Grundlagen unserer Wirtschaftsordnung und die Integration unseres Bankensystems in diese Ordnung, Diskussionen mit Systemkritikern zeigen jedoch immer wieder, daß die tatsächlichen Strukturverhältnisse des deutschen Bankensystems oft nur unzureichend oder gar nicht bekannt sind.

Die Ursprünge unseres modernen Bankensystems reichen bis in die zweite Hälfte des 19. Jahrhunderts zurück und sind mit dem Beginn der Industrialisierung und den sogenannten Gründerjahren eng verbunden. Seit der Jahrhundertwende wurden die Struktur- und Wettbewerbsverhältnisse der deutschen Kreditwirtschaft mehrfach von Regierungsstellen und Enqueteausschüssen untersucht, um angeblichen oder tatsächlichen Mängeln abzuhelfen. In den letzten 10 Jahren erfolgten allein zwei derartige Untersuchungen.*

Im Jahre 1964 lag das Ergebnis einer allgemeinen Konzentrations-Enquete vor, die sich in ihrem Bankenteil u. a. mit der Geschäftsstruktur der verschiedenen Bankengruppen und dem Einfluß der Banken auf die Wirtschaft befaßte und die noch heute aktuellen Fragen der Bankbeteiligungen und des Depotstimmrechtes besonders be-

* Bericht über das Ergebnis einer Untersuchung der Konzentration in der Wirtschaft vom 29. 2. 1964, Bundestagsdrucksache IV/2320.
Bericht der Bundesregierung über die Untersuchung der Wettbewerbsverschiebungen im Kreditgewerbe und über eine Einlagensicherung vom 18. 11. 1968, Bundestagsdrucksache V/3500.

leuchtete. 1968 erschien dann der Bericht der Bundesregierung über die Untersuchung der Wettbewerbsverschiebungen im Kreditgewerbe. In diesem Bericht wurde u. a. überlegt, öffentlich-rechtliche Kreditinstitute aufzulösen oder mit anderen Funktionen zu betrauen, wenn sichergestellt sei, daß privatrechtlich organisierte Kreditinstitute die gleichen kreditwirtschaftlichen Aufgaben erfüllen könnten. Wie wirklichkeitsfremd diese auf einer Extreminterpretation des Subsidiaritätsprinzips basierenden Überlegungen der Bundesregierung waren, zeigte sich schon bald: Nur wenige Jahre später diskutierte man bereits die Verstaatlichung der privaten Banken.

Obwohl schon die beiden letzten Untersuchungen keine nachhaltigen Auswirkungen auf die Struktur der deutschen Kreditwirtschaft hatten, steht eine neue Bankenstruktur-Untersuchung der Bundesregierung ins Haus, die sich wiederum mit den Problemen des Universalbanksystems, jetzt aber auch mit der Verstaatlichung der Banken beschäftigen soll. Die vom Bundesfinanzminister im Anschluß an die kritischen Vorgänge von 1974 in der deutschen Kreditwirtschaft einberufene Kommission, der Wissenschaftler und Bankpraktiker angehören, arbeitet derzeit an ihrem Gutachten.

Die heutige Struktur unseres Bankensystems wird danach zu beurteilen sein, ob sie den gegenwärtigen und künftig absehbaren Anforderungen an eine moderne Kreditwirtschaft in einem dichtbevölkerten, hochindustrialisierten Land mit einem hohen Lebensstandard gerecht werden kann. Das bedeutet:

- Optimale geld- und kreditwirtschaftliche Versorgung der privaten Haushalte, der Wirtschaft und der öffentlichen Hände in allen Regionen unseres Landes durch ein kostengünstiges und rationelles Angebot kreditwirtschaftlicher Leistungen;
- Garantie eines im Interesse der Kunden notwendigen und unserer Wirtschaftsordnung angemessenen Wettbewerbs, der einen Machtmißbrauch einzelner Kreditinstitute ausschließt;
- Durchsetzbarkeit der im Interesse der Konjunktur- und Stabilitätspolitik erforderlichen geld- und kreditpolitischen Maßnahmen der Deutschen Bundesbank.

Bankenstruktur forciert Wettbewerb

Vielfältige Bankenlandschaft trotz Universalbanksystem

Die Bundesrepublik Deutschland ist das Land mit der größten Bankstellendichte: Im Durchschnitt kommt auf ungefähr 1 400 Einwohner eine Bankstelle. Ende des Jahres 1974 waren rund 6 600 Kreditinstitute der unterschiedlichsten Rechtsformen mit unterschiedlichen Größenordnungen und unterschiedlichen Aufgabenstellungen in der Bundesrepublik tätig.

Tabelle 1 zeigt die Systematik, nach der die Deutsche Bundesbank die in der Bundesrepublik tätigen Kreditinstitute in verschiedene Bankengruppen und Untergruppen einteilt. Da sich die Einteilungskriterien sowohl an formalen Gesichtspunkten wie der Rechtsform, als auch an geschäftlichen Schwerpunkten orientieren, verwirren die jeweils benutzten Begriffe nicht nur den interessierten Laien: »Kreditbanken« ist danach der Sammelbegriff für alle Kreditinstitute in privater Rechtsform, soweit sie nicht ausschließlich das Teilzahlungsgeschäft betreiben oder die Funktion einer Hypothekenbank ausüben. Dagegen verbergen sich unter dem Begriff der »Großbanken« lediglich drei Institute: die Deutsche Bank, die Dresdner Bank und die Commerzbank einschließlich ihrer (selbständigen) Berliner Tochtergesellschaften, während zu den »Privatbankiers« nur die Institute zählen, die als Einzelfirmen, nicht aber als Kapitalgesellschaften, geführt werden. Unter den Begriff der »Regionalbanken (und sonstigen Kreditbanken)« fallen nicht nur regional, sondern auch überregional tätige Kreditinstitute beispielsweise die in der gesamten Bundesrepublik vertretene Bank für Gemeinwirtschaft.

Die große Zahl selbständiger Kreditinstitute in der Bundesrepublik ist vor allem auf die 5 300 (zum größten Teil kleinen, ländlichen) Kreditgenossenschaften zurückzuführen, die wiederum zur Folge haben, daß etwa drei Viertel aller Kreditinstitute ein Geschäftsvolumen von weniger als 50 Millionen DM haben, während andererseits lediglich 166 Institute ein Geschäftsvolumen von über eine Milliarde DM und von den Privatbankiers nur etwas mehr als 10 Prozent ein Geschäftsvolumen von über 500 Millionen DM aufweisen. Doch trotz dieser

Tabelle 1 Anzahl der Kreditinstitute zum 31. Dezember 1974
– aufgegliedert nach Bankengruppen und Größenstruktur –

	Zahl der Kredit-institute	Größenordnung nach Geschäftsvolumen					Zahl der Zweig-stellen	Ban-ken-stellen ins-gesamt (Sp. 1+7)	Geschäftsvolumen		
		bis 50 Mio. DM	50 bis 100 Mio. DM	100 bis 500 Mio. DM	500 bis 1 Mrd. DM	über 1 Mrd. DM			Mrd. DM	v. H.-Anteil an Kredit-instituten ins-gesamt	v. H.-Anteil an Ge-schäfts-banken
	1	2	3	4	5	6	7	8	9	10	11
1. Kreditbanken	253	111	26	63	28	34	5 425	5 678	292	22,2	29,3
Großbanken	6	–	–	–	–	6	2 951	2 957	126	9,6	12,7
Regionalbanken und sonstige Kreditbanken	117	38	10	37	11	21	2 174	2 291	140	10,6	14,0
Privatbankiers	130	73	16	26	8	7	300	430	26	2,0	2,6
2. Sparkassenorganisation	722	54	109	412	81	66	16 579	17 301	510	38,8	51,2
Landesbanken/ Girozentralen	12	–	–	–	–	12	347	359	223	17,0	22,4
Sparkassen	710	54	109	412	81	54	16 232	16 942	287	21,8	28,8
3. Genossenschaftssektor	5 333	4 721	361	224	13	14	14 119	19 452	194	14,8	19,5
Zentralkassen	12	1	–	–	1	10	87	99	56	4,3	5,6
Kreditgenossenschaften	5 321	4 720	361	224	12	4	14 032	19 353	138	10,0	13,9

Geschäftsbanken (1. + 2. + 3.)	6 308	4 886	496	699	113	114	36 123	42 431	996	75,8	100
4. Realkreditinstitute	41	2	2	5	1	31	29	70	154	11,7	–
Private Hypothekenbank	27	1	1	2	–	23	21	48	96	7,3	–
öffentlich-rechtliche Hypothekenbanken	14	1	1	3	1	8	8	22	58	4,3	–
5. Teilzahlungsbanken	154	95	18	35	4	2	734	888	15	1,1	–
6. Kreditinstitute mit Sonderaufgaben	18	1	1	5	1	10	31	49	91	6,9	–
7. Postscheck- und Postsparkassenämter	15	–	–	–	–	–	–	–	27	2,1	–
8. Niederlassungen ausländischer Banken	46	3	11	15	8	9	33	79	31	2,4	–
Insgesamt (1–8)	6 582	4 987	528	759	127	166	36 950	43 517	1 314	100	–
Nachrichtlich:											
Bausparkassen	30	2	1	10	6	11	–	–	77	–	–
Private Bausparkassen	17	2	–	6	4	5	–	–	48	–	–
Öffentliche Bausparkassen	13	–	1	4	2	6	–	–	29	–	–

Quelle: Deutsche Bundesbank, Monatsbericht August 1975

immer noch großen Anzahl von Kreditinstituten hat in den letzten 25 Jahren im Bankgewerbe ein anhaltender Konzentrationsprozeß stattgefunden. So war die Zahl der Ende des Jahres 1960 tätigen Geldinstitute mit 13 300 noch doppelt so groß wie heute.

Dabei ist das auffälligste Merkmal der westdeutschen Bankenstruktur, daß die weitgehend universell tätigen Kreditinstitute überwiegen. Allerdings bestehen innerhalb dieser universellen Ausrichtung des Bankgeschäftes in rechtlicher und faktischer Hinsicht erhebliche graduelle Differenzierungen, beispielsweise zwischen Großbanken und kleinen Raiffeisenkassen, aber auch zu den Sparkassen. Typische Spezialbanken sind dagegen nur etwa 210 Kreditinstitute. Dazu zählen vor allem die Realkreditinstitute, die Teilzahlungsbanken und die Kreditinstitute mit Sonderaufgaben.

Zu den weitgehend universell tätigen Geschäftsbanken, die ex definitione alle den Bedürfnissen ihres typischen Kundenkreises entsprechenden Leistungen anbieten, gehören neben den noch zu Beginn dieses Jahrhunderts als *die* typischen Universalbanken angesehenen privaten Banken auch die Sparkassen und Landesbanken/Girozentralen sowie die genossenschaftlichen Kreditinstitute mit ihren Zentralkassen. Heute entfallen vom gesamten Geschäftsvolumen der universell tätigen Kreditinstitute rund 51 Prozent auf Sparkassen und Landesbanken/Girozentralen, 32 Prozent auf die privaten Kreditbanken und 17 Prozent auf den Bereich der Kreditgenossenschaften einschließlich ihrer Zentralinstitute.

Doch trotz der Vielfalt der deutschen Bankenlandschaft konzentrieren sich die bankpolitischen Diskussionen weitgehend auf den Bereich der universell tätigen Kreditinstitute. Der Grund hierfür liegt nicht nur in ihrem großen Geschäftsvolumen, sondern vor allem in ihrer kredit- und wirtschaftspolitischen Relevanz. Dennoch haben aber auch die spezialisierten Kreditinstitute auf ihren Teilmärkten eine erhebliche Bedeutung und konnten zum Teil in den letzten beiden Jahrzehnten sogar ein überdurchschnittliches Wachstum verzeichnen, so vor allem die Institute der Wohnungsbaufinanzierung, die Bausparkassen und die Hypothekenbanken. Allein die Bausparkassen haben ihr Bilanzvolumen von 1960 bis 1974 von 10 auf 78 Milliarden DM steigern können. Auch Investmentfonds, Immobilienfonds, Leasinggesellschaften, Factoringgesellschaften haben am Wachstum der Kreditwirtschaft partizipieren können, wobei fast alle wichtigen Spezialinstitute mit bestimmten Banken oder Bankengruppen institutionell verbunden sind.

Zugleich haben sich aber auch die Grenzen des Bankenmarktes und des Versicherungsmarktes (besonders bei den Lebensversicherern) zunehmend verwischt. Die Versicherungsgesellschaften sind von der Notenbank- und Konjunkturpolitik bisher noch nicht betroffen und spielen deswegen – besonders in Zeiten von Kreditrestriktionen – als Kapitalanbieter eine immer bedeutsamere Rolle. Gleichzeitig bemühen sie sich, auch den kleineren Sparkunden zu gewinnen, beispielsweise über die sogenannte 624-DM-Police im Rahmen des Vermögensbildungsgesetzes.

Drei Bankengruppen mit unterschiedlichen Zielen

Im Bereich der universell tätigen Institute stehen sich drei große Bankengruppen gegenüber: Die privaten Kreditbanken, die Institute der Sparkassenorganisation und der Genossenschaftssektor. Diese weisen grundsätzlich unterschiedliche geschäftspolitische Zielsetzungen auf.

Die privaten Kreditbanken

umfaßten Ende 1974 noch 253 inländische Institute. Zu ihnen zählen die drei Großbanken, auf die fast die Hälfte des Geschäftsvolumens aller privaten Kreditbanken entfällt, die Regionalbanken und die Privatbankiers. Die Banken dieser Gruppe sind privatwirtschaftlich ausgerichtet und in ihrer geschäftspolitischen Zielsetzung an der Gewinnerzielung orientiert. Diese Bankengruppe präsentiert sich hinsichtlich der Größenordnung ihrer Institute, der Eigentümerstruktur, der geschäftlichen Aktionsradien und der geschäftlichen Schwerpunkte in einer außerordentlichen Vielfalt. Zu dieser Gruppe wird in der Gliederung der Bundesbank auch die Bank für Gemeinwirtschaft gerechnet, die sich im Eigentum des Deutschen Gewerkschaftsbundes und seiner Einzelgewerkschaften befindet. Diese Bank ist Hausbank der »gemeinwirtschaftlich« orientierten Unternehmensgruppe der Gewerkschaften, und sie verfolgt eine besonders eigenständige Geschäftspolitik. Ihr ist es in den letzten beiden Jahrzehnten aber gelungen, ihre Geschäftsbeziehungen zur Wirtschaft und zur öffentlichen Hand auszubauen und im Bankenwettbewerb eine beachtliche Rolle zu spielen.

Die Institute der Sparkassenorganisation

spielen den öffentlich-rechtlichen Part in der Kreditwirtschaft. Zu ihnen gehören die 710 Sparkassen und 12 Landesbanken/Girozentralen, denen durch besondere landesgesetzliche Vorschriften primär bestimmte Aufgaben übertragen wurden und die (unterschieden nach Sparkassen und Girozentralen) im wesentlichen gleiche Geschäftsstrukturen aufweisen.

Der Genossenschaftssektor

umfaßt circa 5 300 Volks- und Raiffeisenbanken, 12 genossenschaftliche Zentralkassen und die Deutsche Genossenschaftskasse, die aufgrund ihrer Entstehung und des Genossenschaftsgesetzes dem Prinzip der Förderung ihrer Mitglieder verpflichtet sind.

Gruppenwettbewerb besonderes Charakteristikum

Dieses Nebeneinander von drei großen leistungsfähigen Bankengruppen mit unterschiedlichen geschäftspolitischen Prinzipien – ertragsorientiert, aufgabenorientiert und genossenschaftlich ausgerichtet – ist einer der bedeutenden Aktivposten unserer Bankenstruktur. Denn auf dieser Basis konnte sich der für deutsche Verhältnisse typische Gruppenwettbewerb in der Kreditwirtschaft entwickeln, dessen Kern bei etwa gleicher Leistungsfähigkeit die unterschiedlichen Organisationsstrukturen und geschäftspolitischen Prinzipien sind. Diese unterschiedlichen Strukturen wirken sich aber nicht nur in der regionalen bzw. überregionalen Tätigkeit der einzelnen Institutsgruppen aus, sondern bewirken auch besondere geschäftspolitische Schwerpunkte, die den Wettbewerb zwischen den Gruppen ständig anregen und in Schwung halten. Nicht zuletzt daraus resultieren die im internationalen Vergleich beachtliche Innovationskraft und der ausgeprägte Rationalisierungsstand des deutschen Kreditapparates wie auch die besondere Intensität der Kapitalansammlung und -versorgung.
Die geschäftliche Tätigkeit der privaten Kreditbanken ist überwiegend nicht örtlich gebunden: Sie sind, von wenigen Ausnahmen abgesehen, überregional tätige Kreditinstitute. Dies gilt nicht nur für die drei Großbanken oder die großen Regionalbanken mit oder ohne Filialsystem, sondern häufig auch für die Privatbankiers, die aber vielfach nicht das Massengeschäft betreiben. Diese Banken sind im allgemeinen zentral organisiert, denn die wichtigsten geschäftspolitischen Entscheidungen werden in den Zentralen gefällt, wo auch die geschäftspoliti-

schen Weichen für das ganze Bundesgebiet gestellt werden. Das schließt natürlich nicht aus, daß den einzelnen Filialen, besonders im Einlagen- und Kreditgeschäft, weitgehende Kompetenzen eingeräumt werden.

Dagegen beschränken die Sparkassengesetze der Bundesländer die geschäftspolitischen Aktivitäten der Sparkassen auf das Gebiet ihrer kommunalen Gewährträger. Das Regionalprinzip als institutionelle Bindung stellt damit sicher, daß diese Institute eng mit der wirtschaftlichen und sozialen Entwicklung ihres Geschäftsgebietes verbunden bleiben, wobei sie sich nicht auf lukrative Aufgaben beschränken können, sondern zu einer umfassenden Bedienung ihrer Kundschaft verpflichtet sind. Deshalb sind die in den Sparkassengesetzen enthaltenen Geschäftsbeschränkungen der Sparkassen (Verbot von Beteiligungen, Einschränkung des Interbankgeschäftes und der Auslandsaktivitäten, Verbot von Wertpapieremissionen, starke zusätzliche Einschränkung im Großkreditgeschäft und Verbot aller spekulativen Engagements) von erheblicher bankpolitischer Bedeutung. Dazu kommt die institutionelle Bindung der Sparkassen an den jeweiligen kommunalen Träger, die sicherstellt, daß sich die Tätigkeit einer Sparkasse in die allgemeine wirtschaftliche Entwicklung einer Stadt oder eines Kreises organisch einfügt. Die Leitlinien der Geschäftspolitik einer Sparkasse werden im Verwaltungsrat festgelegt, der von der parlamentarischen Instanz des jeweiligen kommunalen Trägers nominiert wird. Auch die verbliebenen freien Sparkassen verfahren in der Praxis nach ähnlichen geschäftspolitischen Prinzipien.

Analog ist für die Landesbanken/Girozentralen gemäß den Landesgesetzen und Satzungen das jeweilige Bundesland das Geschäftsgebiet. Neben ihrer Aufgabe, die kreditwirtschaftlichen Bedürfnisse ihres jeweiligen Bundeslandes zu erfüllen, üben sie gleichzeitig die Funktionen von Sparkassenzentralbanken aus und unterstützen und ergänzen dabei die lokale Tätigkeit der Sparkassen. Eine ähnliche örtliche Bindung, wenn auch nicht auf gesetzlicher Basis, sondern aufgrund der genossenschaftlichen Organisationsform, ist bei den Volks- und Raiffeisenbanken festzustellen. Auch die genossenschaftlichen Kreditinstitute sind vorwiegend örtlich oder regional tätig – von den berufsständisch oder branchenmäßig organisierten Kreditgenossenschaften einmal abgesehen.

Im engen Zusammenhang mit der örtlichen Bindung ist der dezentrale Aufbau beider Institutsgruppen zu sehen. Da es sich bei den Sparkassen und Kreditgenossenschaften um rechtlich und wirtschaftlich selbständige Kreditinstitute handelt, ist damit gleichzeitig eine an den örtlichen Gegebenheiten orientierte dezentrale Willensbildung sichergestellt. Eine derartige Bindung mit einer an den lokalen Interessen

ausgerichteten Geschäftspolitik sichert der Bevölkerung in allen Teilen der Bundesrepublik ein qualifiziertes Angebot an verschiedenartigsten geld- und kreditwirtschaftlichen Leistungen.
Wegen dieser leistungsfähigen örtlichen Kreditinstitute, ohne die auch eine effiziente Regional- und Strukturpolitik kaum möglich wäre, gibt es in der Bundesrepublik keine Regionen und Wirtschaftszweige, die eine institutionell bedingte Unterversorgung mit Krediten beklagen müßten. Denn überall stehen für die Kapitalanlage, die Kreditaufnahme und die diversen Bankdienstleistungen immer mehrere Institute mit einem differenzierten Angebot zur Wahl. Welche Bedeutung gerade diese örtliche Gebundenheit für die regionale Entwicklung hat, zeigt ein Blick über die Grenzen in unsere Nachbarländer, in denen es keine vergleichbar leistungsfähigen, örtlich gebundenen Kreditinstitute gibt.
Verstärkt wird diese Leistungsfähigkeit der dezentral ausgerichteten Kreditinstitute der Sparkassenorganisation und des Genossenschaftssektors durch ihre Integration in den Verbund ihrer Gruppen, weil dadurch auch die kleineren Institute in die Lage versetzt werden, ihrem Kundenkreis umfassende und komplizierte Leistungen anzubieten. Dezentraler Aufbau und Einbettung in den Verbund der Gesamtorganisation ermöglichen es vor allem den kleineren und mittleren Instituten, den Wettbewerb mit den Großbanken und den großen Filialbanken aufzunehmen und dadurch den Gruppenwettbewerb effizient zu gestalten.
Gleichzeitig beschränkt sich dieser Wettbewerb aber nicht nur auf die universell tätigen Kreditinstitute. Er vollzieht sich auch bei den Realkreditinstituten, bei denen zwischen privaten Hypothekenbanken und öffentlich-rechtlichen Grundkreditanstalten zu unterscheiden ist, sowie bei den Bausparkassen, bei denen es wiederum private und öffentliche Institute gibt. Lediglich bei den Kreditinstituten mit Sonderaufgaben handelt es sich schon von der Aufgabenstellung her überwiegend um öffentlich-rechtliche Kreditinstitute (z. B. Kreditanstalt für Wiederaufbau, Lastenausgleichsbank, staatliche Wohnungsbaufinanzierungsanstalten).

Geschäftspolitische Schwerpunkte nähern sich an

Die geschäftspolitischen Schwerpunkte der einzelnen Institutsgruppen ergeben sich zwangsläufig aus ihrer Struktur, ihren geschäftspolitischen

Zielen und ihren typischen Kundenkreisen. Allerdings haben im Verlauf der letzten Jahrzehnte des verstärkten Wettbewerbs die Tendenzen zu einer partiellen Angleichung der Geschäftsstrukturen zugenommen. Gründe dafür liegen in der folgenden Entwicklung: In den fünfziger und sechziger Jahren stiegen die Masseneinkommen in einem bis dahin nicht vorstellbaren Umfang. Zunehmende Sparfähigkeit und Sparwilligkeit breiter Bevölkerungsschichten führten zu einem erheblichen Anwachsen der Spareinlagen. Damit stieg gleichzeitig aber auch die Bedeutung der kleinen und mittleren Einkommensempfänger für die Geldvermögensbildung. Natürlich kam diese Entwicklung zunächst den Kreditinstituten zugute, die von jeher die privaten Haushalte, die Arbeitnehmer und Kleinsparer zu ihren Kunden gezählt hatten: Sparkassen und Kreditgenossenschaften wuchsen dadurch in immer größere Geschäftsvolumina hinein.

Im Verlauf dieser Entwicklung entdeckten auch die privaten Banken in den privaten Haushalten einen für sie interessanten Kundenkreis. Schon seit 20 Jahren wenden sich daher die Großbanken insbesondere dem sogenannten Mengengeschäft mit privaten Haushalten zu, weil sie erkannt haben, daß der Spareinlagenzuwachs ein entscheidender Refinanzierungsfaktor für das Kreditgeschäft vor allem im langfristigen Bereich ist. Deshalb war nur folgerichtig, daß sich die privaten Banken auch für die Spareinlagen breiter Bevölkerungskreise, für die staatliche Sparförderung, für das Vermögensbildungsgesetz und für das Lohn- und Gehalts-Konto interessierten. Das Gegenstück hierzu bildete die Forcierung des Kreditgeschäftes mit privaten Haushalten durch normierte Kreditformen vom typischen Konsumentenkredit bis zum Eigenheimdarlehen. Die umfassende kreditmäßige Betreuung der privaten Haushalte schuf dann ihrerseits wieder die Voraussetzung dafür, neue Kunden auch für das Spargeschäft zu gewinnen.

Mit der starken Expansion der Gesamtwirtschaft und des Kreditgewerbes rückte die wettbewerbspolitische Notwendigkeit, noch engere Kontakte zu den privaten Haushalten zu knüpfen, in den Mittelpunkt vieler geschäftspolitischer Entscheidungen, um dadurch eine dauerhafte Refinanzierungsbasis für das Kreditgeschäft zu finden. Nach der Aufhebung der Bedürfnisprüfung für die Zweigstellenerrichtung kam es daher zu einer starken Zweigstellenexpansion in der Absicht, leistungsfähige »Saugnäpfe« für die Einlagensammlung zu erhalten. Dabei trat zunächst die Kostenfrage in den Hintergrund, zumal auch die staatliche Zinsbindung eine gewisse Rentabilitätsgarantie bot. Diese explosive Zunahme der Bankzweigstellen wurde erst in der jüngsten Zeit und nach Aufgabe der Zinsbindung aus

Kostengesichtspunkten und im Zuge von Fusionen teilweise wieder abgebaut. Als Ergebnis dieser Expansion der sechziger Jahre sind heute in Städten und Gemeinden mit mehr als 10 000 Einwohnern sowie in allen Wohngebieten größerer Städte nicht nur Sparkassen, Kreditgenossenschaften, örtliche und regionale Privatbanken, sondern überall auch Filialen der drei Großbanken vertreten.

Der Versuch, neue Kundenkreise zu gewinnen, war aber keine Einbahnstraße. Denn gleichzeitig wurden Sparkassen und Genossenschaftsbanken wegen ihres stark gewachsenen Geschäftsvolumens und ihrer steigenden Finanzierungskraft zu interessanten Partnern vor allem für mittlere Unternehmen. So haben sich die Kundenkreise der drei Bankengruppen von zwei Seiten stark angenähert. Die unmittelbaren Folgen davon waren zunehmender Wettbewerb und Angleichungstendenzen in den Bilanzstrukturen der Institute (vgl. Tabelle 2). Die wachsende Bedeutung längerfristiger Refinanzierungsmittel wirkt im Kreditgeschäft zwangsläufig auf eine Ausweitung der längerfristigen Kredite mit den entsprechenden Konsequenzen für die Zinspolitik.

Die Tendenz, sich nach Möglichkeit über längerfristige Kundeneinlagen und nicht über den Bankengeldmarkt zu refinanzieren, wird auch bei den privaten Kreditbanken sicherlich weiter zunehmen, zumal wenn bei kleineren Privatbanken und Teilzahlungsbanken das aktuelle Problem einer ausreichenden Einlagensicherung gelöst ist.

Dagegen sind auf der Aktivseite der Bilanzen nach wie vor traditionelle Strukturunterschiede festzustellen. Während bei den privaten Kreditbanken die kurz- und mittelfristigen Kredite vornehmlich an die Industrie noch weitgehend dominieren, prägt das langfristige Kreditgeschäft (Wohnungsbau, Kommunalkredit, langfristige Investitionsfinanzierung) die Sparkassenbilanzen. Hier sind bisher lediglich graduelle Änderungen zu beobachten. Allerdings wird der Anteil der längerfristigen Kredite bei den Großbanken schon wegen der wachsenden Bedeutung der Spareinlagen langsam, aber kontinuierlich ansteigen. Andererseits wird das kurzfristige Kreditgeschäft bei Sparkassen und Kreditgenossenschaften infolge einer stärkeren Diversifizierung der Aktivseite an Bedeutung gewinnen. Im Darlehensgeschäft sind aber wegen der unterschiedlichen »Geschäftsphilosophie« und der gewachsenen Kundenbeziehungen die unterschiedlichen Strukturen sehr viel fester gefügt als bei der Einlagengewinnung.

Tabelle 2 Zahlen zur Geschäftsstruktur ausgewählter Bankengruppen (in % des Geschäftsvolumens der jeweiligen Institutsgruppe)

	Kurz- und mittelfristige Kredite (einschließlich Wechsel) an inländische Nichtbanken					Langfristige Kredite* an inländische Nichtbanken **					Spareinlagen und Sparbriefe (-obligationen)				
Ende	Girozentralen	Sparkassen	Kreditbanken (insg.)	Großbanken	Kreditgenossenschaften	Girozentralen	Sparkassen	Kreditbanken (insg.)	Großbanken	Kreditgenossenschaften	Girozentralen	Sparkassen	Kreditbanken (insg.)	Großbanken	Kreditgenossenschaften
1959	10,3	15,6	44,1	47,4	42,5	35,7	35,0	9,9	4,0	14,6	0,4	58,5	12,9	15,4	51,1
1974	12,7[1]	19,1	36,0	39,6	30,5	42,6[2]	41,9	16,1	15,2	30,3	1,2[3]	65,4	17,2	25,4	31,1

* ohne Berücksichtigung der Hypothekenbank-Töchter der Großbanken
** ohne durchlaufende Kredite

[1] In der Veränderung gegenüber 1959 sind statistisch bedingte Veränderungen von etwa 0,8 Prozentpunkten enthalten,
[2] dto. +2,6, [3] dto. +0,9

Quelle: Deutsche Bundesbank

Geschäftspolitik bei wachsendem Wettbewerb

Besteuerung als Wettbewerbsfaktor

Der Wettbewerb im Kreditgewerbe wird von verschiedenen Einflußfaktoren bestimmt. Ein wesentliches Moment ist dabei die vielseitige Struktur unserer Bankenlandschaft (Anzahl der Kreditinstitute, unterschiedliche Aufgabenstellung und geschäftspolitische Zielsetzungen). Nicht minder wichtig sind jedoch die Einflüsse, die sich aus dem Kundenverhalten und dem Konjunkturverlauf ergeben, wobei den geld- und kreditpolitischen Maßnahmen der Deutschen Bundesbank besondere Bedeutung zukommt. Nicht zu unterschätzende Auswirkungen ergeben sich schließlich aus den aufsichtsrechtlichen Normen des Bundesaufsichtsamtes für das Kreditwesen und aus den Vorschriften des Kreditwesengesetzes. Hierbei nehmen besonders die Eigenkapitalvorschriften mehr und mehr entscheidenden Einfluß auf den Wettbewerb und auf die Strukturverhältnisse im Kreditgewerbe.

Demgegenüber sind gesetzliche oder verwaltungsrechtliche Wettbewerbsverzerrungen, mit denen sich schon die Wettbewerbsenquete auseinanderzusetzen hatte, zu unwichtigen Randerscheinungen geworden. Über die damals heiß diskutierten Probleme, beispielsweise Schulsparen, Zollbürgschaften u. ä., ist die Zeit hinweggegangen. Denn es hat sich gezeigt, daß sich diese angeblichen Wettbewerbsverzerrungen in der Praxis recht wenig auswirken, vor allem aber auch, daß sich die institutionellen Vor- und Nachteile der einzelnen Institutsgruppen einschließlich der gesetzlichen Beschränkungen und der Steuersätze jetzt offensichtlich die Waage halten. So ist zum Beispiel die enge Bindung der öffentlich-rechtlichen Kreditinstitute an die öffentlichen Hände für Standing und Sicherheit dieser Institutsgruppe vorteilhaft, während die privaten Kreditinstitute beispielsweise in der Personalpolitik die größere Freiheit besitzen.

Dagegen haben sich die Vorschriften des Steuerrechts immer mehr zu einer Strukturfrage unseres Kreditgewerbes entwickelt. Bei den noch zu diskutierenden Problemen des Kreditwesengesetzes wird sichtbar werden, wie schwer es vor allem die öffentlich-rechtlichen Kreditinstitute schon heute haben, die Eigenkapitalrelationen in ihren Bilanzstrukturen einzuhalten, und wie stark dies die Wettbewerbspositionen in den Geschäftszweigen mit lukrativen Ertragsaussichten beeinflußt. Daher kann man höchstens noch bei denjenigen Instituten von einer Wettbewerbsverzerrung sprechen, denen der Gesetzgeber 1967 die volle Steuerfreiheit belassen hat (wie z. B. dem Beamtenheimstättenwerk als Bausparkasse des öffentlichen Dienstes). Für die Sparkassen und Kreditgenossenschaften ist der ermäßigte Steuersatz im Körperschaftsteuer-Gesetz und entsprechend im Gewerbesteuer- und Vermögensteuer-Gesetz ein Äquivalent dafür, daß es wegen der Geschäftsbeschränkungen und der Rechtsform für diese Institute sehr viel schwieriger ist, Eigenkapital zu bilden, als für die Banken mit voller geschäftlicher Freiheit und der Rechtsform der Aktiengesellschaft. Öffentlichrechtliche Institute wie die Sparkassen können Eigenkapital nur dadurch bilden und erhöhen, daß sie den nach Abzug der Steuern verbleibenden Teil des Gewinns den Rücklagen zuführen. Die Höhe des Eigenkapitals ist aber eine entscheidende Basis für die Geschäftstätigkeit, da beispielsweise das Kreditgeschäft stets eine bestimmte Relation zum Eigenkapital aufweisen muß.

Im übrigen ist der Steuersatz nicht allein maßgebend, obwohl hierauf in der öffentlichen Diskussion häufig zu Unrecht verwiesen wird, sondern die effektive Steuerbelastung. Zum Beispiel ist die steuerliche Belastung des Gewinns heute schon bei den Sparkassen größer als bei den konkurrierenden privaten Großbanken, obwohl der Steuersatz für die Sparkassen niedriger ist als für die Großbanken. Die effektive Steuerbelastung beträgt im mehrjährigen Durchschnitt circa 46 bis 48 Prozent bei den Sparkassen gegenüber circa 40 Prozent bei den Großbanken. Die nach dem Steueränderungsgesetz von 1967 verbliebenen Steuervorteile aller Realkreditinstitute (private Hypothekenbanken, öffentliche Pfandbriefanstalten, private und öffentliche Bausparkassen) sollen der Verbilligung der langfristigen Investitionskredite dienen. In der seit 1968 abgebauten Form tangieren die unterschiedlichen Steuersätze in der Kreditwirtschaft den Wettbewerb nicht mehr. Sparkassen und Kreditgenossenschaften haben keine Kalkulationsvorteile mehr, eher sind sie heute stärker belastet. Das Bundesverfassungsgericht hat im Sommer 1975 eine Verfassungsbeschwerde gegen die steuerliche Sonderregelung der Sparkassen abgewiesen und dabei festgestellt, daß wegen der besonderen geschäftlichen Ausrichtung und wegen der Geschäftsbeschränkungen der Sparkassen die heutigen differenzierten Steuersätze durch das Grundgesetz gedeckt sind.

Die Bundesregierung negiert diese Zusammenhänge in ihrem »Artikelgesetz« vom September 1975. Sie schlägt statt dessen für Sparkassen-

und Kreditgenossenschaften Steuersätze vor, die höher liegen als sie sogar in der Körperschaftsteuerreform vorgesehen sind. Während z. B. der ausgeschüttete Gewinn bei einer Aktienbank mit nur 15 Prozent besteuert wird, soll der entsprechende Satz bei den Kreditgenossenschaften 46 Prozent betragen. Die schon jetzt gegebenen Abstände in der effektiven Steuerbelastung der Aktienbanken einerseits und der Sparkassen und Kreditgenossenschaften andererseits werden damit zu Lasten dieser Institute noch größer. Es bleibt zu hoffen, daß im Rahmen der Körperschaftsteuerreform für die lokal organisierten Sparkassen und Kreditgenossenschaften mit besonderen volkswirtschaftlichen Aufgaben sachgerechte Lösungen gefunden werden.
Jede steuerliche Änderung, die Anspruch auf Sachlichkeit erhebt, muß die Aufgabe lösen, wie die öffentlich-rechtlichen Kreditinstitute ihre Eigenkapitalversorgung künftig sichern sollen und ob die strukturpolitisch wichtigen Geschäftsbeschränkungen dieser Institutsgruppe beibehalten oder gelockert werden sollen, wenn sie im Steuerrecht nicht mehr ausgeglichen werden. In Verbindung mit den Änderungsvorschlägen zum KWG würden die vorgesehenen Steuererhöhungen die Wettbewerbspositionen beachtlich verschieben und die Konzentration bei den großen Aktienbanken fördern, die von beiden »Reformen« nicht tangiert werden. Damit würde die fast vergessene Wettbewerbsdebatte wieder neu – diesmal aus anderer Richtung – entfacht werden.

Harter Kampf auf allen Teilmärkten aktiviert Angebotspolitik

Der zunehmend intensivere Wettbewerb manifestiert sich in einem immer weiter aufgefächerten Angebot an Bankdienstleistungen aller Art, vor allem aber auch im Konditionenwettbewerb. Dabei wird er von einer aggressiven Werbung unterstützt, die oftmals nicht mehr auf die speziellen Dienstleistungen, sondern auf die Institutsgruppe selbst abstellt und damit den Charakter des Gruppenwettbewerbs besonders betont.
Je nach Standort des Beobachters wird das Urteil über diesen Wettbewerb unterschiedlich ausfallen. Eine genauere Analyse zeigt aber, daß überall in der Kreditwirtschaft ein lebhafter Wettbewerb stattfindet; einmal im Bereich der universell tätigen Kreditinstitute zwischen den Banken der unterschiedlichen Institutsgruppen, zum anderen aber auch zwischen den universell tätigen Banken und den Spe-

zialkreditinstituten. Wie hart dieser Wettbewerb im Kreditgewerbe heute ist, wird auf den einzelnen Teilmärkten deutlich (vgl. Tabelle 3).

Privathaushalte stark umworbene Kunden

Die privaten Haushalte sind vor allem wegen ihres überragenden Einlagenvolumens stark umworbene Kunden der Sparkassen, Kreditgenossenschaften, der privaten Banken sowie der Postsparkasse der Deutschen Bundespost. Dieser Wettbewerb um den privaten Kunden zeigt regionale Differenzierungen. So tragen in den ländlichen Gebieten vor allem die Sparkassen und Kreditgenossenschaften einen harten Wettbewerb aus, während sich dieser in den städtischen Ballungsräumen mehr zwischen den Großbanken und Regionalbanken einerseits sowie den Sparkassen andererseits abspielt. Dieser Wettbewerb konzentriert sich dabei auf die privaten Girokonten und die Spareinlagen als die typische Kapitalbildungsform der privaten Haushalte. Besonders stürmisch verlief dabei der Ausbau der bargeldlosen Lohn- und Gehaltszahlungen: Innerhalb eines Jahrzehnts, von 1960 bis 1970, kamen 25 Millionen neue Girokonten hinzu, davon allein 11 Millionen bei den Sparkassen. Heute wickeln bereits 85 Prozent der erwachsenen Bevölkerung ihre Geldgeschäfte über Girokonten bargeldlos ab, ein auch im internationalen Vergleich außergewöhnlich hoher Standard. Inzwischen stoßen die Steigerungsraten der Kontenzahlen natürlich an die Marktgrenzen.

Anders dagegen im typischen Spargeschäft. Die Sparrekorde des Jahres 1975 mit Schwergewicht bei den Sparkonten machen deutlich, daß das gute alte Sparbuch keineswegs tot oder überholt ist. Trotz der weiterhin erheblichen Wachstumschancen dieser Sparform wird aber hier der quantitative und qualitative Wettbewerb hart bleiben. Wenn auch der Marktanteil der Sparkassen in diesem Bereich zugunsten der privaten Banken und Kreditgenossenschaften leicht abbröckelt, so ist er aber mit circa 54 Prozent immer noch sehr hoch.

Größere Bedeutung im Wettbewerb gewinnen in den letzten Jahren die mittelfristigen Sparbriefe in ihren diversen technischen Ausformungen, angespornt vor allem durch die Emission der Bundesschatzbriefe als neuem Finanzierungsinstrument des Bundes. So beträgt das gesamte Emissionsvolumen dieser zwischen den Spareinlagen und den börsenfähigen Wertpapieren stehenden Sparform Mitte 1975 35 Milliarden DM, davon 7 Milliarden an Bundesschatzbriefen.

Für ein weiteres überproportionales Wachstum dieses Wettbewerbs-

Tabelle 3 Marktanteile ausgewählter Bankengruppen 1969[1] und 1974
(% der jeweiligen Gesamtposition aller von der Bundesbank erfaßten Kreditinstitute)

Bilanzposition	Jahresende	Sparkassen	Girozentralen	Kreditbanken (insgesamt)	Großbanken	Kreditgenossenschaften	private Hypothekenbanken
Spareinlagen und -briefe	1969	59,1	0,9	16,9	9,6	18,7[2]	.
	1974	56,4	0,8	17,0	9,8	20,5[2]	.
Einlagen von Nichtbanken insgesamt[3]	1969	44,9	4,0	30,5	16,5	14,8	.
	1974	43,7	3,3	28,9	15,2	17,6	.
Kredite an inländ. Unternehmen[4]	1969	17,3	13,7	37,0	17,3	11,3	4,8
	1974	17,9	16,2	35,0	14,9	11,2	6,0
Kredite an Unselbständige	1969	29,1	6,1	27,7	14,4	22,9	0,5
	1974	27,2	4,5	27,7	13,6	25,4	1,2
Wohnungsbaukredite	1969	30,0	14,9	5,6	0,5	6,1	15,7
	1974	28,3	14,7	8,7	1,6	8,6	17,9
Kredite an inländ. öffentl. Haushalte	1969	27,7	30,7	6,0	2,0	1,6	14,8
	1974	26,4	35,6	5,8	1,2	2,4	15,5
Kredite an Nichtbanken insgesamt	1969	22,7	16,0	22,7	10,0	8,0	9,3
	1974	22,5	17,6	22,2	9,0	9,3	10,8

[1] In den Fällen, in denen durch Kontinuitätsbrüche in den statistischen Reihen die ursprünglichen Marktanteile von 1969 mit denen von 1974 nicht mehr voll vergleichbar gewesen wären, sind die Zahlen für 1969 korrigiert worden.
[2] einschließlich Zentralkassen, die im Genossenschaftsbereich die Sparbriefe emittieren und bei denen sie verbucht werden
[3] ohne Termingelder von 4 Jahren und mehr und ohne durchlaufende Kredite
[4] und wirtschaftlich selbständige Privatpersonen
Quelle: Eigene Berechnungen nach Angaben in den Monatsberichten der Deutschen Bundesbank

instruments im Ringen um den privaten Sparer spricht einiges: Denn die starken Kursschwankungen für festverzinsliche Wertpapiere haben diesem klassischen Anlagepapier des wohlhabenden Sparers (nicht umsonst sprach man früher vom Rentier) einen starken Schock versetzt, und die Laufzeit dieser Papiere mußte von den Emissionsinstituten drastisch herabgesetzt werden. Andererseits wachsen aber die Spareinlagen von Jahr zu Jahr so stark, daß ein natürlicher Zwang zu einer höherverzinslichen, etwas längerfristigen Anlage besteht.

Die Sparbriefe und -Obligationen füllen diese Lücke aus und kommen auch in unruhigen wirtschaftlichen Zeiten dem Wunsch entgegen, nur mittelfristige Bindungen einzugehen. Die auf diese Weise aufgenommenen Kapitalmittel lassen sich im wachsenden mittelfristigen Kreditgeschäft gut als kongruente Gegenanlage einsetzen. Im Wettbewerb zwischen den drei Bankengruppen dient das Instrument der Sparbriefe allerdings weniger zur Aquisition neuer Kunden als zur kompletten Bedienung der eigenen Kunden und zur Nutzung des gesamten kreditwirtschaftlichen Potentials.

Um die privaten Haushalte als Kunden der Kreditwirtschaft bemühen sich aber auch zunehmend Spezialkreditinstitute. Hier sind vor allem die Teilzahlungsbanken zu nennen, die mehr und mehr versuchen, durch Kundeneinlagen ihr immer noch sehr lukratives Kreditgeschäft zu refinanzieren. Diese sind ein besonders starker Wettbewerbsfaktor im Konsumentenkreditgeschäft, bei dem sie im Ratenkreditgeschäft immer noch einen beachtlichen Marktanteil von circa 23 Prozent halten. Dagegen scheinen für die Kreditvermittler – in ihrer aggressiven Art auch als Kredithaie bezeichnet – die Geschäftsaussichten wegen der verbesserten Aufklärung der Bevölkerung jetzt schlechter als früher zu sein.

Sondermarkt Bausparen

Besonders dynamisch entwickelte sich seit Anfang der fünfziger Jahre das Bausparen, das von den Bausparkassen organisierte Zwecksparen. Im Vordergrund steht dabei die nachstellige Finanzierung von Eigenheimen und Eigentumswohnungen. Die Finanzierungsmittel werden, anders als bei den »klassischen« Kreditinstituten, in diesem »kollektiven« Spar- und Kreditsystem durch die Kreditnehmer selbst aufgebracht. Jeder Kreditnehmer einer Bausparkasse ist also zunächst Sparer. Dieses auf dem Gedanken der solidarischen Selbsthilfe aufbauende System hat sich vor allem in Zeiten extremer Kapitalverknappung her-

vorragend bewährt. Deshalb war in den fünfziger und sechziger Jahren die Schubkraft des Bauspargedankens besonders groß.
Unterstützt wurde diese Entwicklung durch die staatliche Wohnungsbaupolitik, die das Bausparen durch Gewährung von Prämien im Rahmen des Wohnungsbau-Prämiengesetzes und durch den Abzug der Bausparbeiträge vom Gesamtbetrag der Einkünfte im Rahmen des § 10 Einkommensteuergesetz intensiv förderte. Der Wunsch nach dem eigenen Haus und der eigenen Wohnung führte in Verbindung mit der staatlichen Förderung dazu, daß der Anteil des Bausparens an der privaten Spartätigkeit stetig wuchs und im Durchschnitt der Jahre 1970 bis 1974 über 30 Prozent erreichte (einschließlich Vermögensübertragungen). Für die Bausparleistungen des Jahres 1974 wurden für Wohnungsbauprämien circa 3,3 Milliarden DM ausgezahlt. Der Steuerausfall durch den Sonderausgabenabzug betrug circa 0,6 Milliarden DM.
Deshalb reagiert das Bausparen auch empfindlicher als andere Sparformen auf Einschränkungen der staatlichen Förderung. Dies geschah aber beim Bausparen zuletzt mit der Reform des Einkommensteuerrechts zum 1. 1. 1975; nach den »Sparbeschlüssen« der Bundesregierung vom September 1975 sollen weitere Einschränkungen zum 1. 1. 1976 erfolgen. Wegen der Identität von Sparern und Kreditnehmern sind starke Schwankungen im Neuzugang und Geldeingang für das kollektive Bausparen besonders gefährlich: Wenn der Geldeingang nachläßt, verlängern sich die sogenannten Wartezeiten bis zur Zuteilung des zinsgünstigen Bausparkredits. Dies wiederum verringert die Attraktivität des gesamten Systems und führt in der Art eines Spiraleffekts zu einer Verringerung des Neuzugangs. Deshalb kann das Bausparen auf eine gewisse staatliche Grundförderung nicht verzichten.
Auch wenn das Bausparen – vom Anteil an der Ersparnisbildung her – den Kulminationspunkt im Jahre 1974 überschritten haben dürfte, ist seine weitere Entwicklung durchaus optimistisch zu beurteilen. Denn diese Sparform ist gut eingeführt, sie ist populär, sichert den Rechtsanspruch auf ein nachstelliges Darlehen ohne Zinsänderungsrisiko und hilft damit vielen Familien, den Wunsch nach einem eigenen Haus oder einer eigenen Wohnung zu verwirklichen. Nach der Sättigung des quantitativen Wohnungsbedarfs liegt die Zukunft des Wohnungsbaus jetzt im qualitativen Bereich. Der Anteil des Eigenheimbaus an der gesamten Wohnungsbauleistung dürfte weiter zunehmen; außerdem ist in Zeiten hoher und stark schwankender Kapitalmarktzinsen der Bausparkredit zu dem konstanten Zinssatz von 5 bzw. 4,5 Prozent ein sicheres Finanzierungsfundament.

Innerhalb des Bausparsektors konkurrieren 17 private und 13 öffentlich-rechtliche Bausparkassen miteinander. Die öffentlichen Bausparkassen sind in die regionalen Sparkassenorganisationen eingegliedert und werden zum größten Teil als rechtlich unselbständige Abteilungen von Landesbanken/Girozentralen geführt. Drei Institute sind selbständig, zwei Institute sind Abteilungen von Sparkassen. Der Marktanteil der öffentlichen Bausparkassen hat sich bei etwa 35 Prozent stabilisiert, wobei die noch leichte Expansion der privaten Bausparkassen in den letzten Jahren vor allem auf das überdurchschnittliche Wachstum der Bausparkasse für den öffentlichen Dienst zurückzuführen ist, die bisher volle Steuerfreiheit genoß und infolgedessen günstigere Konditionen gewähren konnte.
Der Versuch der privaten Bausparkassen, zur Verbreiterung ihrer Refinanzierungsbasis über das Bausparen hinaus stärker in die gesamte Vermögensbildung der privaten Haushalte und vor allem in das allgemeine Spargeschäft vorzudringen, war bisher wenig erfolgreich. Das ist allerdings wegen der vorhandenen Abdeckung der Märkte durch die universell tätigen Kreditinstitute und wegen der notwendigen hohen Investitionen für Zweigstellen und regionale Organisationen durchaus verständlich.

Strukturveränderungen bei der Wohnungsbaufinanzierung

Bei der Wohnungsbaufinanzierung stehen sich Spezialkreditinstitute (Hypothekenbanken und Bausparkassen) und universell tätige Kreditinstitute (Landesbanken/Girozentralen, Sparkassen und teilweise auch Kreditgenossenschaften) als Konkurrenten gegenüber. In jüngster Zeit sind auf diesem Teilmarkt auch die Großbanken als ernst zu nehmende Wettbewerber aufgetreten. Die Konkurrenz auf diesem Markt erhält einen zusätzlichen Akzent dadurch, daß hier Kreditinstitute mit grundsätzlich unterschiedlicher Refinanzierung (Kundeneinlagen oder Emission festverzinslicher Wertpapiere) tätig sind, was zwangsläufig zu unterschiedlichen Kreditkonditionen führt. Der Kunde hat damit nicht nur die Wahl zwischen verschiedenen Instituten, sondern auch zwischen unterschiedlichen Konditionenarten, nämlich zwischen Hypotheken mit Zinsgleitklauseln und sog. Festhypotheken.
Allerdings vollziehen sich derzeit auf dem Wohnungsbaumarkt und seiner Finanzierung erhebliche Strukturveränderungen, die sich auch auf den Wettbewerb der Kreditwirtschaft auswirken werden. Nachdem sich seit 1974 die Zahl der Haushalte und die der Wohnungen in

der Bundesrepublik die Waage halten, ist die Phase eines überwiegend quantitativ orientierten Wohnungsbaus mit jährlichen Rekordbauzahlen sicher zu Ende. Dazu hat nicht zuletzt der spekulativ überheizte Boom der Eigentumswohnungen beigetragen. Lediglich in den Bereichen Eigenheimbau, Modernisierung der Altwohnungen und Sanierung der Städte, liegen noch wesentliche Zukunftsaufgaben, die aber allein nicht ausreichen, um das bisher jährlich notwendige Finanzierungsvolumen zu binden. Deshalb wird der Wettbewerb hier härter werden. Hinzu kommt, daß sich durch die kürzeren Laufzeiten von Wertpapieren die Finanzierungsmodalitäten zwischen den Pfandbriefinstituten und den übrigen mit Spareinlagen refinanzierten Kreditinstituten stark angenähert haben. Alle längerfristigen Hypotheken sind jetzt praktisch mit variablen Zinsen ausgestattet. Bei den mit Pfandbriefen refinanzierten Hypotheken wird jedoch immer für einige Jahre ein fester Zins vereinbart, z. Z. etwa für die Dauer von 5 bis 8 Jahren.

Wegen der nachlassenden Bedeutung des Wohnungsbaus haben die privaten Hypothekenbanken ihre Geschäftspolitik seit einiger Zeit geändert. Sie forcieren jetzt besonders den Kommunalkredit und haben in diesem Markt, der traditionell von den Landesbanken/Girozentralen und Sparkassen bedient wird, Einbrüche erzielen können. Hier waren längerfristige Kommunalkredite mit kurzfristiger Zinsanpassung von ein bis zwei Jahren ein entscheidender Wettbewerbsfaktor. Allerdings könnte diese Kreditform die kommunalen Finanzen künftig vor erhebliche Probleme stellen, wenn größere Anteile der kommunalen Investitionen auf diese Weise refinanziert werden. Das gilt vor allem dann, wenn die notwendigen Anschlußfinanzierungen in eine Phase weniger leistungsfähiger Kredit- und Kapitalmärkte fallen. Sehr viel schwieriger wird es für die Spezialinstitute der Bauzwischenfinanzierung sein, neue Märkte mit besseren Zukunftsaussichten als im Wohnungsbau zu erschließen.

Komplexe Wettbewerbsverhältnisse bei der Industriefinanzierung

Sehr komplex sind die Wettbewerbsverhältnisse bei der Finanzierung der Wirtschaft und besonders der Industrie. Bei der langfristigen Investitionsfinanzierung konkurrieren im wesentlichen die universell tätigen Kreditinstitute mit einigen Spezialkreditinstituten. Im kurzfristigen Großkreditgeschäft spielt sich die Konkurrenz vor allem zwischen den großen privaten Kreditbanken und den Landesbanken/

Girozentralen ab. Gerade in diesem Markt sind natürlich die Banken mit traditionell gewachsenen und institutionell gesicherten Verbindungslinien (etwa über Beteiligungen) in der besseren Ausgangssituation. Ihre Geschäftsstrukturen waren von Anfang an auf diesen Geschäftszweig zugeschnitten, Industrialisierung und Industriefinanzierung durch große Banken stehen in einem kausalen Zusammenhang. Trotzdem konnten die Landesbanken/Girozentralen insbesondere wegen ihrer längerfristigen Refinanzierungsmöglichkeiten in diesen Markt eindringen und anschließend auch Marktanteile im kurzfristigen Kredit gewinnen. Nachdem sich die fristenmäßige Streuung der Passivseite der Großbanken verbessert hat, die auch mehr langfristige Passivmittel einsetzen können, ist der Wettbewerb im Kreditgeschäft aller Fristigkeiten heute sehr stark. Die Landesbanken/Girozentralen haben neben ihren landespolitischen Aufgaben in dem Bereich der Industriefinanzierung eine wesentliche geschäftspolitische Funktion zu erfüllen: Ihre geschäftliche Tätigkeit führt zu einem wettbewerbspolitischen Gegengewicht zu den Großbanken, und ein entsprechend starkes Industriekreditgeschäft verschafft ihnen die im Konjunkturverlauf erforderliche Flexibilität im Gesamtgeschäft. Ein Zurückdrehen dieser Entwicklung, wie es hin und wieder in politischen Zirkeln diskutiert wird, ist aber aus volkswirtschaftlicher und betriebswirtschaftlicher Sicht nicht vertretbar.

Wenn jetzt den deutschen Banken in den großen internationalen Banken sehr gewichtige Konkurrenten mit internationalem Leistungsangebot erwachsen sind, so kann die Gegenstrategie nur lauten: ebenfalls die Internationalisierung der Geschäfte zu betreiben und deutschen wie ausländischen Unternehmen ein ähnliches Sortiment von Krediten und Dienstleistungen zu bieten wie die großen Auslandsbanken. Eine besondere Bedeutung hat dabei in den letzten Jahren der Bankplatz Luxemburg gewonnen, an dem fast alle im Industriekredit tätigen deutschen Banken ihrer deutschen Industriekundschaft Ergänzungsangebote des sogenannten Euromarktes über eigene Tochtergesellschaften anbieten können. Daß die Internationalisierung der deutschen Banken inzwischen auf alle wichtigen internationalen Bankplätze übergreift, ist eine natürliche Folge der immer stärker international und exportorientierten deutschen Wirtschaft. Denn internationale Handels- und Wirtschaftstätigkeit bedingen geradezu internationale Bankaktivitäten. So werden auch Devisenbarrieren aller Art diesen Prozeß nicht aufhalten können, im Gegenteil, solche Vorschriften erfordern sogar immer mehr selbständige Stützpunkte in den wichtigsten Ländern.

Reichhaltige Angebotspalette für die mittelständische Wirtschaft

Im mittelständischen Kreditgeschäft konkurrieren die Institute aller drei Bankengruppen sehr intensiv um die mittelständische Kundschaft. Diese Entwicklung wird bei den Großbanken durch den hohen Filialisierungsgrad begünstigt, während sie bei den Sparkassen und Genossenschaftsbanken durch den starken Mittelzufluß gefördert wird, der im Kreditgeschäft Anlage sucht. Nur in Zeiten konjunktureller Abschwächung, wenn die Risiken auch für die mittelständischen Betriebe besonders stark steigen, läßt der Wettbewerb auf diesem Markt etwas nach, während sich gleichzeitig die Zinsabstände zwischen den sogenannten ersten Adressen der deutschen Wirtschaft und den mittelständischen Unternehmen teilweise vergrößern. Die mittelständische Wirtschaft profitiert aber insgesamt von der deutschen Bankenstruktur und dem starken Wettbewerb in Gestalt einer reichhaltigen kreditwirtschaftlichen Angebotspalette und einer Kreditversorgung, die auch in Zeiten knapper Liquidität mit marktgerechten Konditionen zur Verfügung steht.

Hier spielt die Existenz starker lokalgebundener Kreditinstitute eine besonders wichtige Rolle. Viele mittelständische Unternehmen hätten es noch schwerer gehabt, die Rezessionsphase 74/75 zu überwinden, wenn sie nicht in ihrer lokal gebundenen Hausbank einen verständnisvollen Partner gehabt hätten, der nicht die augenblickliche Bilanz, sondern die in der Vergangenheit bewiesene Solidität des mittelständischen Unternehmers zur Grundlage seines Kredites machte.

Die deutsche Kreditwirtschaft bemüht sich auch intensiv, der mittelständischen Wirtschaft neuen kreditwirtschaftlichen Service zu erschließen, z. B. auf den Sektoren der Kapitalbeteiligung, des Leasing, des Factoring. Auch arbeiten die Kreditinstitute intensiv in den Kreditgarantiegemeinschaften der mittelständischen Berufsgliederungen mit, um gerade dem jungen Betrieb eine ausreichende Haftungsgrundlage für den weiteren Ausbau sichern zu helfen.

Diese Beispiele und Entwicklungslinien zeigen, daß der Kunde als Einleger und als Kreditnehmer in jedem Teilmarkt zwischen universell tätigen Kreditinstituten und Spezialkreditinstituten wählen kann, also zwischen Instituten mit unterschiedlichen geschäftspolitischen Zielsetzungen und geschäftlichen Strukturen. Diese spezifische Bankenstruktur mit ihren besonderen Spannungsverhältnissen ist der beste Garant für den auch künftig notwendigen Wettbewerb in der Kreditwirtschaft und sichert der Kundschaft im Einlagen- wie im Kreditgeschäft ein jederzeit voll flexibles Leistungsangebot.

Marketing: Chancen mit Grenzen

Erst mit der Ausweitung des Mengengeschäfts und der Intensivierung der Geschäftsbeziehungen mit den privaten Haushalten ist die Sortimentspolitik der Kreditinstitute zu einem wesentlichen Wettbewerbsinstrument auf diesem kreditwirtschaftlichen Teilmarkt geworden. Zur Ausweitung des Geschäfts war es notwendig, vor allem Kreditangebote zu entwickeln, die organisatorisch für eine große Zahl von Kreditengagements geeignet und einfach zu bearbeiten waren. Das charakteristische Merkmal war also die Entwicklung standardisierter Angebotsformen für Geldanlagen und Kredite mit mehr oder weniger einheitlicher Ausgestaltung und Konditionen. Diese normierten und standardisierten Angebote waren notwendig, um den gleichgerichteten Bedürfnissen der privaten Haushalte besser entsprechen zu können. Zum anderen sollten diese Angebote das Mengengeschäft rationalisieren und möglichst kostengünstig gestalten und gleichzeitig die Marktverhältnisse überschaubarer und vergleichbarer machen.

Derartige geschäftspolitische Anforderungen können bei zentral ausgerichteten Instituten mit Filialsystem ohne große Schwierigkeiten realisiert werden, da bei ihnen sichergestellt ist, daß sie die jeweiligen Leistungen zu denselben Konditionen in allen Regionen unseres Landes anbieten können. Dagegen haben es die dezentral organisierten Institutsgruppen sehr viel schwerer, ein einheitliches, fortschrittliches Angebot sicherzustellen. Dies setzt entsprechende Planungsarbeit bei den Verbänden, Abstimmung der geschäftspolitischen Ziele in der jeweiligen Organisation und eine einheitliche Werbung voraus. Hier ist seit Ende der sechziger Jahre in den einzelnen Bankengruppen viel geschehen, und darauf ist es auch zurückzuführen, daß neben der sogenannten Imagewerbung zur Stärkung des Gruppenwettbewerbs auch die Werbung für bestimmte Angebote und Dienstleistungen intensiviert wurde. So zwang der scharfe Wettbewerb die Kreditinstitute, ihre früher typische Zurückhaltung in der Werbung aufzugeben, denn sie konnten nicht mehr darauf warten, daß die Kunden zu ihnen kamen, sondern mußten selbst am Markt aktiv werden, um die Kunden zu gewinnen. Während es früher undenkbar gewesen wäre, daß Kreditinstitute Außendienstmitarbeiter in die Wohnungen ihrer Kunden schicken, ist dieser Vertriebsweg heute ein zusätzliches Mittel der Kundengewinnung und -betreuung.

Im Zuge dieser Entwicklung wurden den privaten Haushalten die gleichen Finanzierungs- und Dispositionsmöglichkeiten eingeräumt wie der unternehmerischen Wirtschaft. Das augenfälligste Beispiel dafür ist der Dispositionskredit, den heute fast alle Kreditinstitute den privaten Haushalten ohne Antrag anbieten. Damit haben sie diesen die Möglichkeit gegeben, einen Kredit bis zur Höhe des Zwei- oder sogar Dreifachen eines Monatseinkommens ohne Formalitäten durch einfache Überziehung des Girokontos in Anspruch zu nehmen, was in der Regel auch die billigste Art der Kreditfinanzierung der privaten Haushalte ist.

Die Entwicklung neuer Spar-, Kredit- und Dienstleistungsangebote wurde durch Marketingüberlegungen gefördert, die sich im Kreditgewerbe seit einiger Zeit durchgesetzt haben. Doch ist auf die Dauer durch die Einführung neuer Angebotsformen allein kein Marktvorsprung zu gewinnen, weil neue Sparformen oder spezielle Kreditangebote rasch von den Konkurrenzinstituten übernommen wurden. Deshalb offerieren heute alle Institutsgruppen den privaten Haushalten im Prinzip in etwa die gleichen Leistungen. Neben den bereits genannten normierten Kreditangeboten sollen vor allem Sparpläne diverser Art die Vorteile kurz- und langfristiger Anlagen miteinander kombinieren oder automatisch zu einer stärkeren Diversifizierung der Kapitalanlagen des Sparers führen.

Die neue Angebotspolitik im Kreditgewerbe hat allerdings auch ihre Grenzen. So können die Kreditinstitute ihr Leistungsangebot aus betriebswirtschaftlichen und organisatorischen Gründen nicht zu stark aufsplittern und dadurch unübersichtlich werden lassen. Die großen Institute und die einzelnen Bankengruppen versuchen, hier einen Mittelweg zu finden, weil die Kunden sonst eher verwirrt als besser informiert werden und für die Institute selbst erhebliche Kosten-, Ausbildungs- und Organisationsprobleme entstehen.

Die starken Schwankungen im Spargeschäft der Jahre 1972 bis 1975 werden die Kreditinstitute veranlassen, ihre gezielte Aufmerksamkeit dem vertraglich gebundenen Sparen zuzuwenden. In den für die Spartätigkeit unserer Bevölkerung kritischen Monaten der Jahre 1973 und 1974 wurde das Sparaufkommen im wesentlichen durch das vertraglich gebundene Sparen nach dem Sparprämiengesetz und dem Vermögensbildungsgesetz sowie durch die Sparzinsgutschriften am Jahresende stabilisiert. Das Volumen der staatlichen Sparförderung wurde durch die Einkommensteuerreform zum 1. 1. 1975 eingeschränkt, nicht zuletzt weil seitdem Einkommensgrenzen die Bevölkerungskreise oberhalb bestimmter Einkommen von der staatlichen Förderung ausschließen. Die Sparbeschlüsse der Bundesregierung vom September 1975 sehen eine weitere Kürzung der Spar- und Wohnungsbauprämiensätze vor. Diese Fragen müssen zwar im Rahmen der staatlichen Vermögensbildungspolitik entschieden werden, wirken sich aber auch auf die Geschäftspolitik der Kreditinstitute aus. Nachdem mit der Einkommensteuerreform der »Gießkanneneffekt« beseitigt wurde, besteht zu einer generellen Streichung der staatlichen Sparförderung kein Anlaß. Es wird auch künftig darauf ankommen, eine hohe Sparquote zu halten und dabei eine möglichst breite Spartätigkeit der Bevölkerung sicherzustellen. Ohne entsprechende vermögenspolitische Komponenten in der Tarifpolitik auf der Grundlage von Anreizen im Sparprämiengesetz und im Vermögensbildungsgesetz wird dies aber nicht gelingen. Deshalb kann im Interesse einer stetigen und stabilitätsorientierten Wirtschaftsentwicklung auf staatliche Förderung einer breit gestreuten Vermögensbildung nicht verzichtet werden.

Die Kreditinstitute werden aber auch außerhalb der staatlichen Sparförderung mit eigenen Sparplänen und gezielten Sparangeboten versuchen, einen kontinuierlichen Spargeldzufluß zu sichern. Außerdem gilt es, die Sparsummen aus auslaufenden Verträgen nach dem Sparprämiengesetz und dem Vermögensbildungsgesetz (im Jahre 1977 18,6 Milliarden DM, im Jahre 1978 10 Milliarden DM) für eine längere Anlagedauer zu gewinnen.

Daß es trotz des scharfen Wettbewerbs zwischen den Kreditinstituten noch zu erheblichen Preisdifferenzierungen kommen kann, läßt sich am besten am Konsumentenkredit nachweisen. Als der sogenannte Kleinkredit als erste standardisierte Kreditform eingeführt wurde, hat man nicht zuletzt auf Betreiben des Bundeswirtschaftsministeriums, für diese Konsumentenkredite den sogenannten Pro-Monat-Zinssatz angewandt. Hiermit wollte man eine bessere Vergleichbarkeit am Markt erreichen, da die Teilzahlungskredite schon weitgehend mit dieser p. M.-Verzinsung angeboten wurden. Die p. M.-Verzinsung als Teil des Markenartikels Konsumentenkredit hat sich grundsätzlich bewährt, da sie den Kunden die Möglichkeit gibt, klar zu übersehen, wie die monatliche Kostenbelastung ist.

Das Hervorheben der monatlichen Belastung als Kennzeichen des Konsumentenkredits hat andererseits aber dazu geführt, daß die Zinsempfindlichkeit der Kunden überspielt worden ist, da sich die Zinssatzveränderungen im Konjunkturverlauf nur geringfügig im monatlichen Prozentsatz auswirken. Eine gering erscheinende Erhöhung des p. M.-Satzes von 0,5 p. M. auf 0,6 p. M. entspricht zum Beispiel einer Effektivzinserhöhung bei einem Konsumentenkredit mit zweijähriger Laufzeit von 13,4 Prozent auf 15,7 Prozent p. a. Die relativ schwache Reaktion auf solche Zinsveränderungen ist vermutlich die Erklärung

dafür, daß im Konsumentenkredit auch heute noch Kreditzinsen von 20 Prozent p. a., besonders bei Kreditvermittlungen, ohne weiteres bezahlt werden, obgleich dieselben Kredite von den universell tätigen Kreditinstituten mit einer Effektivverzinsung von durchschnittlich 8,8 Prozent (Stand Sept. 1975) angeboten werden.
Die im Interesse des Verbraucherschutzes getroffene Vorschrift, daß die Kreditinstitute nicht nur den p. M.-Satz, sondern auch die tatsächliche Effektivverzinsung ausweisen sollen, hat an der offensichtlichen Zinsunempfindlichkeit wenig geändert. Offensichtlich kommt im Rahmen des Wettbewerbs der Angebotsfächerung größere Bedeutung zu als den Konditionen. Wie überall im Marktgeschehen, muß der Kunde auch hier selbst entscheiden, was für ihn der günstigere Weg ist. An entsprechender Publizität fehlt es ja nicht.

Künftige Marktentwicklung bedingt vorsichtiges Wachstum

Nicht erst die Erschütterung und die Nervosität der deutschen Kreditwirtschaft im Spätsommer 1974 nach der Herstatt-Krise haben gezeigt, daß sich der deutsche Bankenapparat offensichtlich an einer wettbewerbspolitischen Zäsur befindet. Die Grenzen des Marktwachstums sind hinsichtlich der Kundenanzahl heute weitgehend erreicht, da fast die gesamte erwachsene Bevölkerung bereits an bestimmte Kreditinstitute gebunden ist und die Fluktuationsrate, abgesehen von den Wohnsitzveränderungen, recht gering ist. Die bargeldlose Lohn- und Gehaltszahlung ist heute weitgehend üblich, und auch staatliche Leistungen aller Art werden bargeldlos ausgezahlt.
Heute kommt es daher im Mengengeschäft mit den privaten Haushalten für eine Bank vor allem darauf an, die eigenen Kunden optimal zu bedienen und zu beraten, um eine möglichst hohe Ausnutzung aller kreditwirtschaftlichen Angebote bei der eigenen Kundschaft zu erreichen und damit die eigenen Marktanteile zu sichern und auszubauen. Dazu gehört, dem einzelnen Kunden eine jeweils passende Angebotspalette vorzulegen und das Institut so kundenfreundlich wie möglich zu gestalten, insbesondere durch verständliche Informationen, kurze Wartezeiten, Bedienung aus einer Hand. Daher werden Marktforschung, Angebotsdifferenzierung und eine verkaufsorientierte Mitarbeiterschulung die wichtigen Waffen im Wettbewerb der Kreditinstitute der siebziger und achtziger Jahre sein.

Die Ausstattung der Kreditinstitute mit elektronischer Datenverarbeitung hat sich in den letzten Jahrzehnten erheblich verbessert. Der Anschluß an leistungsfähige Datenverarbeitungsanlagen ist auch für die mittleren und kleineren Institute heute eine Selbstverständlichkeit. Viele Institute sind wegen der raschen und korrekten Bedienung ihrer Kundschaft zur unmittelbaren Datenverarbeitung am Schalter (online-Verkehr) übergegangen, und in einigen Jahren wird dieser Service überall selbstverständlich sein. Die Fülle der bargeldlosen Zahlungsvorgänge machte energische zwischenbetriebliche Rationalisierungsanstrengungen erforderlich, die gemeinsam mit der Deutschen Bundesbank verwirklicht wurden. Ohne maschinelle Beleglesung und ohne den unmittelbaren Austausch von Datenträgern wäre das heutige Buchungsvolumen in der Kreditwirtschaft bereits nicht mehr zu bewältigen. Die Zukunft gehört jedoch dem unmittelbaren Datenaustausch zwischen den großen Datenverarbeitungs-Systemen der Banken und Bankengruppen. Dies alles ermöglicht es einem Kreditinstitut, sich von jener Technik des Bankgeschäftes weitgehend zu befreien, die früher den »Bankbeamten« hauptsächlich beschäftigte. Heute können sich mehr Mitarbeiter als früher der Beratung und Betreuung der Kunden widmen, natürlich auch mit dem Ziel weiterer Akquisition.
Im Geschäft mit der »professionellen« Kundschaft aus Industrie, Handel, Gewerbe, Landwirtschaft und dem öffentlichen Bereich werden ebenfalls nur die Kreditinstitute ihre Chancen nutzen können, die die volle Palette kreditwirtschaftlicher Leistungen anbieten können und darüber hinaus im Konjunkturverlauf von der Refinanzierung her jederzeit voll leistungs- und wettbewerbsfähig sind. Die Bemühungen um Diversifizierung und Streuung der konjunkturellen Risiken sowie der Branchen- und Regionalrisiken werden deshalb verstärkt weitergehen.
Gleichzeitig wird der öffentliche Kredit in allen Formen und an alle Körperschaften weiter an Bedeutung gewinnen und neue Wettbewerbsanstrengungen der Kreditwirtschaft auslösen. Die hohe öffentliche Verschuldung, die im Jahre 1975 aus konjunkturellen Gründen sichtbar geworden ist, wird aber tendenziell in den siebziger Jahren anhalten und den Kapitalmarkt und den Kreditapparat stark beanspruchen. Die großen nationalen Projekte der Energieversorgung und des Umweltschutzes werden Finanzierungsprobleme aufwerfen, die vom deutschen Bankenapparat im wesentlichen im Rahmen großer Konsortien bewältigt werden müssen. Die großen Bankenkonsortien, die erstmals im Jahre 1975 langfristige Investitionskredite für einzelne Kernkraftwerke mit Beträgen bis zu 3,5 Milliarden DM im Einzelfall

gegeben haben, zeigen neue Dimensionen von Finanzierungsaufgaben. Hier besitzen die großen Banken mit hohen Eigenkapitalsummen und einem hohen Refinanzierungspotential einen natürlichen Vorteil.

Die zunehmende Internationalisierung des Wirtschaftslebens, die im wachsenden Welthandel ebenso wie im Touristenverkehr und der größeren Freizügigkeit der Arbeitnehmer zum Ausdruck kommt, fordert stärkere internationale Aktivitäten des deutschen Bankenapparates. Die Internationalisierung des Bankgeschäfts setzt neue Maßstäbe für das deutsche Kreditgewerbe, vermehrt zugleich aber auch die Chancen und die Risiken. Alle diese nur knapp skizzierten Zukunftsaufgaben im deutschen Bankgeschäft sind mehr auf die Großinstitute als auf die Klein- und Mittelinstitute zugeschnitten. Die Wettbewerbspolitik wird dafür sorgen müssen, daß die mittleren und kleineren Institute an den neuen geschäftlichen Möglichkeiten partizipieren können. Deshalb wird auch der Gruppenwettbewerb seine große Bedeutung in der deutschen Kreditwirtschaft behalten. Entscheidend wird aber auch hier sein, ob die Mittel- und Kleininstitute aller Rechtsformen ihre Eigenkapitalversorgung sichern können und daß die noch ausstehende Körperschaftsteuerreform nicht ausschließlich die großen Aktienbanken begünstigt, die schon heute durch Ausschüttungs- und Schachtelprivileg sich in der besseren steuerrechtlichen Position befinden.

Die deutschen Kreditinstitute werden angesichts der geänderten wirtschaftlichen Zukunftsaussichten im In- und Ausland ein neues Verhältnis zum betrieblichen Wachstum finden. Ein Kreditinstitut, das sich im Markt behaupten will, braucht auch künftig Wachstum und muß neue Geschäftszweige aufgreifen, wenn sich der Markt weiterentwickelt. Schon der starke Wettbewerb wird dafür sorgen, daß es in der deutschen Kreditwirtschaft keinen konservativen Immobilismus geben wird und mutige und entschlossene Geschäftspolitik auch weiter ihre Chance finden wird.

Wachstum um den Preis auch erheblicher Risiken wird in den nächsten Jahren aber sicher kleiner geschrieben werden als in der wachstumseuphorischen Phase des letzten Jahrzehnts. Besonders nach den jüngsten Erfahrungen wird bei allen Verantwortlichen immer dann ein Warnlicht aufleuchten, wenn in einzelnen Geschäftssparten plötzlich weit über dem Durchschnitt liegende Zuwachsraten gemeldet werden. In der Regel bedingt nämlich ein solches aus dem Rahmen fallendes Wachstum auch überproportionale Risiken. Deshalb wird in den nächsten Jahren zwar mit einer weiterhin aktiven, gleichzeitig aber auch stärker risikobewußten Geschäftspolitik der deutschen Kreditwirtschaft zu rechnen sein.

Zinspolitik entscheidender Wettbewerbsparameter

Aufhebung der staatlichen Zinsbindung schafft Voraussetzung für aktive Zinspolitik

Ein entscheidendes Element der Marktentwicklung in den letzten Jahren war die Aufhebung der staatlichen Zinsbindung im Jahre 1967, mit der eine 35jährige Periode der Zinsreglementierung zu Ende ging. Ihre Einführung ging bekanntlich auf das Krisenjahr 1931 zurück. Ziel war damals vor allem, »gesunde« Wettbewerbsverhältnisse zu schaffen; insoweit war die Zinsreglementierung Instrument zur Sanierung der Kreditwirtschaft.

In der Diskussion um die staatliche Zinsbindung ist dieser Aspekt zeitweilig zurückgedrängt worden. Zwar wurde weitgehend anerkannt, daß durch die Festsetzung von Soll- und Habenzinssätzen den Kreditinstituten auch eine »angemessene« Zinsspanne garantiert werden sollte. Im Vordergrund stand (und steht bei den Anhängern der Zinsreglementierung auch heute noch) die Vorstellung, daß sie als zinspolitisches Instrument eine unmittelbare Wirkung auf die jeweils konjunkturpolitisch angestrebte Entwicklung der Einlagen- und Kreditzinsen auszuüben vermag.

In Wirklichkeit führte jedoch die Zinsbindung zwangsläufig zu generellen und daher starren Vorschriften, die der Vielfalt des Wettbewerbs sowohl der Kreditinstitute untereinander als auch der einzelnen Einlagen- und Kreditarten nicht entsprechen konnten. Ebenso zwangsläufig korrigierten graue Zinsmärkte und Umgehungen aller Art die Unzulänglichkeiten dieser staatlichen Eingriffe. Dabei wurden besonders jene Institute benachteiligt, bei denen wegen ihrer besonderen Aufsichtsvorschriften die Einhaltung der staatlichen Reglementierungen streng überwacht wurden. Wettbewerbsverzerrungen waren die Folge.

Seit Beginn der sechziger Jahre wurden deshalb Pro und Kontra einer Aufhebung der staatlichen Zinsreglementierung mit wachsender Leidenschaft diskutiert, wobei der Meinungsstreit quer durch das Kreditgewerbe ging. Während sich die Sparkassenorganisation sehr für die Zinsfreiheit engagierte, waren andere Institutsgruppen der Auffassung, daß es sich mit einem staatlichen Zinskartell besser leben ließe.

Heute sind freie Zinsen ein selbstverständlicher Wettbewerbsfaktor im Kreditgewerbe. Die Befürchtungen, daß es nach der Zinsfreigabe zu einem ruinösen Wettbewerb und zahlreichen Bankzusammenbrüchen kommen würde, haben sich nicht bestätigt. Ein Ersatz der staatlichen Zinsbindung durch private Kartelle hat ebenfalls nicht stattgefunden. Und auch die z. T. selbst in der Wissenschaft vertretene Meinung, daß die Zinsfreigabe die zinspolitischen Absichten der Bundesbank durchkreuzen könnte, hat sich spätestens nach der Freigabe der Wechselkurse als unbegründet erwiesen.

Selbstverständlich bedeutet aber auch hier mehr Freiheit mehr Risiko und daher mehr Verantwortung und Sachkenntnis. So zeigten einzelne Bankzusammenbrüche schon, daß weniger verantwortungsbewußte Bankleitungen in Versuchung geraten können, ihr Geschäftsvolumen durch überhöhte Einlagenzinsen auszuweiten und den betriebswirtschaftlichen Ausgleich dann durch spekulative Engagements zu suchen. Insgesamt gesehen hat jedoch die deutsche Kreditwirtschaft die neuen Möglichkeiten sinnvoll genutzt: Ihre Kundschaft profitiert vom stärkeren Wettbewerb, der größeren Flexibilität des Anlageangebots und einer schärferen Kalkulation aller Bankgeschäfte.

Allerdings erfolgte die Zinsfreigabe auch zu einem sehr günstigen Zeitpunkt: Die Jahre 1967 bis (Mitte) 1969 waren durch einen kräftigen Wirtschaftsaufschwung mit annähernder Geldwertstabilität und nahezu konstantem Zinsniveau gekennzeichnet. Daher konnten sich die Kreditinstitute über einen längeren Zeitraum der »Ruhe an der Zinsfront« an die Zinsfreiheit gewöhnen. Ihre Bewährung mußte diese erst in den Jahren 1970 bis 1974 bestehen, aber die schwierigen Zinsanpassungsprobleme dieser extremen Hochzinsphase wurden mit größerer Elastizität als früher gemeistert.

Die Zinsfreigabe machte die Zinspolitik zu einem entscheidenden geschäftspolitischen Parameter und Wettbewerbsfaktor. Einerseits können die Kreditinstitute zwar nicht mehr darauf vertrauen, daß ihnen das staatliche Zinsdiktat fast automatisch eine ausreichende Zinsspanne und den notwendigen Ertrag garantiert. Andererseits kann mit institutsbezogener Zinswerbung eine wirksame Geschäftspolitik betrieben werden, die nicht zuletzt auch zu Marktanteilsverschiebungen führte. Dabei wird eine verantwortungsbewußte Bankleitung die Zinspolitik bei aller notwendigen Beachtung der Markttendenzen gleichwohl nicht auf den Tag orientiert betreiben, sondern sie in eine längerfristige Marktstrategie einordnen. Dies bedeutet konkret, daß sie nicht allen extremen und kurzfristigen Ausschlägen der Märkte folgt, sondern auch unter Inkaufnahme kurzfristiger Ertragseinbußen einen für die Kunden stetigen und günstigen Kurs verfolgt. Daß hier die mittleren lokal und regional gebundenen Institute längerfristige Planung und Marktelastizität in besonderer Weise miteinander verbinden können, ist sicher ein positiver Wettbewerbsaspekt.

Unterstützung der Notenbankpolitik?

Wenn auch grundsätzlich vom Zinswettbewerb keine negativen Wirkungen auf die Wirtschafts- und die Geldpolitik ausgehen können – jedenfalls dann nicht, wenn diese unter den in Teil I dargestellten Bedingungen der »neuen« Geldpolitik geführt wird –, so taucht doch die Frage der wirkungsvollen Unterstützung der Geld- und Kreditpolitik der Deutschen Bundesbank und der Konjunkturpolitik der Bundesregierung durch die Zinspolitik der Kreditinstitute immer dann wieder auf, wenn entsprechende Maßnahmen der Bundesbank oder die konjunkturpolitischen Instrumente der Bundesregierung nicht sofort in dem jeweils gewünschten Umfang wirksam werden. Das gilt in gleicher Weise für Zeiten steigender wie für Perioden sinkender Zinsen. Ein typisches Beispiel dafür war die Situation im Frühjahr 1975, als die Deutsche Bundesbank nach mehrfacher Herabsetzung des Diskont- und Lombardsatzes von den Kreditinstituten eine stärkere und raschere Senkung der Einlagen- und Kreditzinsen erwartete.
Die These, daß die Zinspolitik der Kreditinstitute die Bundesbankpolitik und die Konjunkturpolitik der Bundesregierung unterstützen müsse, geht von der Vorstellung aus, daß die Kreditinstitute das Verbindungsstück zwischen Geldpolitik und Wirtschaft darstellen, da ihre Zinsen als Kostenfaktor ein entscheidendes Datum für alle Produktions- und Dienstleistungsdispositionen sind. Sie müßten deshalb die von der offiziellen Konjunktur- und Geldpolitik gesetzten Zinssignale weitergeben.
Damit werden aber den Kreditinstituten Aufgaben zugeordnet, die sie nur unter bestimmten Voraussetzungen erfüllen können. Sie können die amtliche Geld- und Kreditpolitik nämlich nur dann unterstützen, wenn sie sich entsprechenden Markttendenzen aus Wettbewerbsgründen anpassen müssen. Es ist also die Aufgabe der Bundesbank und der Bundesregierung, den Datenkranz für den Geld- und Kapitalmarkt so festzulegen, daß die jeweils angestrebten Markttendenzen rasch sichtbar werden und damit ihrerseits Daten für die

Zinspolitik der Kreditinstitute setzen. Dabei kann es durchaus einmal vorkommen, daß die Kreditinstitute den Markttendenzen schneller folgen als dies von seiten der Bundesbank geschieht. Eine solche Situation ergab sich beispielsweise Ende des letzten Booms und zu Beginn der Hochzinsphase Anfang 1974, als die Bundesbank ihre Zinssätze nur sehr zögernd zurücknahm. Schwierigkeiten können auch auftreten, wenn Bundesbank und Bundesregierung zeitlich nicht gleichgerichtet agieren. Das war beispielsweise der Fall, als die Bundesbank Zinssenkungstendenzen unterstützte, die Bundesregierung dagegen die Zinssätze durch die Art ihrer Beanspruchung des Kapitalmarktes hochhielt – etwa durch die Ausgabe von Bundesschatzbriefen, deren Renditen über den Marktsätzen lagen. Es muß auch dann Friktionen geben, wenn die Bundesbank ihre Instrumente nicht ganz konsistent einsetzt, etwa die Liquidität stark verknappt, den Diskontsatz aus außenwirtschaftlichen Gründen aber nicht zureichend anhebt (so geschehen 1973/74) oder aber die Bankenliquidität zwar erheblich anreichert (oder durch Auslandszuflüsse anreichern läßt), wegen einer möglichen Fehlinterpretation ihrer Politik in den Lohnverhandlungen den Diskont- und Lombardsatz jedoch nur zögernd senkt (so z. B. zu Anfang des Jahres 1975).

Zusätzliche Probleme ergeben sich aus der Tatsache, daß die Bundesbank mit ihrem geld- und kreditpolitischen Instrumentarium primär nur auf die Bankenliquidität und damit vornehmlich auf den Geldmarkt einwirken kann. Die Möglichkeiten zur Beeinflussung des Kapitalmarktzinses sind wesentlich geringer. Sie ergeben sich erst mittelbar aus Veränderungen der Bankenliquidität, denn die Kreditinstitute engagieren sich bei ausreichender Liquiditätsversorgung selbst am Kapitalmarkt. Diesem Engagement in der Wertpapieranlage sind jedoch Grenzen gesetzt, wenn die Gegenpositionen in der Bilanz aus zinsvariablen Einlagen bestehen. Das Zinsänderungsrisiko liegt dann voll bei dem anlegenden Kreditinstitut, das zudem bei steigendem Zins Kursverluste abschreiben muß. So war es verständlich, daß im Sommer 1975 die Zinssenkungstendenzen an den Kapitalmärkten zum Stillstand kamen, als zahlreiche Kreditinstitute und Kapitalsammelstellen den für sie kritischen Punkt der Fristentransformation erreicht hatten. In einer solchen Situation helfen dem Kapitalmarkt auch keine Liquiditätsspritzen (etwa in Form von Mindestreservesenkungen) mehr; nur eine wirksame Offenmarktpolitik kann dann die Märkte noch stabilisieren, was die Bundesbank im Sommer 1975 erstmalig in großem Umfang tat.

Die entscheidende Erfahrung aus allen Hochzinsphasen ist jedoch, daß die unterschiedliche Geldmarktabhängigkeit der einzelnen Institute, die sich ihrerseits aus der verschiedenartigen Einlagen- und Kreditstruktur ergibt, zwangsläufig zu unterschiedlichen Auswirkungen der geld- und kreditpolitischen Maßnahmen der Notenbank auf die Zinspolitik dieser Institute führt. Da sich beispielsweise die Verzinsung der besonders zinsreagiblen Termineinlagen schneller an die Geldmarktverhältnisse anpaßt als die Verzinsung von Spareinlagen, die sich vor allem als längerfristige Einlagen stärker am Kapitalmarkt orientieren, beeinflussen die notenbankpolitischen Maßnahmen mit den Refinanzierungskosten auch die Zinspolitik der einzelnen Kreditinstitute sehr unterschiedlich.

Geschäftspolitische Aspekte der Zinspolitik

Unterschiedliche Geschäftsstrukturen bedingen unterschiedliche Zinspolitik

In der Periode der Zinsreglementierung konnte der Staat bei der Zinsfestsetzung auf die unterschiedlichen Geschäftsstrukturen und geschäftspolitischen Zielsetzungen der einzelnen Kreditinstitute und Institutsgruppen kaum Rücksicht nehmen. Heute ist selbstverständlich die Frage, welchen Einfluß eine Zinsänderung auf die Geschäftsentwicklung hat, Ausgangspunkt jeder zinspolitischen Entscheidung. Das bedeutet, daß die Zinsen einmal als Kostenfaktor im Rahmen der Interdependenz von Einlagen- und Kreditzinsen zu berücksichtigen sind, zum anderen sind sie als Wettbewerbspreis im Verhältnis zu den Preisen der konkurrierenden Institute auf den verschiedenen Einlagen- und Kreditmärkten zu sehen. Dabei ist naturgemäß die gesamte Ertragssituation zu beachten.
Kreditinstitute, die vorwiegend auf Erträge aus dem Kreditgeschäft angewiesen sind, haben eine andere Marktstellung als Kreditinstitute, denen Erträge auch aus anderen Geschäften, wie z. B. Beteiligungen und Börsengeschäften, zur Verfügung stehen. Wegen dieses Zusammenhangs muß bei der Zinspolitik der Institute sowohl die Struktur der Aktivseite, insbesondere des Darlehensgeschäftes, als auch die Struktur der Passivseite berücksichtigt werden *: Wenn beispielsweise

* Vgl. Tabelle 4.

Tabelle 4 Bilanzstrukturen am 31. 12. 1974

Aktiva		Passiva	
Kreditbanken	*Sparkassen*	*Kreditbanken*	*Sparkassen*
Kurz- und mittelfristige Kredite an inl. Nichtbanken (+ Wechsel) 36 %	Kurz- und mittelfristige Kredite an inl. Nichtbanken (+ Wechsel) 19 %	Sicht- und Termineinlagen von inl. Nichtbanken 33 %	Sicht- und Termineinlagen von inl. Nichtbanken 21 %
langfristige Kredite an inl. Nichtbanken 16 %	langfristige Kredite an inl. Nichtbanken 42 %	Spareinlagen und -briefe von inl. Nichtbanken 17 %	Spareinlagen und -briefe von inl. Nichtbanken 66 %
Wertpapierbestände 7 %	Wertpapierbestände 14 %	Verbindlichkeiten gegen Kreditinstitute 21 %	Verbindlichkeiten gegen Kreditinstitute 5 %
Sonstige 41 %	Sonstige 25 %	Sonstige 29 %	Sonstige 8 %

ein Großteil des gesamten Kreditvolumens auf kurzfristige Kredite entfällt, die in ihrer Verzinsung geldmarktabhängig sind, so wird bei jeder Senkung des Geldmarktzinses automatisch auch der Spielraum für die Verzinsung von Spareinlagen verringert. Wenn dagegen die Geldmarktzinsen steigen, ist ein rentabilitätsmäßiger Spielraum für Zinserhöhungen im Spareinlagengeschäft vorhanden, da sich die Erträge im Kreditgeschäft ebenfalls erhöhen. Daher können Institute mit einem hohen Anteil an kurzfristigen Krediten schneller im Sinne der Geldpolitik der Bundesbank reagieren; ihre Geschäftsstruktur erfordert sogar im eigenen Interesse eine rasche zinspolitische Reaktion.

Anders liegen dagegen die Verhältnisse bei den Bankengruppen, die überwiegend langfristige Kredite gewähren und deren Anteil an kurzfristigen Krediten relativ gering ist. Hier bringt bei einer Erhöhung der Geldmarktzinsen nur ein kleiner Teil der Kredite automatisch höhere Erlöse, so daß zunächst kein rentabilitätsmäßiger Spielraum geschaffen wird, um auch die Zinsen für den großen Bestand an Spareinlagen erhöhen zu können.

Sparzinspolitik: ein kritischer Bereich

Die Zinsen für Termineinlagen und die Wertpapierzinsen passen sich der Entwicklung am Geld- und Kapitalmarkt jeweils elastisch an. Auch bei den Sichteinlagen gibt es kaum Probleme, da sie im allgemeinen nur mit einem halben Prozent verzinst werden. Versuche, sog. Haushaltskonten mit einer Verzinsung zwischen den Sichteinlagen und den Spareinlagen einzuführen, waren bisher wenig erfolgreich, weil sie sich betriebswirtschaftlich kaum in das gegebene Einlagengefüge einpassen lassen. So liegt der kritische Bereich der Zinspolitik vor allem in der Sparzinspolitik.

In den Zeiten staatlicher Zinsbindung gehörte es zum Ritual der Sitzungen des Zentralen Kreditausschusses, stundenlang darüber zu diskutieren, ob die Spareinlagen dem Kapitalmarkt oder dem Geldmarkt zuzuordnen seien und ob sich ihre Verzinsung deshalb an der Entwicklung des Wertpapierzinses oder der Geldmarktzinsen zu orientieren habe. Die Entwicklung seit der Zinsfreigabe hat nun recht pragmatisch gezeigt, daß die Wahrheit etwa in der Mitte liegt. So wird die Sparzinsentwicklung bei extremer Liquiditätsverknappung eher von den Termingeldsätzen tangiert, wie z. B. im Jahre 1973, während sie sich unter normalen Bedingungen mehr an den Kapitalmarktzinsen orientiert.

Eine Diskontsatzänderung, die die Konditionen für die Refinanzierung von Wechseln bei der Bundesbank verändert, kann schon aus der Logik wirtschaftlicher Zusammenhänge nicht als Ausgangspunkt für die Spareinlagenverzinsung benutzt werden, weil die Spareinlagen nicht als Refinanzierungsbasis im Wechselgeschäft dienen. Seit im kurzfristigen Kreditgeschäft die starre Diskontbindung immer mehr an Bedeutung verliert, werden auch von dieser Seite her die Sparzinsen nicht mehr automatisch beeinflußt. Deshalb entbehren auch alle amtlichen und publizistischen Appelle, nach Diskontsatzänderungen den Sparzins zu ändern, einer sachlichen Grundlage. So ergibt sich der Zwang für Sparzinsänderungen heute fast ausschließlich aus einer veränderten Liquiditätssituation des Bankenapparates, die das Zinsniveau insgesamt nach der einen oder der anderen Seite verändert.
Dabei stellte sich die Frage, ob der Zinssatz für Spareinlagen mit gesetzlicher Kündigungsfrist – vor allem während der staatlichen Zinsbindung »Spareckzins« genannt – auch wirklich diese markante Bezeichnung verdient. Für die Mittlerstellung zwischen Geldmarkt und Kapitalmarkt scheint sich die Spareinlage mit einer Kündigungsfrist von einem Jahr mehr anzubieten, weil sie den Charakter der mittelfristigen Kapitalbindung besser verdeutlicht als die gesetzliche Spareinlage mit ihrem relativ hohen, jederzeit verfügbaren Betrag von DM 2000,–. Die Meinung hierzu ist in den einzelnen Bankengruppen unterschiedlich. Vor allem deswegen differieren die Zinssätze für Jahresspareinlagen zwischen den einzelnen Instituten stärker. Daher haben viele Sparkassen die Jahresspareinlagen über längere Zeitspannen hinweg höher als manches konkurrierende Institut verzinst.
Andererseits kann aber auch eine kapitalmarktorientierte Verzinsung der Spareinlagen nicht bewirken, daß längerfristige Spareinlagen die gleiche Rendite wie langfristige Wertpapiere aufweisen. Vielmehr ergibt sich ein Abstand schon aus der Tatsache, daß es bei Spareinlagen keine Kursrisiken gibt und diese dem Sparer einen sehr viel größeren Bewegungsspielraum als eine Wertpapieranlage bieten. Deshalb kann ein Kreditinstitut Spargelder nicht so anlegen wie Erlöse aus Wertpapieremissionen, zumal Mindestreserven und Vorschriften des KWG die Rentabilität hier belasten.

Zinsführerschaft nicht nach Marktanteilen

Aus den Zinsbewegungen der letzten Konjunkturzyklen ist festzustellen, daß sich die Sparzinsanpassungen selbst bei extremen Zins-

ausschlägen recht gut eingespielt haben und trotz der unterschiedlichen Interessenlage der Kreditinstitute im allgemeinen ein praktikabler Ausgleich gefunden wird. Das gilt vor allem auch vor dem »psychologischen Hintergrund« eines Vergleichs von Geldentwertungsrate und Sparzins.
Dieser Interessenausgleich ist allerdings nicht selbstverständlich. Bei den Kreditinstituten, die ihr längerfristiges Kreditgeschäft überwiegend auf der Basis von Spareinlagen finanzieren, also Sparkassen, Volksbanken und Raiffeisenbanken, bedeutet eine Sparzinserhöhung, daß auch der Zinssatz für die langfristigen Kredite angehoben werden muß, um den notwendigen Ertragsausgleich zu erreichen. Das ist für neue Hypothekendarlehen unproblematisch, deren Verzinsung ohnehin an die aktuellen Marktverhältnisse angepaßt wird, nicht dagegen für den großen »Altblock« bereits gewährter langfristiger Kredite, insbesondere der Hypothekendarlehen für den Wohnungsbau und der Kommunalkredite.
Bei den privaten Kreditbanken beginnen dagegen die Zinseinnahmen wegen der geldmarktabhängigen Verzinsung der kurzfristigen Kredite bereits zu steigen, bevor der Zinssatz für Spareinlagen heraufgesetzt wird. Da nun bei den Sparkassen fast 70 Prozent aller Kredite langfristig sind, während dieser Anteil bei den privaten Banken unter einem Drittel liegt und ihre kurzfristigen Kredite rund zwei Drittel ihres gesamten Kreditvolumens betragen, ist die zinspolitische Interessenlage der verschiedenen Institutsgruppen eindeutig:
Die privaten Banken können im allgemeinen ihre Spareinlagenzinsen schnell an die steigenden Geldmarktzinsen anpassen, weil sie die dafür notwendigen Erträge fast automatisch aus den steigenden Zinsen im kurzfristigen Kreditgeschäft erhalten. Dagegen müssen sich die Kreditinstitute wie die Sparkassen mit überwiegend langfristigem Kreditgeschäft an der Entwicklung der Kapitalmärkte orientieren, weil sie sich die jeweils notwendigen Erträge für Sparzinserhöhungen zu einem wesentlichen Teil durch Zinserhöhungen für die bereits ausgeliehenen langfristigen Kredite beschaffen müssen. Das bedeutet aber – im Gegensatz zur landläufigen Meinung –, daß sich die sog. Zinsführerschaft im Spargeschäft bei Zinserhöhungen nicht nach den Marktanteilen der einzelnen Institutsgruppen, sondern nach den unterschiedlichen Strukturen ihrer Aktivgeschäfte richtet.
Ähnlich liegen die Verhältnisse im Fall sinkender Zinsen. Hier neigen die Institute mit einem hohen Spareinlagenanteil und einem hohen Anteil an langfristigem Kreditgeschäft dazu, die Sparzinsen erst dann zu senken, wenn sich eine Zinssenkungstendenz am Kapitalmarkt als

dauerhaft erweist. Dagegen sind die Institute mit einem umfangreichen kurzfristigen Kreditgeschäft an einer schnellen Senkung der Sparzinsen interessiert, um dadurch Ertragseinbußen durch die bereits vollzogenen Zinssenkungen im kurzfristigen Geschäft auszugleichen. Diese Institute werden also auch hier im allgemeinen die »Zinsführerschaft« übernehmen.

Neue Daten für die Zinspolitik

Die Zinsentwicklung wurde in den letzten Jahren durch zwei neue Komponenten beeinflußt. Einmal haben die verstärkten Konjunkturausschläge auch die Zinsausschläge wesentlich intensiviert; zum anderen sind erheblich höhere Preissteigerungsraten als in der Vergangenheit aufgetreten. Damit haben sich auch für die Zinspolitik der Kreditinstitute neue Daten ergeben, die sich auf die einzelnen Zinssätze und auf die Zinsstrukturen auswirken mußten.

Hieraus haben sich z. T. politische Auseinandersetzungen ergeben: Wenn beispielsweise in Hochzinsphasen die Sparzinsen den steigenden Renditen am Wertpapiermarkt angepaßt werden mußten, so löste dies zwangsläufig über Zinserhöhungen für Althypotheken entsprechende Mieterhöhungen im sozialen Wohnungsbau aus. In solchen Situationen ist es deshalb oft sehr schwierig, die Zinsen für den Altblock der Hypothekendarlehen zeitlich so schnell anzuheben, wie es erforderlich wäre, um die Spareinlagen kapitalmarktgerecht verzinsen zu können. Hier zeigten sich in manchen Großstädten 1973/74 deutliche Grenzen der Sparzinspolitik, die vereinzelt sogar zu der Forderung führten, Sparkassenhypotheken für die Finanzierung des sozialen Wohnungsbaus nicht mehr zuzulassen. In solchen Phasen nimmt deshalb auch die örtliche Differenzierung in der gesamten Zinspolitik zu. Weil in Hochzinsphasen durch unterschiedliche Zinsanpassungen auf der Passiv- und Aktivseite die Zinsspannen auch unterschiedlich unter Druck kommen – die Bankbilanzen 1973/74 weisen dies aus –, ist es nur verständlich, wenn im Zinsabschwung die Zinsen in einem unterschiedlichen zeitlichen Rhythmus sinken. Wenn z. B. Sparkassen unter erheblichem Verzicht auf Ertrag die Zinsmehrbelastungen nur sehr spät und nur zum Teil im Hypothekarkredit weitergegeben haben, so unterliegen sie einem geringeren Zwang zur Zinssenkung als Institute, die sofort und voll höhere Zinsen weitergewälzt hatten.

Im kurzfristigen Kreditgeschäft kommt eine bankwirtschaftliche Binsenwahrheit hinzu: Verschlechtert sich die Bonität der Kreditnehmer, muß zwangsläufig die Zinsspanne steigen.
Deshalb machen es sich Politik und der Sachverständigenrat in seinem Sommergutachten 1975 zu leicht, das Tempo der Zinssenkung in der Rezession 1974/75 als zu langsam zu generalisieren. Auch in dieser Phase hat der Wettbewerb im Kreditengagement voll funktioniert. Die Zinsspannen werden in mittelfristiger Betrachtung etwa für den Zeitraum 1972 bis 1976 den langjährigen Durchschnitt sicher nicht übersteigen.
Die Empfehlung des Sachverständigenrates, den Druck auf die Zinsen dadurch zu verstärken, daß Bund und Länder ihren Kreditbedarf direkt bei den Anlegern unter Umgehung der Kreditinstitute decken, verrät z. B. wenig Kenntnis von den Gesetzmäßigkeiten der Kapitalansammlung in einer sehr differenzierten Volkswirtschaft. Glaubt man im Ernst, einen so riesigen Kreditbedarf ohne einen effizienten Vertriebsapparat direkt beim Abnehmer decken zu können?
Vor allem gibt es im Konjunkturabschwung Grenzen für eine elastische Anpassung der Sparzinsen nach unten, wenn die Geldentwertungsraten noch relativ hoch sind. Zwar ist die sog. Realzinstheorie, nach der die Sparer stets einen positiven Realzins erhalten sollen, der Sparzins also immer die Geldentwertungsrate übersteigen muß, unrealistisch und undurchführbar, wenn die Kreditmärkte den Kreditinstituten keinen entsprechenden Rentabilitätsausgleich erlauben. Trotzdem ist eine hohe Inflationsrate für die Kreditinstitute mit hohem Spareinlagenanteil von großer geschäftspolitischer Bedeutung, da sie niemals wissen, wie die Kunden letztlich auf eine anhaltende Negativverzinsung reagieren, zumal dann, wenn andere Formen der Kapitalansammlung noch einen positiven Realzins bieten.
Die Erfahrungen der letzten Jahre deuten darauf hin, daß es im wesentlichen wohl auf den Erwartungshorizont der Sparer ankommt: Wenn die Inflationsraten steigen, gewinnt der Realzins an Bedeutung (auch mit der Auswirkung einer Flucht in die Sachwerte, die zusätzliche konjunkturelle Probleme aufwerfen kann); sinkt die Geldentwertungsrate dagegen, so orientieren sich die Sparer an allgemeinen wirtschaftlichen Erwartungen.

Weltweit hat sich bestätigt, daß sich hohe Inflationsraten und ein niedriger Kapitalmarktzins auf die Dauer ausschließen. Als im Sommer 1975 die Inflationsrate leicht nach oben tendierte, stoppte auch – die zwar konjunkturpolitisch notwendige – Zinssenkung am Kapitalmarkt. Hinzu kam, daß in vielen Ländern wegen der dort weit

höheren Inflationsraten von einem Kapitalmarkt im üblichen Sinne nicht mehr gesprochen werden kann und private Investoren wie öffentliche Körperschaften den ergiebigen und relativ zinsgünstigen deutschen Kapitalmarkt mit beachtlichen Summen nutzten.
So können hohe Inflationsraten im Ausland den Kapitalmarktzins im Inland zusätzlich nach oben ziehen. Auch hierauf muß sich die Zinspolitik der Kreditinstitute einstellen, sofern es nicht zu einem generellen Kapitalexportverbot kommt. Die Auslandseinflüsse sind zinspolitisch um so stärker, je geringer die Elastizität der Wechselkurse ist. »Normale« Kapitalmarktverhältnisse mit günstigen Zinssätzen für langfristige Investitionen setzen deshalb auch »normale« Geldwertentwicklung voraus. Bankenschelte ist dagegen kein geeignetes Rezept.

Reform des Universalbanksystems?

Universalbank — eine schwierige Definition

Universalität stark abgestuft

Beim Begriff der Universalbank geht man im Sprachgebrauch davon aus, daß die meisten Kreditinstitute als Universalbank gelten. Prüft man aber das deutsche Bankensystem unter einem sehr engen Blickwinkel, gibt es nur zwei »echte« Universalbanken, nämlich die beiden gemischten bayerischen Hypothekenbanken: die Bayerische Vereinsbank und die Bayerische Hypotheken- und Wechselbank. Diese sind im umfassenden Sinne universell, denn sie betreiben in vollem Umfang das kurz- und langfristige Passivgeschäft von den Sicht- und Termineinlagen über Spareinlagen bis hin zur Emission eigener Schuldverschreibungen. Im Aktivgeschäft finanzieren sie die Industrie genauso wie den Mittelstand, die privaten Haushalte, den Wohnungsbau und die öffentliche Hand. Außerdem sind sie im Konsortialgeschäft und bei der Emission von Aktien und Schuldverschreibungen für fremde Rechnung stark vertreten. Schließlich sind sie in einem beachtlichen Umfang an Unternehmen der gewerblichen Wirtschaft beteiligt.

Bei allen anderen Kreditinstituten ist die Universalbankfunktion in diesem Sinne nicht vollständig. Das gilt auch für die Großbanken, die als Musterbeispiel für den Typ der Universalbank gelten: Da sie kein Emissionsrecht für Pfandbriefe und Kommunalobligationen besitzen, sind ihre Geschäftsmöglichkeiten in diesem Punkt begrenzt. Sie betreiben allerdings das Hypothekar- und das langfristige Kommunalkreditgeschäft über Hypothekenbanken, an denen sie ausschließlich oder überwiegend beteiligt sind.

In der bankpolitischen Diskussion bezeichnet man ein Kreditinstitut dann als Universalbank, wenn es für die breiten Bevölkerungsschichten und für die mittelständische Wirtschaft alle kreditwirtschaftlichen Leistungen anbietet, die in jeder Epoche von dieser Kundschaft gewünscht oder benötigt werden. Daher ist die Universalität der jeweiligen Bankgeschäfte stark abgestuft. Das ist zusätzlich in den Sparkassengesetzen der einzelnen Bundesländer und auch im Genossenschaftsgesetz verankert: Noch heute ist den Sparkassen die Ausübung einer Reihe von Geschäften wie Beteiligungen, Emission von Inhaberschuldverschreibungen, Geschäfte mit spekulativem Charakter usw. verboten. Die Aktivitäten der Sparkassen sind außerdem durch die Gesetze auf ihre lokalen Geschäftsgebiete begrenzt. Für eine Kreditgenossenschaft ergibt sich materiell eine ähnliche Bindung durch die Konzentration des Geschäftes auf die Mitglieder der Genossenschaft. Dagegen haben die privaten Banken die Freiheit, die nach dem KWG zulässigen universellen Möglichkeiten bankgeschäftlicher Tätigkeit voll auszuschöpfen.

Angliederung von Spezialbanken

In ähnlicher Weise wird nach und nach auch das Hypothekengeschäft in die universelle Banktätigkeit eingegliedert, soweit es nicht von Anfang an Bestandteil des kreditwirtschaftlichen Angebots war. Im Bereich der privaten Hypothekenbanken herrschten noch vor 20 Jahren Gemeinschaftsbeteiligungen von Groß- und Regionalbanken an den vornehmlich in der zweiten Hälfte des 19. Jahrhunderts gegründeten Instituten vor. Mit der wachsenden Bedeutung des langfristigen Kredits hat sich hier ein Wandel vollzogen. Die Großbanken bauten ihre Gemeinschaftsbeteiligungen ab und integrierten die Hypothekenbanken als hundertprozentige Töchter in den Konzernverbund der jeweiligen Großbank. Mit der vollen Eingliederung dieses Geschäftszweiges in die Geschäftspolitik der eigenen Bank können nunmehr Angebote »aus einer Hand« gemacht werden. Das planmäßige Eindringen der Hypothekenbanken in den Kommunalkredit nach Ausklingen der Restriktionsphase 1973/74 wäre ohne diesen Rückhalt bei den starken Bankmüttern in der beobachteten Intensität sicher nicht möglich gewesen.
Eine ähnliche Tendenz machte sich bei den Instituten bemerkbar, die in den letzten Jahren aus dem Angebot neuer Finanzierungsinstrumente entstanden sind: Die Leasing-, Factoring- und Kapitalbeteiligungsgesellschaften werden heute von einzelnen Banken oder Bankengruppen getragen, um einen full-service auch in der Vollfinanzierung von Unternehmen bis hin zur zeitlich begrenzten Kapitalbeteiligung bei nicht emissionsfähigen Unternehmen anbieten zu können.
War es zunächst das Ziel der universell tätigen Banken, alle Geschäftssparten möglichst im eigenen Institut anzubieten, so wird heute vor allem darauf geachtet, daß das kreditwirtschaftliche Angebot im Rah-

men einer einheitlich ausgerichteten Geschäftspolitik erfolgen kann. Damit ist für die Ausgliederung von Spezialfunktionen wieder mehr Raum. Das hat vor allem die Beteiligungspolitik von Kreditinstituten an anderen Banken beeinflußt. Derartige Beteiligungen werden mehr und mehr unter dem Aspekt einer einheitlichen Marktstrategie eingegangen. Gemeinschaftsbeteiligungen treten zurück, das endgültige Ziel ist vielmehr, Institute mit einer fest umrissenen marktstrategischen Aufgabe in den Konzernverbund einzugliedern.

Eine ähnliche Fortentwicklung des Universalbankensystems zeichnet sich seit einigen Jahren auch im internationalen Finanzierungsgeschäft ab. Durch Niederlassungen im Ausland, durch Kooperation mit ausländischen Banken und durch Gründung ausländischer Tochtergesellschaften wird das Dienstleistungsangebot weltweit ausgebaut, um den Wünschen multinationaler Großunternehmen und den Bedürfnissen der mittleren deutschen Exportwirtschaft gerecht werden zu können. Je größer eine Bank ist, desto stärker wird ihr Wunsch, die Auslandsaktivitäten voll im eigenen Konzern abzuwickeln. Bei mittleren Banken herrscht dagegen aus betriebswirtschaftlichen Gründen die Tendenz vor, durch Kooperation und quotenmäßig kleinere Beteiligungen an Auslandsbanken den full-service für die eigene Kundschaft sicherzustellen.

Wegen dieser Entwicklungstendenz geht die Diskussion um die Universalbank bisweilen an den Fakten vorbei. Die Konkurrenzsituation – gerade im Großgeschäft – wird heute weniger von der Konkurrenz einzelner universell tätiger Banken bestimmt als vielmehr von den Bankkonzernen untereinander. Der Blick in die Geschäftsberichte großer und mittlerer Banken zeigt, daß das Mutterinstitut heute in der Regel von einem Kranz spezialisierter Institute umgeben ist, um den Markt jeweils voll ausschöpfen und bedienen zu können.

Die arbeitsteilig aufgebauten Kreditorganisationen der Sparkassen und Landesbanken/Girozentralen einerseits und der Kreditgenossenschaften andererseits verhalten sich ähnlich und gliedern die Spezialfunktionen je nach Zweckmäßigkeit in ihren Organisationsaufbau ein. Die deutsche Bankenlandschaft ist also durch eine »abgestufte« Universalität im Geschäftsumfang der einzelnen Kreditinstitute gekennzeichnet, die sich im wesentlichen aus den unterschiedlichen Aufgaben und damit aus der unterschiedlichen Kundenstruktur der einzelnen Kreditinstitute ergeben. Um das kreditwirtschaftliche Angebot zu vervollständigen, werden einer Bank oder einer Bankengruppe Spezialbanken angegliedert, die aber im wesentlichen das geschäftspolitische Konzept der »Mutter« verfolgen.

Kritik am Universalbanksystem überwiegend gesellschaftspolitisch motiviert

Historisch gewachsenes System hat sich bewährt

Die Kritik am umfassenden Leistungsangebot des deutschen Universalbankensystems entzündete sich durch den Vergleich mit ausländischen Banksystemen, die – wie insbesondere das englische und amerikanische – sehr viel stärker spezialisiert waren. Dies erklärt auch, weshalb zunächst die Wissenschaft zu den Hauptkritikern des Universalbankensystems gehörte: Sie betrachtete das englische System mit seiner Arbeitsteilung zwischen reinen Depositenbanken und Kreditbanken sowie einer weitgehenden Verselbständigung des Wertpapierhandels als vorbildlich. Die Verbindung aller drei Geschäftssparten in einer Bank galt als bankpolitisch bedenklich. Dennoch hatte diese Kritik, die über 100 Jahre alt ist, kaum praktische politische Bedeutung.

Inzwischen gehört zumindest die deutsche Wissenschaft eher zu den Verteidigern des Universalbankensystems. Heute sind es vor allem gesellschaftspolitische Überlegungen, die zu einer Kritik an den Universalbanken führen. Dabei spielt immer noch die Zusammenfassung von Einlagen-, Kredit- und Wertpapiergeschäft eine entscheidende Rolle: Man sieht hierin und in den Beteiligungen der Banken eine nicht tolerierbare Machtzusammenballung und Interessenkollision. Die Kritiker glauben, daß der Einfluß der Banken wegen ihrer kapitalmäßigen und personellen Verflechtungen mit den Wirtschaftsunternehmen und wegen der Ausnutzung der sich aus dem Depotstimmrecht ergebenden Möglichkeiten auf die Wirtschaft größer ist als gesellschaftspolitisch vertretbar erscheint.

Die Folge solcher Überlegungen wäre, das deutsche Bankensystem stärker zu spezialisieren und Teilbereiche aus den Universalbanken auszugliedern. Auch in Deutschland ist aber das Bankensystem nicht nach vorgedachten Theorien, sondern als Antwort der Bankpraxis auf die Bedürfnisse der Bankenkundschaft entstanden. Es ist – wie übrigens auch das englische Bankensystem – ein gewachsenes System, das sich seit Beginn der Industrialisierung bewährt und seine Elastizität und Krisenfestigkeit unter wechselnden politischen und wirtschaftlichen Bedingungen bewiesen hat. Gerade seit dem Ende des Zweiten Weltkrieges wäre der rasche wirtschaftliche Wiederaufschwung in der Bundesrepublik ohne einen elastischen und leistungsfähigen Bankenapparat nicht möglich gewesen. Daß das Universalbankensystem deutliche Vorteile besitzt, ergibt sich nicht zuletzt aus der Tatsache, daß sich gerade in Ländern mit spezialisierten Bankinstituten eine Tendenz zu universeller Banktätigkeit abzeichnet. Vor allem kann in einem universell tätigen Kreditinstitut die kreditwirtschaftliche Betreuung eines Kunden umfassender und damit auch objektiver sein. Für das Kreditinstitut ergibt sich der betriebswirtschaftliche Vorteil der intensiven Erfassung aller kreditwirtschaftlichen Wünsche eines Kunden und damit ein gesichertes und diversifiziertes Wachstum.

Im übrigen ist unbestritten, daß die große Diversifikation, wie sie im deutschen Bankensystem üblich ist, die Banken insgesamt weniger krisenanfällig macht. Die Sparkassen zum Beispiel konnten den fast vollständigen Verlust der Spareinlagen durch die Währungsreform 1948 nur überwinden, weil sie über den Giroverkehr eine weitere Geschäftsgrundlage hatten und darüber den Sparverkehr wieder organisch aufbauen konnten. Je weiter die Diversifizierung der Bankgeschäfte fortgeschritten ist, desto leichter fällt es im allgemeinen einer Bank, mit konjunkturpolitischen Belastungen fertig zu werden. Außerdem erlaubt die hier mögliche »Mischkalkulation« günstigere Konditionen für die Kunden als bei reinen Spezialbanken. Schließlich haben zahlreiche Marktuntersuchungen den Beweis erbracht, daß die These »alles unter einem Dach« auch den Wünschen und Bedürfnissen der Wirtschaft und der privaten Haushalte entspricht. Wenn also reformiert werden soll, müßten andere Mängel des Universalbanksystems schon sehr gravierend sein, um schwerwiegende Eingriffe zu rechtfertigen.

Bankfremde Beteiligungen kein unkontrolliertes Machtinstrument

Zu den gravierendsten Mängeln des Universalbankensystems gehört nach Ansicht der gesellschaftspolitisch argumentierenden Kritiker die Beteiligung der Banken an bankfremden Unternehmen. Die Kritik sieht hierin einen nicht berechtigten Einfluß der Banken auf die Wirtschaft. Das Schlagwort von der »Macht der Banken« findet hier einen seiner wesentlichen Ansatzpunkte.

Nach dem Bericht der Bundesregierung von 1964 über das Ergebnis einer Untersuchung der Konzentration in der Wirtschaft hatten zum Jahresende 1960 91 Kreditinstitute (von damals fast 13 000) Beteiligungen an bankfremden Wirtschaftsunternehmen. Davon entfielen auf die 5 größten Kreditbanken rund 75 Prozent. Ähnliches gilt auch für den Umfang der Beteiligungen: Geht man von den echten Beteili-

gungen mit einem Anteil am Grund- oder Gesellschaftskapital von mehr als 25 Prozent aus, so betrug das Gesamtvolumen 1960 lediglich 700 Millionen DM; davon waren wiederum 60 Prozent den drei Großbanken zuzurechnen.
Wenn diese Zahlen auch nicht mehr den neuesten Beteiligungsstand wiedergeben – hierüber liegen offizielle Angaben nicht vor –, so machen sie aber deutlich, daß die Beteiligungspolitik kein generelles Problem des deutschen Kreditgewerbes ist, sondern daß es sich hier vornehmlich um eine geschäftspolitische Frage einiger weniger großer Banken handelt.

Unternehmensfinanzierung wichtigste Aufgabe

Der wichtigste Grund für die Bankbeteiligungen an Wirtschaftsunternehmen war zunächst die Hilfestellung der Banken bei der Gründung von Unternehmen und bei der laufenden Kapitalbeschaffung; beides waren von Anfang an Hauptaufgaben der sogenannten Depositen- und Spekulationsbanken des 19. Jahrhunderts. Diese schossen den Unternehmen das jeweils benötigte Kapital vor und placierten dann die Anteile auf dem Kapitalmarkt. Auch heute noch wird dieses Verfahren bei Kapitalerhöhungen angewandt.
Würde dies untersagt werden, so müßte das Emissionsgeschäft, die Ausgabe von Wertpapieren der Wirtschaft, aus den Banken ausgegliedert und den sogenannten Emissionshäusern als Spezialbanken übertragen werden. Damit würde zweifellos eine unmittelbare Beteiligung von Kreditinstituten an Wirtschaftsunternehmen vermieden, da die Emissionshäuser selbst nicht in der Lage sind, größere Wertpapierbestände als Dauerbesitz zu übernehmen. Aber damit würde alles nur komplizierter: Die Emissionshäuser würden wohl kaum ohne Hilfestellung von Banken gegründet werden können, mit hoher Wahrscheinlichkeit würden sie in einen Bankkonzern mit geschäftspolitischer Anbindung eingegliedert werden. Zum anderen ist die Placierung der Wertpapiere nur dann gesichert, wenn die Kreditinstitute beispielsweise die jungen Aktien zunächst fest übernehmen, um sie dann ihren Kunden zum Kauf anzubieten.
Nun stößt allerdings die bisherige Art der Hilfestellung der Banken bei der Emission und Placierung von Aktien und anderen Wertpapieren kaum auf Kritik: Als Gefahr wird in der Kritik nicht so sehr die Bildung von Emissionskonsortien und der anschließende Verkauf der Aktien durch die Banken als vielmehr die Tatsache empfunden, daß ein erheblicher Teil der Aktien in den Portefeuilles der Banken selbst

verbleibt. Neben den sich hieraus ergebenden direkten Einflußmöglichkeiten auf die Gesellschaften werden vor allem die Interessenkonflikte für bedenklich gehalten, die sich aus dem Aktienbesitz für die Anlageberatung ergeben können. Die Kritiker befürchten, daß eine objektive Beratung unmöglich wird, wenn Eigeninteressen der Banken berührt werden, insbesondere beim Aufbau von Aktienpaketen für eigene oder fremde Rechnung.
Da es jedoch selbst bei engagierten Kritikern des Universalbankensystems unbestritten ist, daß Kreditinstitute für ihre Kunden Aktien kaufen und verkaufen dürfen, derartige Geschäfte im Interesse einer breiteren Vermögensstreuung sogar abwickeln müssen, zielt die Aufmerksamkeit hier weniger auf den Aktienbesitz selbst als auf den möglichen Interessenkonflikt zwischen Eigeninteresse und Kundeninteresse. Hier wurden aber bereits durch die Börsenreform von 1968 zusätzliche Sicherungen eingebaut: Die Kreditinstitute haben sich damals verpflichtet, sämtliche Kauf- und Verkaufsaufträge über die Börse zu leiten. Dies ist heute Bestandteil ihrer allgemeinen Geschäftsbedingungen. Und außerdem wird keine Bank ihren Ruf durch bewußt schlechte Beratungsleistung aufs Spiel setzen.

Pufferfunktion zur Unternehmenssicherung gewinnt an Bedeutung

Beteiligungen entstehen jedoch nicht nur aus der Emission und dem Handel mit Aktien und anderen Gesellschaftsanteilen, sie sind oft auch das Ergebnis von Stützungsmaßnahmen in Krisenzeiten. So geht bekanntlich ein beachtlicher Teil der Bankbeteiligungen auf die Krisenjahre 1929 bis 1932 zurück. Auch in der jüngsten Rezession sind wieder einige Unternehmen nur durch die Übernahme von Gesellschaftsanteilen durch Kreditinstitute zu retten gewesen. In einer solchen Zeit ist auch die Politik geneigt, den Kreditinstituten Pufferfunktionen zuzugestehen, und man ist froh, wenn Banken gefährliche Entwicklungen in einzelnen Unternehmen aus eigener Kraft meistern und damit Arbeitsplätze sichern.
Schließlich kann die Übernahme von Aktienpaketen durch Banken auch zum Schutz vor Überfremdung oder zur Sicherung bestimmter Produktionen im nationalen Interesse liegen und den vollen Beifall der Öffentlichkeit finden, wie Beispiele aus dem Jahre 1975 deutlich demonstrieren.
Ein solcher Beteiligungserwerb aus strukturpolitischen Gründen oder auch zur Rettung von verschuldeten Unternehmen wäre jedoch sehr viel schwieriger, wenn das Kredit- und Einlagengeschäft vom Emis-

sions- und Effektengeschäft getrennt würden. Derartige Aufgaben kann eine universell tätige Bank elastisch und relativ geräuschlos erfüllen.
Unter wirtschafts- und ordnungspolitischen Gesichtspunkten müssen auch die Beteiligungen von Banken an Wirtschaftsunternehmen gesehen werden, die die Selbständigkeit eines Unternehmens erhalten sollen. Hierzu gehören insbesondere die Fälle, in denen Familienunternehmen nicht mehr kapitalkräftig genug sind, um die jeweils erforderlichen Investitionen zu finanzieren. Hier bleibt oft nur die Umwandlung in Kapitalgesellschaften, an denen sich dann auch die Banken – gerade im Interesse der bisherigen Eigentümer und als Schutz vor Einflußnahme eines konkurrierenden Großunternehmens – beteiligen können. Ähnlich liegt der Fall, wenn ein Kreditinstitut bei Kapitalerhöhungen junge Aktien übernimmt, um die bisherigen Mehrheitsverhältnisse zu sichern und eine Majorisierung des betreffenden Unternehmens durch Dritte zu verhindern.
Noch wichtiger kann die Übernahme von Beteiligungen an mittelständischen Unternehmen sein. Hierbei ist nicht nur an die von den verschiedenen Instituten gegründeten Kapitalbeteiligungsgesellschaften zu denken, die mit staatlicher Förderung Beteiligungen an guten, rentierlichen, aber eigenkapitalschwachen mittleren Unternehmen eingehen. In Einzelfällen können auch die Kreditinstitute selbst derartige Beteiligungen übernehmen, um ihnen in kritischen Phasen zu helfen.
Aus all diesen Gründen erscheint es wirtschaftlich wenig sinnvoll, Beteiligungen der Banken an Wirtschaftsunternehmen grundsätzlich zu verbieten oder die Banken zu zwingen, den Beteiligungsbesitz an besondere Gesellschaften zu übertragen. Außerdem würden damit die mit den Beteiligungen verbundenen »Macht«-Probleme nicht gelöst; die »Macht« würde allenfalls in andere Hände verlagert, die möglicherweise weniger der öffentlichen Wachsamkeit unterliegen.

Markt bestes Regulativ gegen Machtmißbrauch; generelles Verbot keine sinnvolle Lösung

Die Beteiligungen von Banken an Wirtschaftsunternehmen können aber auch daraus resultieren, daß die Beteiligungen neue Märkte für die Banken gewinnen und bankgeschäftlichen Einfluß bringen sollen, weil Wirtschaftsunternehmen immer Bankgeschäfte »mitbringen«. Gerade diese Beteiligungen rufen in der Regel politischen Protest hervor, wenn sie von der wirtschaftlichen Situation der betroffenen Unternehmen her gesehen nicht erforderlich oder gerechtfertigt erscheinen.

Die Rezession 1974/75 dürfte aber gezeigt haben, daß diese Art, sich bankgeschäftliche Märkte zu sichern, ein in der Regel teurer und nicht risikofreier Weg ist. Je sicherer eine Beteiligung ist, desto »schwerer« ist sie auch, d. h. desto weniger laufende Rendite auf den hohen Kapitaleinsatz bringt sie. Je billiger sie aber ist, desto stärker wird in der Regel das konjunkturelle oder strukturelle Risiko. Gerade die Jahre 1973 bis 1975 dürften viele ernüchtert haben, die glaubten, auf diesem Weg rasches Wachstum und schnellen Erfolg zu ernten. Deshalb wird schon der Markt dafür sorgen, daß auch Bankbeteiligungen sich vernünftig in das marktwirtschaftliche System eingliedern. Den Rest an möglichem Mißbrauch müssen Publizitätsvorschriften und Fusionskontrolle beseitigen. Das Verbot von Bankbeteiligungen an Wirtschaftsunternehmen würde den Teufel mit dem Beelzebub austreiben und wäre deshalb kein geeignetes Werkzeug, einen adäquaten Erfolg herbeizuführen.
Generell ist der Wettbewerb das beste Regulativ. Er kann auch dazu führen, Beteiligungen wieder abzubauen, wenn sie ihren Sanierungszweck erfüllt haben. Die vor Jahren diskutierten Pläne, Bankbeteiligungen in dafür zu gründende Fonds einzubringen, sind bisher wegen des geltenden Gesetzes über Kapitalanlagegesellschaften nicht weiter verfolgt worden. Das Gesetz schreibt vor, daß eine Investmentgesellschaft nur bis zu 5 Prozent Anteile an einer Gesellschaft besitzen darf. Die starken Konjunkturschwankungen des letzten Jahrzehnts haben aber die Notwendigkeit stärkerer Risikostreuung in Investmentfonds sichtbar gemacht. Mit einer wesentlichen Lockerung dieser Vorschriften das Problem der Bankenbeteiligungen zu lösen, würde deshalb nicht möglich sein.

Vollmachtsstimmrecht: unerläßlich, aber verbesserungsfähig

Regierungsenquete zeigt begrenzte Bedeutung

Bei Aktiengesellschaften kann die »Macht der Banken« dadurch vergrößert werden, daß sie nicht nur über den Eigenbesitz an Aktien Stimmrechte in den Hauptversammlungen ausüben, sondern darüber hinaus in der Lage sind, mit Hilfe des Vollmachtsstimmrechts weitere Stimmenanteile auf sich zu vereinigen. Den Banken wird hier vorgeworfen, daß sich aus dieser Kombination von kapitalmäßiger Verflechtung und Depotstimmrecht zusätzliche Aufsichtsratsmandate ergeben können, die zu einer noch engeren personellen Verflechtung der Banken mit der Wirtschaft führen und so den Einfluß der Banken verstärken.

Erstes amtliches Material zu diesem Problemkreis hat die Untersuchung der Bundesregierung von 1964 geliefert. Wenn sich auch die Verhältnisse seitdem in einigen Punkten etwas geändert haben, so dürften doch die grundsätzlichen Aussagen dieser Enquete zu diesen Fragen auch heute noch zutreffen. Allerdings kommt inzwischen den Instituten der Sparkassenorganisation und des Genossenschaftssektors eine stärkere Bedeutung zu, weil sich die bei ihnen gehaltenen Kundendepots erheblich vermehrt haben.

Aus der genannten Untersuchung sind folgende Ergebnisse besonders bemerkenswert: Bei den damals untersuchten 425 Aktiengesellschaften wurden auf den Hauptversammlungen in 90 Fällen mehr als 50 Prozent des anwesenden Kapitals von einer Bank vertreten. Davon befanden sich allerdings wieder rund 50 Prozent im Mehrheitsbesitz von Banken oder Nichtbanken, so daß mit der Ausübung des Vollmachtsstimmrechts in diesen Fällen kein zusätzlicher Einfluß verbunden war. Bei den restlichen 46 Aktiengesellschaften ohne Mehrheitsaktionär hat in 23 Fällen jeweils eine Bank nur durch die Depotstimmen über 50 Prozent des anwesenden Kapitals auf sich vereinigt. In 18 Fällen war dies durch die Kombination von Eigenbesitz und Depotstimmen möglich. In restlichen Fällen reichte der Eigenbesitz aus, um eine Stimmenmehrheit zu erzielen.

Die Zahlen der Vergangenheit zeigen aber bereits, daß dem Depotstimmrecht nur in relativ wenigen Fällen eine entscheidende Bedeutung für die Mehrheitserzielung in den Hauptversammlungen zukommt. Leider gibt der damalige Bericht der Bundesregierung keine Auskunft darüber, in wievielen Fällen ein Kreditinstitut jeweils mehr als 25 Prozent des anwesenden Kapitals vertreten hat.

Von den damals untersuchten 425 börsennotierten Aktiengesellschaften waren fast 400 Wirtschaftsunternehmen, in 80 Prozent dieser Gesellschaften waren Banken im Aufsichtsrat vertreten. In 150 Fällen stellten sie den Aufsichtsratsvorsitzenden, obwohl sie bei 67 dieser Unternehmen weniger als 25 Prozent der Stimmen in den Hauptversammlungen vertreten hatten. Wenn diese Zahlen auch keinen überragenden Einfluß des Vollmachtsstimmrechtes auf die Beschlüsse der Hauptversammlungen ausweisen, so ist doch nicht zu bezweifeln, daß es Einfluß auf die Verteilung der Aufsichtsratsmandate haben kann. Andererseits bedarf dies in vielen Fällen nicht einmal des Depotstimmrechts: Zahlreiche Bankenvertreter werden hauptsächlich wegen ihrer wirtschaftlichen Kenntnisse und als »Finanzexperten« in den Aufsichtsrat gewählt.

Bisher keine überzeugenden Alternativen

Deshalb liegt die eigentliche Problematik des Vollmachtsstimmrechts vor allem darin, daß eine unmittelbare Einflußnahme der Anteilseigner auf die Beschlüsse der Hauptversammlung erschwert werden kann.
Als Anfang der sechziger Jahre durch die Privatisierungsaktionen die Zahl der Aktiendepots sprunghaft wuchs, wurde mit Nachdruck gefordert, die Aktionäre müßten auf einfache Weise ihre Stimmrechte aus dem Aktienbesitz wahrnehmen können.
Hier hat sich auch nach dem neuen Aktiengesetz schon einiges geändert: Die Ausgestaltung des Vollmachtsstimmrechts sieht heute vor, daß sich die Kreditinstitute – neben einer allgemeinen Ermächtigung zur Stimmrechtsausübung, die längstens für die Dauer von 15 Monaten ausgesprochen werden kann – vor jeder Hauptversammlung an ihre Depotkunden mit der Bitte wenden müssen, Vorschläge zu machen und Einzelanweisungen für die Stimmrechtsausübung zu geben.
Allerdings war der Erfolg dieser Bestimmungen nur gering, denn der Aufforderung um Einzelanweisung für die Stimmabgabe wird nur in wenigen Fällen entsprochen. In der Praxis kommt deshalb den Vorschlägen der Kreditinstitute zur Stimmrechtsausübung, die jedem Kunden zugeleitet werden, die ausschlaggebende Bedeutung zu. Wird nämlich beim Vorliegen einer generellen Vollmacht keine Einzelanweisung erteilt, dann votiert das Kreditinstitut entsprechend seinen eigenen Vorschlägen.
Auch dies ist wiederum Gegenstand der Kritik. Es wird geltend gemacht, daß die Banken bei ihren Vorschlägen die Interessen der Kleinaktionäre zu wenig berücksichtigen, vor allem in den Gesellschaften, in denen Großaktionäre einen starken Einfluß haben. Deren Interessen decken sich bisweilen nicht mit denen der kleinen Aktionäre. In politischen Gremien, aber auch bei den Kreditinstituten selbst, ist deshalb schon oft diskutiert worden, ob nicht das Vollmachtsstimmrecht verbessert oder durch andere Formen der Stimmrechtsausübung abgelöst werden könnte. Überzeugende Alternativen wurden bisher nicht gefunden, wenn eine hohe Präsenz in den Hauptversammlungen erhalten bleiben soll.
Es ist Erfahrungstatsache, daß der Einfluß des Managements um so größer wird, je stärker das Aktienkapital gestreut ist und je weniger

Aktionäre in den Hauptversammlungen vertreten sind. Wenn nicht Zufallsentscheidungen bei schwacher Präsenz eintreten sollen, ist ein Vollmachtsstimmrecht unerläßlich. Nach Lage der Dinge kann es nur von den Kreditinstituten ausgeübt werden, da dies nur bei ihnen ohne einen großen zusätzlichen Kostenaufwand organisiert werden kann.

Publizität kontrolliert Machtausübung

In den Diskussionen über die Reform des Depotstimmrechts wird vielfach auf amerikanische Beispiele verwiesen. Dort können Vollmachtsstimmrechte von den Vorständen selbst oder von einzelnen Aktionären gesammelt werden. Hierdurch würde jedoch das Unbehagen gegen das Vollmachtsstimmrecht eher noch verschärft, ganz abgesehen davon, daß auch dieses Verfahren keine zureichende Präsenz in den Hauptversammlungen sichert. Die Präsenz bei amerikanischen Hauptversammlungen ist im allgemeinen weitaus schlechter als in Deutschland.

Letztlich führen alle Überlegungen über eine bessere Vertretung der Aktionäre in den Hauptversammlungen auf die Frage zurück, wer die möglichen Einflüsse auf die Unternehmen ausüben soll: das Kreditgewerbe oder andere Institutionen. Mißbrauch kann hier wiederum am besten durch Konkurrenz unter den Banken selbst verhindert werden, die auch in diesem Bereich stärker wird. Es ist ja nicht nur *eine* Bank, die in der Hauptversammlung Depotstimmen vertritt und sie ihren Interessen gemäß einsetzen könnte, sondern in der Regel viele Banken mit durchaus unterschiedlichen Interessen, die kein Kollektivmonopol darstellen. Je breiter die Depots über die Kreditinstitute gestreut sind, desto vielfältiger die Meinungsbildung. Dies zeigte sich z. B. bei den Abstimmungen über die Stimmrechtsbeschränkungen bei verschiedenen Aktiengesellschaften in der Hauptversammlungsrunde 1975. Außerdem bemühen sich neben den Kreditinstituten auch Wertpapierschutzvereinigungen und Aktionärsvereine um die Stimmrechtsausübung, so daß Transparenz und Publizität in jedem Fall gesichert sind.

Das Vollmachtsstimmrecht ist jedoch letztlich ein Problem des Aktienrechtes und des Rechts der Unternehmensverfassung. Solange von hier aus keine besseren Alternativen in Sicht sind, bleibt die Vertretung der Aktionärsinteressen durch die Kreditinstitute die einzige praktikable und von den Kosten her vertretbare Lösung. Volle Aktionärsdemokratie würde hohe Kosten verursachen und gerade dem kleinen Aktionär von dieser volkswirtschaftlich wichtigen Kapitalanlageform abhalten. Nur größere Transparenz und Wettbewerb im Bankenapparat selbst können dazu beitragen, einer einseitigen mißbräuchlichen Ausübung des Depotstimmrechts durch einzelne Kreditinstitute entgegenzuwirken. Auch könnte größere Transparenz über den Prozeß der Meinungsbildung das Unbehagen über das Vollmachtsstimmrecht abbauen. So wäre es z. B. denkbar, eine repräsentative, aber nicht zu große Vertretung der Depotkunden an der Meinungsbildung über die Vorschläge zur Stimmrechtsausübung teilnehmen zu lassen.

Stimmrechtsbeiräte könnten Transparenz erhöhen

In der Sparkassenorganisation ist im Zusammenhang mit den Plänen der Bundesregierung zur Beteiligung der Arbeitnehmer am Produktivkapital der Wirtschaft diskutiert worden, wie man die Kritik an der Stimmrechtsausübung von Investmentfonds in praktikable Lösungen überführen kann. Dabei sollte aber ein sehr kostenaufwendiges Wahlverfahren für Vertreter der Arbeitnehmer in den Gremien der besonderen Investmentfonds im Rahmen der staatlichen Vermögensbildungspläne vermieden werden. Bereits entwickelte »Schubladenmodelle« von regionalen und zentralen Stimmrechtsbeiräten wurden zunächst nicht weiter verfolgt, seit die Bundesregierung die Beratungen über das Vermögensbildungsmodell in der bis 1976 laufenden Legislaturperiode aussetzte.
Stimmrechtsbeiräte könnten auch für eine größere Transparenz der Vorgänge um das Depotstimmrecht benutzt werden, wenn man ein einfaches und unbürokratisches Wahlverfahren über das Los akzeptiert. Auch würde es sich bei solchen Beiräten nicht um Mitbestimmung im üblichen Sinne handeln, weil volle »Aktionärsdemokratie« schon wegen der kurzen Vorbereitungsfristen des Aktiengesetzes für die Hauptversammlungen unmöglich ist. Der Stimmrechtsbeirat hätte lediglich die Aufgabe zu überwachen, daß die Bank ihre Vorschläge unter sachlichen Gesichtspunkten entwickelt.

Privatwirtschaftliches oder verstaatlichtes Bankensystem?

Systemveränderer fordern Bankenverstaatlichung

Extreme Kritiker der gegenwärtigen Bankenstruktur glauben, alle vermeintlich oder tatsächlich anstehenden bankwirtschaftlichen Probleme durch die Verstaatlichung oder Vergesellschaftung der Banken lösen zu können. Derartige Tendenzen sind nicht neu, sie sind jedoch seit 1972 wieder stärker geworden, nicht zuletzt weil wirtschaftspolitische Schwierigkeiten auch Fragen unserer Wirtschaftsordnung in den Vordergrund gerückt haben. Hinzu kommen verschärfte ideologische Auseinandersetzungen: Investitionslenkung und Preisstopp sind Schlagworte der wirtschaftspolitischen Debatte geworden.
Ausgangspunkt der Diskussionen ist wiederum die »gesellschaftlich unkontrollierte Machtzusammenballung« bei den Banken, die »mit demokratischen Grundsätzen und sozialen Zielen« unvereinbar sei. Dabei geht es jedoch nicht nur um die personelle und kapitalmäßige Verflechtung der Banken mit der Wirtschaft. Wichtiger ist der Vorwurf, daß die Banken durch ihre an privatwirtschaftlichen Interessen orientierte Kreditgewährung eine Investitionslenkung betreiben und so die künftige Produktionsstruktur bestimmen werden. Schon hieraus ergebe sich »systemimmanent« ein unauflösbarer Widerspruch zu einer an gesellschaftspolitischen Prioritäten ausgerichteten staatlichen Wirtschaftspolitik, der noch dadurch verschärft würde, daß die Banken – ebenfalls systemimmanent – auch eine wirkungsvolle Stabilitätspolitik verhinderten, indem sie mit ihren Geldschöpfungsmöglichkeiten die Restriktionspolitik der Bundesbank konterkarierten. Diese beiden gravierenden Vorwürfe sind zu untersuchen, bevor geprüft werden kann, wie denn eine Verstaatlichung oder Vergesellschaftung der Kreditinstitute aussehen könnte und ob entsprechende Maßnahmen die tatsächlichen oder vermeintlichen Schwächen des gegenwärtigen Bankensystems beheben würden.

Kreditfinanzierung und Investitionsentscheidungen

Die These, daß die Banken durch Umfang und Richtung ihrer Kreditgewährung die Investitionstätigkeit und Produktionsstruktur der Wirtschaft »lenken«, hat auf den ersten Blick eine gewisse Plausibilität für sich. Denn vor allem größere Investitionsvorhaben lassen sich nicht ohne die finanzielle Hilfestellung eines Kreditinstituts realisieren. Investitionsentscheidungen größeren Umfangs sind in der Regel von einer Kreditzusage abhängig.

Trotzdem wäre es verfehlt, den Kreditinstituten hieraus eine Lenkungsfunktion zuzuschreiben, einfach deshalb, weil die Investitionsentscheidungen eben nicht in den Kreditinstituten fallen. Investitionen werden in den Unternehmen selbst geplant, wobei neben den Gewinnerwartungen auch konjunkturelle und wirtschaftspolitische Daten eine Rolle spielen und berücksichtigt werden. Sie entscheiden letztlich mit darüber, in welchem Umfang Kredite in Anspruch genommen werden müssen.

Alle diese Faktoren sind nun auch für die Kreditgewährung von Bedeutung: Neben der nachhaltigen Ertragskraft des Unternehmens berücksichtigen die Kreditinstitute ebenfalls die Konjunkturaussichten und die wirtschaftliche Situation in der jeweiligen Branche. Außerdem werden selbstverständlich noch die Bonität des Unternehmens und seine Möglichkeiten, Sicherheiten zu stellen, bei den Kreditverhandlungen beachtet. Ob die Investitionen wirtschaftspolitisch erwünscht sind oder nicht, spielt dagegen keine Rolle, sofern sich hieraus keine zusätzlichen Risiken für den Kredit ergeben.

Kreditwünsche werden im allgemeinen nur dann abgelehnt, wenn nach Meinung des Kreditinstituts Ertragslage und Ertragsaussichten des Unternehmens schlecht sind oder keine zureichenden Sicherheiten geboten werden können. Eine solche Ablehnung bedeutet jedoch noch nicht, daß Investitionsvorhaben zurückgestellt werden müssen: Bei der scharfen Konkurrenz im deutschen Kreditgewerbe ist es durchaus möglich, daß ein anderes Kreditinstitut den jeweils gewünschten Kredit gewährt.

Eine unmittelbare Abhängigkeit der Unternehmen von den Banken ist also höchstens in Ausnahmefällen gegeben. Je besser die Bonität und die Ertragskraft eines Unternehmens sind, um so unabhängiger wird es auch von den Kreditentscheidungen einzelner Banken. Schwachen Unternehmen hilft dagegen unter Umständen nicht einmal die Konkurrenz im Kreditgewerbe. Schließlich muß jede Bankleitung an

die Existenz des eigenen Unternehmens und an die Sicherheit der ihr anvertrauten Einlagen denken.
Die Situation auf den Kreditmärkten wird allerdings auch durch die Liquiditätslage der Kreditinstitute bestimmt. In Zeiten, in denen die Banken über hohe Liquiditätsreserven verfügen, sind eher die Kreditinstitute auf die Unternehmen angewiesen. Je größer nämlich die Bankenliquidität ist, um so eher kann der Kunde wegen des starken Konkurrenzkampfes zwischen den Kreditinstituten auf die Konditionen drücken. Hier haben also die Kreditnachfrager die stärkere Marktstellung. Wenn dagegen in konjunkturellen Anspannungsphasen die Bankenliquidität verknappt wird, werden an die Bonität und an die Ertragskraft der Unternehmen besonders hohe Anforderungen gestellt. Dann haben die Kreditinstitute eine stärkere Marktstellung, zumal in solchen Phasen eine zurückhaltende Kreditgewährung konjunkturpolitisch erwünscht ist. In der Regel ist dann die Nachfrage nach Bankkrediten auch erheblich größer als der aus der Geldvermögensbildung resultierende Mittelzufluß bei den Kreditinstituten.
Alle diese Überlegungen beziehen sich naturgemäß nur auf den Sektor der privaten Kreditnachfrage: Hier entscheiden allein Bonität und Rentabilität über die Kreditgewährung. Die vielzitierten »gesellschaftlich relevanten« Investitionen sind jedoch selten dem privaten Sektor zuzuordnen. Schulen, Straßen, Krankenhäuser und andere soziale Einrichtungen werden im allgemeinen von der öffentlichen Hand gebaut. Die hierfür erforderlichen Finanzierungsmittel kommen meist aus Steuereinnahmen.
Soweit Kreditmittel erforderlich sind, können sie zum Teil direkt durch Inanspruchnahme des Kapitalmarktes beschafft werden. Darüber hinaus geben jedoch auch die Kreditinstitute in großem Umfang Kredite für derartige Vorhaben. Bei der Bonität öffentlicher Schuldner liegen die Kreditzinsen stets an der unteren Marktgrenze. Im übrigen sorgen auch hier Bankenstruktur und scharfer Wettbewerb für eine optimale Versorgung der öffentlichen Investoren mit Finanzierungsmitteln.
Wenn über unzureichende öffentliche Infrastrukturinvestitionen geklagt wird, so liegt dies gewiß nicht an den Kreditinstituten, sondern an der Prioritätsskala in den öffentlichen Haushalten, die sich gerade in den Jahren 1972 bis 1975 trotz gegenteiliger Absichtserklärungen stark zur konsumtiven Seite hin verschoben hat. Mit der Macht und dem Fehlverhalten von Kreditinstituten hat dies alles nichts zu tun. Es kommt hier immer darauf an, ob bei einer Kreditfinanzierung geeignete Mittel für Zinsen und Tilgung in den öffentlichen Haus-

halten vorhanden sind. Eine Entscheidung der Kreditinstitute über Bonität und Rentabilität fällt nicht in diesen Bereich. Zudem bieten sich gerade im marktwirtschaftlichen System für eine an gesellschaftspolitischen Prioritäten ausgerichtete Wirtschafts- und Sozialpolitik zahlreiche Möglichkeiten, die jeweils erwünschten Investitionen durch Zuschüsse, Zinssubventionen oder Steuererleichterungen zu fördern.

Konterkarierung der Notenbankpolitik?

Wie die Ausführungen im Teil I gezeigt haben, konnte die Notenbankpolitik ohne eine wirkungsvolle außenwirtschaftliche Absicherung nur wenig effizient sein. Erst mit dem Übergang zur mengenorientierten und außenwirtschaftlich abgesicherten Geldpolitik hat sich die Situation radikal verändert: Jetzt kann einer übermäßigen Geldschöpfung der Banken jederzeit durch eine entsprechende Einengung der Bankenliquidität begegnet werden.
Die Bundesbank hat sich in diesem Zusammenhang zeitweilig auch darüber beklagt, daß die Banken die Kreditexpansion wegen ihrer Rentabilität herbeigeführt und die Kreditgewährung nicht rechtzeitig der konjunkturpolitischen Lage angepaßt hätten. Dazu ist zu sagen, daß die Kreditgewährung des Bankenapparats z. B. im Jahre 1973 noch unter dem Einfluß von Kreditzusagen stand, die unter anderen kredit- und wirtschaftspolitischen Voraussetzungen gegeben worden waren. Ihre Kündigung hätte nicht nur zu vertragsrechtlichen Schwierigkeiten, sondern in zahlreichen Fällen auch zu Zahlungsschwierigkeiten der betroffenen Unternehmen geführt.
So wird sich erst nach der nächsten Aufschwungphase feststellen lassen, ob die Banken eine Restriktionspolitik der Bundesbank auch heute noch »konterkarieren« können. Es dürfte sich vermutlich erweisen, daß eine fast lückenlose Herrschaft der Notenbank über die Geldversorgung der Banken die alten Vorwürfe gegenstandslos werden läßt, zumal auch die Kreditinstitute inzwischen ihre Lektion aus den Jahren 1973/74 gelernt haben. Kreditzusagen ohne jede Einschränkung und Bedingung werden mehr und mehr zur Ausnahme.

Verstaatlichung keine Lösung

Obwohl die für die Verstaatlichung der Banken vorgebrachten Gründe einer ernsthaften Prüfung nicht standhalten, geht die Verstaatlichungsdebatte weiter. Offensichtlich geht es den »Verstaatlichern« im Grunde um die gesellschaftspolitische Absicht, das marktwirtschaftliche System ganz oder teilweise außer Kraft zu setzen, und nicht um die optimale Bankenstruktur eines modernen, weltoffenen Industrielandes.

In dieser Debatte ist der Begriff der Verstaatlichung nicht eindeutig. Er umfaßt verschiedene Erscheinungsformen. So muß beispielsweise die Überführung privaten Eigentums in Staatseigentum nicht zwangsläufig mit einem ständigen staatlichen Einfluß auf die Geschäftspolitik der verstaatlichten Unternehmen verbunden sein. Der Einfluß würde in diesem Falle nur mittelbar über die Aufsichtsgremien der Unternehmen ausgeübt, wie beispielsweise bereits bei den Banken, deren Aktien sich im Besitz der öffentlichen Hand befinden, und bei den öffentlich-rechtlichen Kreditinstituten.

Bei diesen Kreditinstituten ist die Geschäftspolitik aber marktwirtschaftlich orientiert. Wenn die öffentliche Hand Banken in dieser Form verstaatlichen würde, würden abgesehen von der Enteignung der bisherigen Eigentümer, damit die von den Kritikern behaupteten Nachteile eines privaten Bankenapparats kaum beseitigt. Denn auch eine stärkere Einflußnahme der Aufsichtsgremien der Kreditinstitute auf deren Geschäftspolitik könnte die von den Märkten erzwungenen Reaktionen nicht negieren. Dies wird am Beispiel der nach 1945 in verschiedenen europäischen Ländern, z. B. in Frankreich, Italien und Österreich, verstaatlichten Großbanken deutlich. In Italien besteht jetzt sogar die Absicht, die verstaatlichten Großbanken wieder teilweise zu reprivatisieren.

Verstaatlichung im Sinne der Systemkritiker wäre mit der unmittelbaren Beeinflussung der bankwirtschaftlichen Tätigkeit nach bestimmten wirtschafts- und gesellschaftspolitischen Zielen verbunden: Der verstaatlichte Bankenapparat würde zum wirtschaftspolitischen Lenkungsinstrument, ähnlich wie in den planwirtschaftlich orientierten Staaten. Damit wird deutlich, daß mit der Forderung nach der Verstaatlichung der Banken wirtschaftspolitische Systemänderungen beabsichtigt sind.

Allerdings sind in der politischen Diskussion bis jetzt noch die radikalen »Verstaatlicher«, die die Banken als Zentren des kapitalistischen Wirtschaftssystems wie dieses selbst umfunktionieren wollen, in der

Minderheit. Andere Kritiker lehnen die unmittelbare staatliche Verwaltung der Banken durch Beamte ab, weil sich nach ihrer Auffassung dadurch an den bisherigen Schwierigkeiten nichts ändern würde. Sie fordern dagegen eine »Vergesellschaftung« der Banken, die bestimmte gesellschaftliche Kräfte an den Entscheidungen über die Kapitallenkung beteiligen würde. Dabei sollen die Kontrollgremien mit Vertretern der Organisation der Arbeitnehmer, der Verbraucher und des Staates an den kreditpolitischen Entscheidungen im Rahmen bestimmter politischer Vorgaben beteiligt werden. Im Grunde läuft aber auch dies darauf hinaus, auf wichtigen Gebieten marktwirtschaftliche Grundsätze außer Kraft zu setzen.

Öffentlich-rechtliche Kreditinstitute als Wettbewerbskorrektiv

Gemischtes Bankensystem garantiert strukturpolitische Aufgabenerfüllung

Wenn von anderer Seite, insbesondere von privaten Banken, argumentiert wird, die Banken in der Bundesrepublik brauchten deswegen nicht verstaatlicht zu werden, weil bereits 60 Prozent des Geschäftsvolumens aller deutschen Kreditinstitute staatlich beeinflußt sei, so geht dieses Argument am Kernpunkt der Verstaatlichungsdiskussion vorbei. Es geht bei den Forderungen nach Verstaatlichung der Banken weniger um die Eigentumsverhältnisse als vielmehr um den staatlichen Einfluß auf die Geschäftspolitik und die unternehmerische bankwirtschaftliche Tätigkeit des Staates.

Insofern entsprechen die öffentlich-rechtlichen Kreditinstitute in der Bundesrepublik nicht den Forderungen der »Verstaatlicher«, denn die öffentlich-rechtlichen Kreditinstitute, durch eigene Gesetze des Bundes oder der Länder legitimiert, erfüllen zwar jeweils einen gesetzlichen Auftrag, der die Grundlinien und Schwerpunkte ihrer geschäftspolitischen Aktivitäten fixiert und limitiert, unterliegen aber, von einigen Ausnahmen abgesehen, jenseits dieses Kriteriums, aufgabenorientiert zu handeln, keiner direkten staatlichen Beeinflussung ihrer Geschäftspolitik. Von ihrer gesetzlichen Anlage her sind sie dazu berufen, den Wettbewerb an bestimmten Märkten zu aktivieren sowie lokal und regional für bestimmte kreditwirtschaftliche Aufgaben entsprechende Leistungsangebote bereitzuhalten. Sie sind aktive Bestandteile des

marktwirtschaftlichen Wettbewerbs und partizipieren voll an den Chancen und Risiken des Systems.
Dagegen fehlt einigen staatlichen Banken mit Sonderaufgaben das Entscheidungskriterium der Marktorientierung, beispielsweise der Kreditanstalt für Wiederaufbau, der Lastenausgleichsbank und den Wohnungsbaufinanzierungsanstalten der einzelnen Bundesländer. Diese Banken wurden von der öffentlichen Hand für ganz bestimmte wirtschaftspolitische Aufgaben gegründet und als Instrumente staatlicher Strukturpolitik eingesetzt. Sie agieren im Auftrage des Staates außerhalb des Marktes, d. h. sie orientieren ihre Entscheidungen an wirtschafts- und strukturpolitischen Kriterien im Rahmen relativ enger geschäftlicher Maßstäbe. Sie ergänzen somit das marktwirtschaftlich aufgebaute Bankensystem. Auf Landesebene sind vielfach die Landesbanken/Girozentralen neben ihren marktwirtschaftlichen Aufgaben im staatlichen Auftrag auch mit solchen wirtschaftspolitischen Funktionen im Interesse des jeweiligen Bundeslandes betraut. Diese Tätigkeit wird in der Regel in eigenen Treuhandabteilungen getrennt vom übrigen marktwirtschaftlich orientierten Bankengeschäft durchgeführt.
Wir haben in der Bundesrepublik deshalb heute ein gemischt gegliedertes Bankensystem, mit dem sichergestellt wird, daß wirtschafts- und strukturpolitische Anliegen des Staates mit geeigneten Instrumenten elastisch durchgeführt werden können. Im übrigen garantiert ein scharfer marktwirtschaftlicher Wettbewerb eine hohe wirtschaftliche Effizienz und ein elastisches und reagibles kreditwirtschaftliches Angebot. Deshalb kann im derzeitigen marktwirtschaftlichen System ein verstaatlichter Bankenapparat keine bessere Leistung bringen, im Gegenteil, die Verstaatlichung der Banken wäre der erste Schritt zur Überwindung des marktwirtschaftlichen Systems überhaupt und vor allem ein Einstieg in die angestrebte Investitionskontrolle des Staates. Deshalb geht es bei der Verstaatlichung der Banken im Grunde nicht um diese, sondern um unser Wirtschaftssystem.
Auch hinter dem Begriff »Investitionskontrolle« verbergen sich unterschiedliche Motive und Absichten. Am Beispiel der Planwirtschaften hat sich aber deutlich erwiesen, daß in einer Welt rascher struktureller Veränderungen kein staatliches Planungs- und Kontrollsystem die Daten besser voraussehen kann als das am Markt mit dem Zwang ständiger Anpassung operierende Unternehmen. In den Sektoren, in denen auch in der Bundesrepublik Planungen des Staates dominieren, wie z. B. in der Energiepolitik oder gar in der Bildungspolitik, ist die Fragwürdigkeit vieler staatlich aufgestellter langfristiger Plandaten genügend demonstriert worden. Wenn es selbst schwierig ist, den kon-

junkturellen Verlauf eines Jahres einigermaßen zutreffend vorherzuschätzen, um wieviel schwerer ist es dann, die richtigen Produktionsstrukturen eines Landes aus heutiger Sicht für das Jahr 1985 oder 1990 zu finden.
Hinzu kommt: Die Verantwortung zur Investitionsentscheidung schließt notwendigerweise auch das Risiko der Investition mit ein. Durch eine verstaatlichte Bank, die bewußt Investitionslenkung betreiben würde, würde dieses zusätzliche Planungsrisiko als finanzielle Konsequenz auf den Staat fallen. Die Verstaatlichung der Banken, verbunden mit einer gezielten kreditpolitischen Einflußnahme bedingt ein planwirtschaftliches System mit all seinen problematischen Eigenarten. Für eine Volkswirtschaft, die wie die deutsche auf freien Welthandel angewiesen ist, würde dies zu einer völligen Umorientierung der Produktionsstruktur und damit des wirtschaftlichen Wachstums führen. Es wäre kein Fortschritt, sondern ein Rückschritt im Lebensstandard unseres Landes zu erwarten.

Leistungsfähige öffentliche Banken verbinden Strukturpolitik und Wettbewerb

Soweit im heutigen marktwirtschaftlichen System Wirtschafts- und Strukturpolitik des Staates durchgeführt werden sollen, hat die öffentliche Hand hierfür bereits ausreichende Instrumente im Bankenapparat. Anzufügen wäre lediglich, daß das Bankensystem des Bundes für diese systemkonformen Eingriffe reichlich zersplittert ist. Die heute in seinem Einflußbereich vorhandenen öffentlichen Banken wurden in Notzeiten für spezielle wirtschafts- und strukturfördernde Maßnahmen errichtet. Sie existieren aber weiter, auch wenn der ursprüngliche Gründungszweck erfüllt ist. Die einzelnen Ministerien wachen über »ihre« Bank.
Dagegen haben die Länder (mit Ausnahme von Baden-Württemberg) nach dem Zweiten Weltkrieg ihr öffentliches Bankwesen neu gegliedert und die bankwirtschaftlichen Interessen bei den Landesbanken/Girozentralen konzentriert. Dieser Weg hat sich als richtig und erfolgreich erwiesen und leistungsfähige öffentliche Banken entstehen lassen, die Strukturpolitik und Wettbewerb sinnvoll miteinander verbinden können. Fehlentwicklungen einer Landesbank, die 1973/74 offenkundig geworden sind, sind kein Beweis gegen diese für den Wettbewerb im Bankenapparat und für die Verbesserung der langfristigen Kapitalversorgung unserer Volkswirtschaft positive Entwick-

lung. Gerade die Landesbanken waren es, die in den fünfziger und sechziger Jahren die langfristige Investitionsfinanzierung unserer Wirtschaft wesentlich verbessert haben.

Wenn also die Bankenlandschaft verändert und reformiert werden soll, dann ist zunächst der Bund selbst an der Reihe, Funktionen und Organisation der Banken seines Einflußbereiches zu überprüfen. Ein Industriestaat von der Bedeutung der Bundesrepublik braucht im Bankenbereich *ein* schlagkräftiges Interventionsinstrument, um seine strukturpolitischen Absichten auf dem Sektor der Finanzierung elastisch verwirklichen zu können.

Dazu bietet sich nach der historischen Entwicklung die Kreditanstalt für Wiederaufbau als Kristallisationspunkt solcher Aktivitäten an. Daneben wäre es für den Bund nach dem Beispiel der Bundesländer nützlich, auch eine Hausbank im geschäftspolitischen und marktwirtschaftlich orientierten Bereich zu haben, die laufende geschäftliche Transaktionen an den Geld- und Kapitalmärkten durchführen kann. Die Bundesbank, deren Funktionen hoheitlich ausgerichtet sind, kann keine Finanzierungsaufgaben für den Bund übernehmen, für die eine volle marktwirtschaftliche Einbindung in das nationale und internationale Bankgeschäft erforderlich ist.

In unsere Bankenlandschaft würde es passen, wenn sich der Bund etwa nach dem Vorbild der Bundesländer an der Deutschen Girozentrale beteiligen würde, damit gleichzeitig ein enger kreditwirtschaftlicher Kontakt mit den Kreditinstituten der Länder und der kommunalen Körperschaften geknüpft werden würde. Damit wäre das Banksystem in der Bundesrepublik abgerundet.

Die Verstaatlichung der Großbanken würde dagegen keinen strukturverbessernden und wettbewerbsfördernden Effekt haben. Sie ist deshalb entschieden abzulehnen. Alle Politiker, die sich zum marktwirtschaftlichen System bekennen, sollten solchen Plänen deshalb kategorisch entgegentreten. Publizität und Wettbewerb sind in unserem marktwirtschaftlichen System die einzigen, aber auch sehr wirksamen Regulative vor zu großer Machtzusammenballung und Machtmißbrauch. Beides, intensive Publizität über die Vorgänge im Bankenapparat und scharfer Wettbewerb, liegt für die Kreditwirtschaft der Bundesrepublik in hohem Maße vor.

Bankenstruktur ist Zukunftsaufgaben gewachsen

Bankenstrukturkommission kann politische Diskussion versachlichen

Als Resümee dieser Betrachtungen kann festgehalten werden, daß die Struktur der deutschen Kreditwirtschaft gesund ist und daß ihre Institute den Zukunftsaufgaben unseres Landes und seiner Wirtschaft gewachsen sind. Auch die Bankenstrukturkommission beim Bundesfinanzministerium, die z. Z. eingehend die in diesem Buch angeschnittenen Probleme diskutiert, wird sicher zu keinem anderen Ergebnis kommen. Der Bericht kann aber dazu beitragen, durch Vorlage neuen Materials und Zusammenfassung aller Argumente die politische Diskussion zu versachlichen. Am Ende der Arbeiten dürfte aber wohl kaum eine konkrete Änderung der Bankenstruktur durch Bundesgesetze stehen. Denkbar wäre lediglich eine Empfehlung an die größeren Banken, in einer Art Gentlemen's Agreement bestimmte Grundsätze bei ihrer Beteiligungspolitik zu beachten, beispielsweise keine Beteiligungen an Wirtschaftsunternehmen mehr zu erwerben, die nur der Arrondierung des eigenen Einflußbereiches dienen, und darüber hinaus Beteiligungen in diesem Sektor nach Möglichkeit abzubauen. Wenn Bankbeteiligungen an Wirtschaftsunternehmen aufgelöst werden sollen, stößt man in der Praxis aber immer rasch an die Grenzen der Aufnahmemöglichkeit des »konzentrationsneutralen« Marktes.
Eine zweite Empfehlung der Kommission könnte noch darin liegen, bei der Ausübung des Depotstimmrechts für mehr Transparenz und Publizität zu sorgen. Dazu könnten Stimmrechtsbeiräte der Depotkunden beitragen, wenn die Wahlverfahren und Zuständigkeiten pragmatisch nach der wirklichen Interessenlage der Kleinaktionäre geregelt werden.
Alle anderen Punkte der Kritik werden einer sachverständigen Prüfung dagegen kaum standhalten, und es wird sich herausstellen, daß etwaige Mängel des heutigen Systems geringer sind als die alternativen Möglichkeiten.

Strukturwandel durch Anpassung an neue Herausforderungen

Unabhängig von der Arbeit der Bankenstrukturkommission wird aber die Entwicklung der deutschen Kreditwirtschaft im Fluß bleiben. Die Anforderungen der Volkswirtschaft an den Bankenapparat werden sich wandeln, die Internationalisierung des Bankgeschäfts wird zusätzliche Aufgaben bringen. Der Wettbewerb im Kreditgewerbe selbst wird die ständige Anpassung der einzelnen Institute erzwingen.

Naturgemäß werden davon auch die Strukturen der kreditwirtschaftlichen Gruppen der Sparkassen- und der Genossenschaftsorganisation berührt, die nach dem Grundsatz der bankwirtschaftlichen Arbeitsteilung aufgebaut sind. Das diesem Organisationsaufbau zugrundeliegende Subsidiaritätsprinzip wird infolge des starken Wachstums der einzelnen Institute ständigen Spannungen ausgesetzt sein. Kreditinstitute mit mehreren tausend Mitarbeitern und hohen Bilanzsummen können theoretisch heute alle Bankleistungen selbst erbringen. Trotzdem bleibt es rationell, wenn lokal und regional gegliederte Kreditinstitute sich vor allem auf die geschäftliche Betreuung und Durchdringung ihres eigenen Geschäftsraumes konzentrieren. Die Sparkassen haben nach den Reformen des Sparkassenrechts in den fünfziger und sechziger Jahren heute eine Geschäftsstruktur, die ihnen volle Wettbewerbsfähigkeit im örtlichen Geschäftsgebiet sichert und die es ihnen erlaubt, auch größeren mittelständischen Unternehmen den vollen kreditwirtschaftlichen Service zu bieten. Die gesetzlichen Geschäftsbeschränkungen passen auch künftig in eine lokal und regional orientierte Geschäftspolitik. Es bleibt zu hoffen, daß der Bundesgesetzgeber mit einer neuen Körperschaftsteuerregelung Raum für eine solche Geschäftspolitik läßt. Die Alternative wäre sonst eine sich rasch beschleunigende Konzentrationstendenz über das bankpolitisch vernünftige Maß hinaus.

Unabhängig von dieser durch die Steuerdebatte akut gewordenen Gefahr wird sich das Problem der richtigen Betriebsgröße im Sparkassenbereich im Zuge der kommunalen Neugliederung in den Bundesländern organisch lösen. So ist infolge von Gebietsreformen der kommunalen Gewährträger die Zahl der Sparkassen in den letzten 15 Jahren von über 850 auf etwa 680 Institute zurückgegangen. Andererseits ist aber die Größe eines lokalen Kreditinstituts allein kein Kriterium für seine Leistungsfähigkeit. In dünner besiedelten ländlichen Räumen können beispielsweise die Institute mit einem vollen spezialisierten kreditwirtschaftlichen Angebot ihre Geschäftsgebiete intensiver durchdringen.

Deshalb gibt es keine errechenbare optimale Betriebsgröße, denn es kommt auf die Situation des jeweiligen Wirtschaftsraumes an.
Entscheidend für lokal gegliederte Institute wird sein, daß auch nach der kommunalen Neuordnung sogenannte Gemengelagen mit Zweigstellen von Instituten der gleichen Organisation ausgeschlossen werden. Die Stärke eines lokal gegliederten Instituts liegt in seinem dichten Zweigstellennetz, das einen hohen Marktanteil voraussetzt. Wenn der Marktanteil wegen konkurrierender Zweigstellen der gleichen Gruppe zu gering ist, kann das Zweigstellennetz zu einer übermäßigen Kostenbelastung führen. Nach den bisherigen Erfahrungen ist aber damit zu rechnen, daß überall im Sparkassenbereich unter dem Druck des Marktes auch nach der Gebietsreform zukunftsträchtige Lösungen gefunden werden, die den bisherigen Organisationsprinzipien entsprechen.
Der genossenschaftliche Kreditbereich steht auch ohne den Zwang, auf kommunale Neuordnung reagieren zu müssen, vor ähnlichen Problemen. Die durchschnittliche Betriebsgröße der Volks- und Raiffeisenbanken liegt aber beachtlich niedriger als die der Sparkassen. Im Bereich seiner regionalen Zentralkassen und der überregionalen Deutschen Genossenschaftskasse wird versucht, durch Integration der regionalen Institute in die Deutsche Genossenschaftskasse vom dreistufigen zum zweistufigen Aufbau zu gelangen. Der Bundestag hat im Herbst 1975 mit der Beratung eines entsprechenden Änderungsgesetzes für die Deutsche Genossenschaftskasse begonnen. Es wird aber sicher ein langwieriger Weg sein, diese Konzentration zu verwirklichen.
Ein ähnlicher Konzentrationsvorgang ist in der Sparkassenorganisation nicht denkbar, einmal wegen der institutionellen Bindung an die Bundesländer im föderativen Staat, zum anderen aber auch wegen der gewaltigen Bilanzsumme der Landesbanken/Girozentralen in Höhe von insgesamt rund 209 Milliarden DM (Mitte 1975). Hier wird es darauf ankommen, dem überregionalen Institut dieser Organisation, der Deutschen Girozentrale, trotz des starken Wachstums der regionalen Institute eine Geschäftsstruktur zu sichern, die in gewissen Sektoren Ausgleichsfunktionen innerhalb der gesamten Gruppe möglich macht. Auf geeignete Wege wurde bereits hingewiesen.
Im Bereich der privaten Banken wird es darauf ankommen, die vielfältige Struktur dieser Bankengruppe zu erhalten. Es ist gesamtwirtschaftlich zu begrüßen, wenn die großen Banken durch ihre Beiträge zu einem leistungsfähigen Einlagensicherungssystem mit dazu beitragen, die Lebensfähigkeit der Privatbankiers zu sichern. Gerade in

einem Wirtschaftsbereich, der zur Konzentration und zur wachsenden Betriebsgröße tendiert, bleibt das selbständige mittlere Privatbankhaus ein wichtiges Wettbewerbselement, weil es elastischer als Großunternehmen auf Marktveränderungen reagieren kann. Das schwierigste Problem wird – wie überall in der nicht emissionsfähigen Wirtschaft – das Problem einer ausreichenden Eigenkapitalversorgung sein. Dies gilt besonders dann, wenn im KWG noch höhere Anforderungen an die Eigenkapitalausstattung gestellt werden.

Trotz des täglichen scharfen Wettbewerbs um Kunden und Geschäfte hat sich das Wettbewerbsklima in der Kreditwirtschaft seit Mitte der sechziger Jahre wesentlich entkrampft. Die fast weltanschaulichen Kämpfe, z. B. um die sogenannten Privilegien der öffentlich-rechtlichen Institute, sind abgeebbt und haben einer sachlichen Kooperation der verschiedenen Bankengruppen Platz gemacht. Trotzdem ist es aber wegen des Systems des Gruppenwettbewerbs nicht realistisch, einen Gesamtverband der Kreditwirtschaft anzusteuern. Die kooperativen Funktionen dieses Wirtschaftssektors werden auch künftig vom Zentralen Kreditausschuß wahrgenommen werden. Dessen Funktion hat sich von einem Instrument staatlicher Verwaltungswirtschaft im Bereich der Zinsbindung zu einer Diskussionsplattform der deutschen Kreditwirtschaft auf den Gebieten notwendiger Kooperation entwickelt.

Teil III:

Staatliche Bankpolitik vor neuen Problemen

Der Staat spannt neue Sicherungsnetze

Wie in den vorherigen Ausführungen schon an verschiedenen Stellen anklang, steht der Bankenapparat zum Staat in intensiverem Kontakt als andere Branchen unserer Wirtschaft. Die Kapitalversorgung der Wirtschaft und die Kapitalansammlung für Unternehmen und private Haushalte bedürfen auch in einem marktwirtschaftlichen System zusätzlicher staatlicher Regeln und Vorsichtsmaßnahmen, damit nicht Unternehmen und private Haushalte durch Störungen im Bankenapparat unverschuldet in wirtschaftliche Schwierigkeiten geraten. Dazu kommt die Bedeutung der Bankgeschäfte für die konjunkturpolitische Entwicklung. Ansatzpunkt für staatliche Maßnahmen und Kontrollen bilden dabei das Kreditwesengesetz, die Sonderbestimmungen im Kartellrecht sowie die Sparkassengesetze der einzelnen Bundesländer für die Sparkassen und das Genossenschaftsgesetz für die genossenschaftlich organisierten Banken. Dazu treten eigene Gesetze für spezialisierte Bankengruppen, wie das Hypothekenbankengesetz, das öffentliche Pfandbriefgesetz, das Bausparkassengesetz und das Gesetz über Kapitalanlagengesellschaften.

Nach der »kleinen« Bankenkrise des Sommers 1974 wurden politische Forderungen laut, die gesetzlichen Grundlagen für die Kontrolle des Kreditgewerbes rasch zu überprüfen, um ähnliche Debakel für die Zukunft auszuschließen.

Nach dem Vorbild der Akzeptbank des Jahres 1931, die damals die schwere Liquiditätskrise des deutschen Bankenapparates beheben half, wurde als Sofortmaßnahme zur zusätzlichen Liquiditätssicherung von Banken im Herbst 1974 die Liquiditätskonsortialbank (LikoBa) auf Initiative der Deutschen Bundesbank gegründet.

Die neue Einrichtung soll einzelnen Kreditinstituten über die Möglichkeiten des Bundesbankgesetzes hinaus temporäre Kredithilfen gewähren, wenn diese Institute bei sonst guter Bonität ihres Aktivgeschäfts durch plötzliche Einlagenabzüge in Liquiditätsschwierigkeiten geraten. Das Bonitätsrisiko für ein solches Institut sollte aber nicht von der Liquiditätskonsortialbank übernommen werden, damit nicht quasi durch die Hintertür eine solidarische Einlagensicherung aller Kreditinstitute eingeführt wird. In den bisher notwendig gewordenen Stützungsfällen hat die Liquiditätskonsortialbank auch so verfahren.

Die Gründung der neuen Bank brachte rasch den gewünschten Erfolg, sie trug vor allem dazu bei, im In- und Ausland keinen Zweifel an der Sicherheit und Leistungsfähigkeit des deutschen Kreditapparates aufkommen zu lassen. In den kritischen Sommermonaten 1974 hatte die aufkommende Unruhe teilweise schon auf Tochtergesellschaften deutscher Banken im Ausland übergegriffen. Bei der ohnehin beachtlichen Labilität des Euromarktes wäre ein allgemeiner Vertrauensschwund dort besonders gefährlich gewesen. Auch beruhigte sich der zeitweise starke Einlagenabzug bei den Privatbanken, der bei einem längeren Anhalten die Konzentrationstendenz im Bankenapparat verstärkt hätte. Deshalb dürfte sich insgesamt das Engagement des deutschen Kreditgewerbes an der Likoba in Form eines beachtlichen Eigenkapitals (250 Millionen DM, Nachschußpflicht von weiteren 750 Millionen DM) als notwendig und richtig erwiesen haben.
Als zweite Sofortmaßnahme erließ das Bundesaufsichtsamt im Rahmen der Ermächtigungen des geltenden Kreditwesengesetzes einen besonderen Grundsatz für das Devisengeschäft der Banken, mit dem verlustbringende »Schieflagen« in diesem spekulativen Geschäft ausgeschlossen werden sollten. Rückblickend ist zu sagen, daß dieser Grundsatz mit erheblicher Verspätung kam, weil durch konkrete Fälle bereits seit Ende 1973 die Gefährlichkeit von spekulativen Engagements im internationalen Bankenapparat sichtbar geworden war. Diese zusätzliche Vorschrift hat ebenso wie die innerorganisatorischen Maßnahmen verschiedener Banken dazu beigetragen, die durch das Floating erheblich gewachsenen Risiken im Devisengeschäft der Banken zu begrenzen und aktuelle Gefährdungen von Kreditinstituten aus diesem Geschäftsbereich nach Möglichkeit auszuschließen.

Bankenaufsicht ohne administrativen Perfektionismus

Liberale Konzeption bewährt, Instrumentarium verbesserungsfähig

Schließlich legte der Bundesfinanzminister im Spätsommer 1974 Vorschläge zur Novellierung des Kreditwesengesetzes (KWG) vor. Er kündigte außerdem die Schaffung einer effizienteren Einlagensicherung auf der Grundlage der Solidarhaftung aller Kreditinstitute an und setzte die bereits erwähnte Bankenstrukturkommission ein, die überprüfen soll, ob sich die deutsche Bankwirtschaft ordnungspolitisch richtig in unser Wirtschaftssystem einfügt. Die Novellierungsvorschläge zum KWG und die Pläne für eine allgemeine staatliche Einlagensicherung sind von einer erheblichen praktischen und strukturellen Bedeutung, so daß sie die volle Aufmerksamkeit auch außerhalb des Kreditapparates verdienen. Bei diesen Plänen ist nachdrücklich vor der Versuchung zu warnen, aus den Problemfällen des Jahres 1974 verallgemeinernde Schlüsse zu ziehen. Das deutsche Kreditgewerbe ist auch unter den geltenden gesetzlichen Bestimmungen leistungsfähig und vertrauenswürdig. Die liberale Konzeption der bisherigen Aufsichtsregeln hat sich im Prinzip bewährt und zu einer großen Effizienz des deutschen Kreditgewerbes geführt. Man sollte sich deshalb davor hüten, jetzt in einen administrativen Perfektionismus und in einen zwangsläufig ausufernden Dirigismus zu verfallen.

Wenn der freie Wettbewerb weiterhin die Grundlage unserer Wirtschaftsordnung sein soll, dann kann und darf die Kreditwirtschaft davon nicht ausgeschlossen werden. Der freie Unternehmer in Industrie, Handel und Gewerbe braucht als Partner eine freie Kreditwirtwirtschaft. Wer die Kreditinstitute in privater oder in öffentlicher Rechtsform umfassend reglementiert oder planwirtschaftlichen Zugriffen aussetzt, der gefährdet auch den freien Wettbewerb in der übrigen Wirtschaft. Selbstverständlich schließt das, wie bereits eingangs betont, nicht aus, daß die Kreditwirtschaft stärker als andere Branchen gesamtwirtschaftlich eingebunden werden muß. Die staatliche Aufsicht wird dabei beachten müssen, daß die geschilderten Aufgaben der Kreditwirtschaft in der Konjunkturpolitik, in der Strukturpolitik und in der Kreditversorgung unserer Wirtschaft nicht im Grunde tangiert werden dürfen. Außerdem weichen die Geschäftsstrukturen der Universal- und der Spezialinstitute erheblich voneinander ab, weshalb sich eine Aufsicht mit starren Regeln und ohne einen eigenen Ermessensspielraum ohnehin verbietet. Negative Entwicklungen müssen in den einzelnen Institutsbereichen mit unterschiedlichen Mitteln behoben werden. Für die künftige Gestaltung des Aufsichtsrechts über den Kreditapparat sollte deshalb weiter der Grundsatz gelten: Freiheit soviel wie möglich, Bindung nur soviel wie nötig.

Generelle Ziele unverändert

Die Bankaufsicht verfolgt primär drei Ziele: Gewerbeaufsicht, Insolvenzverhinderung und gesamtwirtschaftliche Bindung der Kreditwirtschaft. Dabei müssen die ersten beiden Ziele aus der Funktion der Aufsichtsbehörde den Vorrang haben. Dagegen obliegt die gesamtwirtschaftliche Einbeziehung der Kreditwirtschaft in erster Linie der staatlichen Wirtschafts-, Finanz- und Sozialpolitik. Hier kann die Aufsichtsbehörde im Rahmen ihrer Befugnisse zur Zinsreglementierung oder zur Gestaltung des Wettbewerbs lediglich die gesamtwirtschaftlichen Zielsetzungen von Bundesregierung und Bundesbank unterstützen. Die beiden primären Ziele der Gewerbeaufsicht und der Insolvenzverhinderung lassen sich jedoch nicht genau voneinander abgrenzen.

Gewerbeaufsicht im Kreditgewerbe muß in erster Linie den Verbraucherschutz zum Gegenstand haben. Die besondere Position der Kreditinstitute gegenüber ihrer Kundschaft, die vor allem aus dem Kreditgeschäft mit seinen besonderen Abhängigkeiten folgt, macht es notwendig, der Bankenaufsichtsbehörde entsprechende Verbraucherschutzfunktionen zu übertragen. Die allgemeine Gewerbeaufsicht kann Insolvenzen nicht verhindern. Dagegen kann die Bankenaufsicht den Bestand der Institute insbesondere dadurch sichern, daß sie deren Eigenkapital und Liquiditätsentwicklung überwacht und ihre besonderen Prüfungs- und Eingriffsrechte bei Gefahr für die den Banken anvertrauten Vermögenswerte wahrnimmt.

Dabei geht es nicht nur um die Interessen der Gläubiger einer Bank. Die Insolvenzverhinderung bezweckt auch einen allgemeinen Schutz

des Vertrauens in die Kreditwirtschaft, das die Grundlage für die Funktionsfähigkeit der Kreditinstitute bildet. Die mit jeder Bankinsolvenz verbundene Kündigung von Krediten kann die davon betroffenen Unternehmen in Schwierigkeiten bringen und den volkswirtschaftlichen Prozeß stören. Aber auch die im bargeldlosen Zahlungsverkehr und im Wertpapiergeschäft mit der Herstatt-Insolvenz aufgetretenen Probleme zeigen deutlich, welche Schäden auch für Unternehmen und Personen entstehen können, die mit einem fallierenden Institut in keinerlei direktem Kontakt gestanden haben. Die Bankenaufsicht muß deshalb für den Kundenschutz sorgen, um dadurch die gesamtwirtschaftlichen Funktionen der Kreditwirtschaft zu sichern.
Dagegen sollte die Bankenaufsicht keine kreditwirtschaftliche Strukturpolitik betreiben, die weder gewerbepolizeilich noch aus den Gründen der Insolvenzverhinderung erforderlich ist. Für Strukturveränderungen wäre ein allgemeines Bankengesetz erforderlich.

KWG: Marktwirtschaftliches Aufsichtsgesetz

Das heutige Kreditwesengesetz ist ein Aufsichtsgesetz für eine marktwirtschaftliche Ordnung und sollte es auch künftig bleiben. Es geht von der normalen Gefährdung beim normalen Geschäftsablauf eines Kreditinstituts aus und kann sich nicht an den diversen Möglichkeiten krimineller oder unseriöser quasi-krimineller Aktivitäten orientieren. Deshalb können dem Aufsichtsamt lediglich Kontroll-, Einsichts- und Eingriffsbefugnisse gewährt werden, die keine sichere Garantie dafür bieten, daß die Behörde gerade in den kriminellen Fällen die nötigen Informationen auch immer zum richtigen Zeitpunkt erhält. Auch Kunstfehler und falsche Beurteilung wirtschaftlicher Zukunftsaussichten des eigenen Instituts und der Kreditkunden lassen sich durch Aufsichtsmaßnahmen nicht vermeiden, so daß es in einem marktwirtschaftlichen System immer Bankinsolvenzen geben wird. Das Aufsichtsamt kann ja keinen Einfluß auf die Bonitätsprüfung und den Abschluß einzelner Kreditgeschäfte haben, so daß oft das Kind bereits in den Brunnen gefallen ist, wenn die Informationen eingehen. Wenn die dann festzustellenden Verluste so hoch sind, daß eine akute Gefahr für das kreditgebende Institut besteht, dann verbleiben dem Amt nur noch die Möglichkeiten, Sanierungsverhandlungen zu führen, die

Geschäftsleitung zu suspendieren, weitere Schäden durch gezielte Eingriffe zu verhindern oder das Institut zu schließen.
Doch wer kann entscheiden, wann bei den in solchen Situationen unter Zeitdruck zu prüfenden vielfältigen Aspekten, die zu widerstreitenden Lösungen führen können, der objektiv richtige Moment für eine Bankschließung gekommen ist? Der Versuch, dem Amt eine absolut sichere und rechtzeitige Kontrolle des Kreditgeschäfts zu ermöglichen, müßte zur Mitwirkung der Behörde bei jeder Kreditgewährung von bestimmter Größenordnung an führen. Mit einem Aufsichtsbeamten als Partner jeder Großkreditentscheidung wäre die freie Kreditwirtschaft jedoch am Ende und eine elastische Kreditversorgung der Wirtschaft gefährdet. Denn der Beamte, der zum Zeitpunkt der Kreditentscheidung auch keine besseren Erkenntnisse haben wird, wird zu seinem eigenen Schutz im Zweifel nein sagen oder sehr erschwerende Auflagen machen, die dann stets über das Sicherungsziel hinausschießen müßten. Kreditgeschäft ohne Risiko für die Bank ist ein Widerspruch in sich und nur in einer zentralen Planwirtschaft möglich, bei der die Risiken zwangsläufig vom Staat als Planer getragen werden. Das gleiche gilt für die Abwicklung aller anderen risikoträchtigen Geschäfte, bei denen bereits die technische Form, wie beispielsweise beim Devisen-, Geld- und Wertpapierhandel per Telefon, eine Einschaltung der Aufsicht unmöglich macht.

Bundesregierung will KWG novellieren

Deshalb ist es sicher richtig, wenn die Überlegungen für die jetzige »kleine« Novelle des Kreditwesengesetzes, die vermutlich 1976 in Kraft treten wird, von der heutigen Grundstruktur dieses Aufsichtsgesetzes ausgehen und grundsätzlich an einer liberalen Konzeption festhalten wollen.
Das deutsche Kreditwesengesetz stellt einige Grundsätze für die Durchführung von Bankgeschäften auf, ohne dabei diese Geschäfte im einzelnen zu reglementieren. Um die notwendige Elastizität zu wahren, sind die wichtigsten Grundsätze über die Eigenkapitalausstattung der Kreditinstitute und ihre Liquiditätspolitik nicht im Gesetz selbst normiert, sondern in Aufsichtsgrundsätzen des Bundesaufsichtsamtes festgelegt. Damit ist sichergestellt, daß diese wichtigen Regeln, wenn erforderlich, rasch an sich wandelnde Verhältnisse an-

gepaßt werden können. Im sogenannten Grundsatz I ist festgelegt, daß Kredite nur bis zum Achtzehnfachen des haftenden Eigenkapitals eines Kreditinstituts gegeben werden können, wobei Hypothekarkredite nur zur Hälfte, öffentliche und öffentlich verbürgte Kredite überhaupt nicht angerechnet werden. Außerdem ist im Gesetz selbst festgelegt, daß die Daueranlagen eines Kreditinstituts, wie Grundbesitz und Beteiligungen, das haftende Eigenkapital nicht übersteigen dürfen. Der Grundsatz II setzt den Rahmen für die längerfristigen Ausleihungen, Grundsatz III für die kurzfristigen Kredite. So dürfen z. B. Termineinlagen nur bis zu 10 Prozent, Spareinlagen nur bis zu 60 Prozent in langfristigen Krediten ausgeliehen werden. Ein neuer Grundsatz Ia aus dem Jahre 1974 stellt Regeln für das Devisengeschäft der Kreditinstitute auf.

Schon diese kurze Aufzeichnung zeigt, wie stark aufsichtsamtliche Regeln die Geschäftspolitik eines Instituts beeinflussen. Denn wer vorwiegend im langfristigen Kreditgeschäft tätig ist, kann kein großes Interesse an zu viel Termineinlagen haben. Deshalb bietet er in Zeiten hoher Termingeldzinsen lieber mal vorübergehend Sonderzinsen für Spareinlagen, und nicht etwa aus »Ideologie« oder »Tradition«.

Darüber hinaus enthält das Gesetz einige Grundregeln für das Kreditgeschäft, so z. B. über die Gewährung von Großkrediten, von Krediten an Konzerne, an Organmitglieder usw. Für das Einlagengeschäft werden zur Typisierung der Einlageformen einige Regeln aufgestellt, so besonders für die Spareinlagen. Das Gesetz sieht ferner die Möglichkeiten von Zinsverordnungen und Wettbewerbsregeln vor. Auf eine staatliche Zinsbindung wurde seit 1967 verzichtet. Die Kreditinstitute sind außerdem einer weitgehenden Pflicht zur Information des Amtes unterworfen. Besondere Bedeutung hat auch die Vorschrift, daß das Bundesaufsichtsamt die Qualifikation des Leiters eines Kreditinstituts prüfen muß. Dabei wird eine leitende Tätigkeit in einem Kreditinstitut von mindestens drei Jahren Dauer gefordert. Trotz allgemeiner Liberalität des Gesetzes gibt es eine Reihe von Regeln, die es dem Bundesaufsichtsamt erlauben, die Tätigkeit eines Kreditinstituts auf dem Boden der Solidität und der anerkannten Regeln des Bankgeschäftes zu halten.

Mit der jetzigen Novelle von 1975 sollen einige Schwachstellen des Gesetzes beseitigt werden, die sich besonders in den turbulenten Monaten des Sommers 1974 gezeigt haben, während die generelle Novellierung des Gesetzes, die seit längerem vorbereitet wird, in Verbindung mit den grundsätzlichen Strukturfragen des deutschen Kreditgewerbes zunächst in der bereits erwähnten vom Bundesfinanz-

minister berufenen Sachverständigenkommission geprüft werden sollen. Mit Recht geht die Bundesregierung davon aus, daß nicht jede Änderung des KWG ohne intensive Prüfung ihrer wirtschaftspolitischen Konsequenzen erfolgen kann.
Deshalb enthält die kleine Novelle zum KWG nur solche Regelungen, die auf eine Verbesserung der aufsichtsbehördlichen Möglichkeiten zielen und deren Konsequenzen auch in einem schnellen Gesetzgebungsverfahren übersehbar sind. Die Novelle verdient Zustimmung, wo Erkenntnisse und Eingriffsmöglichkeiten des Amtes zügig verbessert werden, sie stößt aber auf Widerspruch, wo Großkreditgrenzen und Großkreditvolumen geändert und dadurch strukturverändernd in die wettbewerbspolitische Landschaft des Kreditgewerbes eingegriffen werden soll.
Die Novelle verdient auch Zustimmung, wo durch eine Verstärkung des Anzeige- und Meldewesens und durch die Vorlage der vorläufigen Jahresabschlüsse dem Amt zusätzliche Erkenntnisse über die wirtschaftliche Zukunft eines Instituts gegeben werden. Ferner ist die schärfere Kreditprüfung seitens der Institute, verbunden mit der Bilanzvorlagepflicht für die Kreditnehmer, ebenso sinnvoll wie die Informationspflicht der Abschlußprüfer gegenüber dem Aufsichtsamt und die Befugnis der Behörde, jederzeit unvermutete Prüfungen bei allen Instituten vornehmen zu können. Bisher war die Möglichkeit der Aufsicht, sich die notwendigen Informationen über bedenkliche Entwicklungen zu verschaffen, zu formalistisch ausgestaltet. Dies verzögerte naturgemäß erforderliche Eingriffe.

Mißstandsbekämpfung intensivieren

Die Novellierung eines Gesetzes allein kann aber keinen optimalen Gläubigerschutz automatisch herstellen und auch keine Garantie für die Funktionsfähigkeit des Kreditgewerbes sein. Entscheidend dafür ist, was die zuständige staatliche Behörde, das Bundesaufsichtsamt für das Kreditwesen, aus einem solchen notwendigerweise mit flexiblen Normen ausgestatteten Gesetz macht.
Die Aufgabe des Amtes ist besonders schwierig, weil es auf die richtige Kombination von realistischer geschäftlicher Zukunftserwartung und Mut zu rechtzeitigen Eingriffen ankommt, was von außen ohne genaue Detailkenntnisse des jeweils kritischen Falles nur schwer beurteilt werden kann. Die Gefahren im Devisentermingeschäft mit den anschließenden gravierenden Folgen waren ein Beispiel dafür, daß es

sicher richtig gewesen wäre, nach den in diesem Geschäftszweig durch das Floating völlig geänderten Risikostrukturen sich nicht auf allgemeine Wohlverhaltensappelle an die Adresse der Kreditinstitute zu beschränken, sondern sofort mit einer geeigneten Richtlinie für die Eindämmung dieses Risikos zu sorgen.
Dort, wo geschäftliche Entwicklungen stark im Fluß sind, kann es richtig sein, die Möglichkeiten des Gesetzes voll auszuschöpfen und auch einmal das Risiko einzugehen, in einem Verwaltungsstreitverfahren nicht voll zu obsiegen. Eine Aufsicht, die im Interesse marktwirtschaftlicher und rechtsstaatlicher Prinzipien mit begrenzten Befugnissen ausgestattet sein muß, sollte sich stets bemühen, von ihren Rechten dann mutig Gebrauch zu machen, wenn Gefahren verhindert werden müssen, und nicht erst dann, wenn ein Schaden unabwendbar bevorsteht oder bereits eingetreten ist. Eine gewiß diffizile Aufgabe, die an die Beamten des Aufsichtsamtes hohe fachliche Anforderungen stellt. Deshalb kommt der Organisation des Amtes und seiner Personalausstattung entscheidende materielle Bedeutung für die Qualität der Bankenaufsicht zu.

Verbesserung des Prüfungswesens erforderlich

Wenn das geltende Recht den Abschlußprüfern bisher nicht die Pflicht auferlegt hat, von ihnen festgestellte Tatsachen, die aufsichtsrechtliche Maßnahmen erforderlich machen könnten, sofort dem Aufsichtsamt mitzuteilen, so war dies ein Mangel des Gesetzes von 1961. Denn ein selbständiger und von Aufträgen seiner Kundschaft abhängiger Abschlußprüfer wird sich verständlicherweise in solchen Fällen nicht immer aus eigenem Antrieb an die Aufsicht wenden. Der Prüfer sollte deshalb künftig verpflichtet sein, das Amt sofort über alle wichtigen Feststellungen zu unterrichten, denn das ist auch für einen freien Wirtschaftsprüfer eine zumutbare Verpflichtung.
Andererseits kann aber auch keinem Kreditinstitut ein schutzwürdiges Interesse an der Geheimhaltung von Tatbeständen zugestanden werden, die nach dem Gesetz die Behörde zu Eingriffen verpflichten würden. Im Gegenteil ist es für gut geführte Kreditinstitute selbstverständlich, bei bedenklichen Entwicklungen selbst den Kontakt mit dem Aufsichtsamt zu suchen und zusammen mit der Bankenaufsicht eine konstruktive Lösung zu suchen.
Das Aufsichtsamt wird bei Überprüfungen von Kreditinstituten immer vor der schwierigen Aufgabe stehen, die wirtschaftliche Situation der

Kreditinstitute anhand von Akten beurteilen zu müssen. Das ist aber selbst bei vollständigen Unterlagen nur in einem begrenzten Umfang möglich. So muß zum Beispiel die Bewertung einzelner Kreditengagements ohne genaue Kenntnis der Sicherheiten und der allgemeinen Lage der Kreditnehmer und ihrer Branche unzulänglich bleiben. Da aber dem Amt nicht alle Erkenntnisse von Kreditabteilungen der Kreditinstitute ausgebreitet werden können, müßten ihm die Einsichten und Kenntnisse der Abschlußprüfer dort zugänglich gemacht werden, wo die bloße Bestätigung der Ordnungsmäßigkeit der Buchführung und der Bilanzaufstellung nicht mehr ausreicht, nämlich bei der Beurteilung der wirtschaftlichen Situation des Kreditinstituts. Denn erst eine deutliche Aussage über die derzeitige und künftige Entwicklung eines Instituts macht klar, ob besonders die Bewertung der einzelnen Kreditengagements richtig erfolgt ist.

Zu einem abgerundeten Prüfungsbericht gehört deshalb auch die Aussage über die derzeitige und in absehbarer Zeit zu erwartende wirtschaftliche Situation des geprüften Instituts. Diese Regelung hat sich im Genossenschafts- und Sparkassensektor bestens bewährt, und es ist daher zu begrüßen, wenn eine solche Regelung auch für die gesamte Kreditwirtschaft verbindlich eingeführt wird. Damit werden die Anforderungen an den Abschlußprüfer deutlich verstärkt. Er muß in eigener Verantwortung positive und negative Erklärungen abgeben, auf die sich die Aufsicht dann verlassen kann. Denn nur er allein ist in der Lage, diese Beurteilung abzugeben, solange man auf eine Superbürokratie mit einer Vielzahl staatseigener Prüfer verzichten will. Daher kann dem Abschlußprüfer im Interesse einer marktwirtschaftlich orientierten und liberalen Aufsicht eine umfassende Beurteilung der wirtschaftlichen Situation der geprüften Kreditinstitute zugemutet werden, was im Wirtschaftsprüferberuf natürlich eine gewisse Spezialisierung zur Folge haben wird.

Weil Bankenaufsicht nach dem Prinzip »alle Jahre wieder« unmöglich ist, genügt die Prüfung des Jahresabschlusses allein nicht. Es war ein entscheidender Mangel des geltenden Gesetzes, daß dem Aufsichtsamt nicht das Recht zur jederzeitigen unvermuteten Prüfung eingeräumt worden ist. In den vergangenen Jahren konnte die Behörde zwar Sonderprüfungen durchführen, dies aber nur bei besonderem Anlaß, der nachzuweisen und zu begründen war. Das gab dann sofort zu institutsschädigenden Gerüchten Anlaß. Da den betroffenen Instituten ein Rechtsmittel zustand, konnten sie die Sonderprüfung auch noch verzögern. Dies hat in manchen kritischen Fällen rechtzeitiges Eingreifen verhindert. Eine Anpassung an die Prüfungspraxis bei der allgemeinen Gewerbeaufsicht, bei der Steuerprüfung, aber auch im Sparkassen- und Genossenschaftsbereich, wo die unvermutete Prüfung seit jeher mit Erfolg praktiziert wurde, war deshalb unaufschiebbar.

Neues Verfahren bei der Geschäftsleiterbestellung

Ein besonders delikater, aber wichtiger Punkt ist die Überprüfung der Qualifikation der Geschäftsleiter eines Kreditinstituts. Die Risikolage eines Kreditinstituts hängt im wesentlichen von der Leitung der Bank ab. In einer großen KWG-Novelle müßten daher die Zulassungsbedingugen überprüft werden. Die geltende Regelung, nach der die fachliche Qualifikation eines Geschäftsleiters im allgemeinen dann anzunehmen ist, wenn eine dreijährige Tätigkeit in leitender Stellung bei einem entsprechenden Kreditinstitut nachgewiesen wird, hat einige Mängel, die sich im Verfahren und im materiellen Inhalt der Vorschrift bemerkbar machen. So erfährt das Amt immer erst nachträglich durch eine Anzeige von der vollzogenen Bestellung eines Geschäftsleiters und befindet sich damit in der mißlichen Lage, ungeeignete Personen aus faktisch und offiziell bereits eingenommenen Positionen wieder verdrängen zu müssen. In diesen Fällen erleiden die Betroffenen einen beträchtlichen Imageverlust und können sich gegebenenfalls nicht nochmals um eine Geschäftsleiterposition bewerben.
Daher wäre für die Geschäftsleiterbestellung ein Erlaubnisverfahren vorzuziehen, bei dem sich die Unternehmen und Bewerber vor der Bestellung offiziell oder inoffiziell mit dem Amt in Verbindung setzen müssen. Materiell müßte die Zulassungsvorschrift dahin geändert werden, daß grundsätzlich nur der Bewerber die Erlaubnis für die Übernahme einer Geschäftsleiterfunktion erhalten darf, der eine erfolgreiche dreijährige hauptberufliche leitende Tätigkeit in einem Kreditinstitut nachweisen kann. Diese hauptberufliche Tätigkeit muß deshalb verlangt werden, weil es in den Verwaltungs- und Aufsichtsräten des Kreditgewerbes zahlreiche ehrenamtlich tätige Personen gibt, die bereits aufgrund dieser Funktionen annehmen, sie besäßen die Qualifikation für die Wahrnehmung der Aufgaben eines Geschäftsleiters.
Auch der notwendige Ausnahmebereich müßte enger und konkreter gefaßt werden, weil der »Regel«-Tatbestand des geltenden Rechts dem Amt das Eingreifen erschwert. Natürlich kann der Geschäftsleiter eines Kreditinstituts seine erforderliche Qualifikation auch außerhalb eines Instituts erwerben, und es gibt viele bekannte Persönlichkeiten der deutschen Kreditwirtschaft, bei denen dies der Fall war. Es müssen

in einem solchen Fall die Befähigungen für die neue Aufgabe konkret nachgewiesen werden, was z. B. auf Prüfer der Verbände, der Sparkassen und der Kreditgenossenschaften zutrifft, die traditionell einen großen Teil des Vorstandsnachwuchses in diesen Kreditorganisationen stellen. Auch sollten im Falle der Bestellung eines typischen Außenseiters dem Vorstand einer Bank oder einer Sparkasse bereits eine ausreichende Zahl von Vorstandsmitgliedern mit eigener Praxis angehören, und der »Außenseiter« etwa aus dem Bereich der praktischen Wirtschafts- und Finanzpolitik oder der allgemeinen Verwaltung sollte besondere, für die geschäftspolitische Position des Instituts nützliche Fähigkeiten mitbringen. Gleichzeitig kann seine interne Zuständigkeit im Vorstand zeitweise beschränkt werden.

Der wichtigste Schutz vor gewagten Engagements von Kreditinstituten dürfte jedoch darin liegen, daß die Vorstände als Kollegialorgane handeln und gemeinsam wichtige Engagements entscheiden. »Einsame Entschlüsse« sind im Bankgeschäft problematisch. Deshalb ist es trotz der praktischen Schwierigkeiten für Kleininstitute zu begrüßen, daß die KWG-Novelle konsequent den kollegialen Vorstand anstrebt und das Zweiaugenprinzip in der Führung einer Bank beseitigen will.

Verschärfung der Großkreditnormen heftig umstritten

Erhebliche wirtschaftliche Auswirkungen zu befürchten

Besonders umstritten in der bankpolitischen Diskussion ist der Wunsch der Bankenaufsicht, über eine Einschränkung des Großkreditkontingents zu einer stärkeren Risikobegrenzung zu kommen. Allerdings wird aus der Sicht des Gläubigerschutzes anerkannt, daß ein unmittelbarer Zusammenhang mit einer Verbesserung der Einlagensicherung besteht. Wenn also die Einlagensicherung von den vor allem tangierten privaten Banken wirksamer gestaltet wird, so strahlt dies auch auf die Großkreditnormen aus.

Dabei sind die einzelnen Vorschläge zu § 13 KWG differenziert zu beurteilen. Aus der Sicht des Insolvenzschutzes hat die Reduzierung des zulässigen Einzelkredits auf 75 Prozent des haftenden Eigenkapitals (jetzt 100 Prozent) einen gewissen Sinn, weil sich das Einzelrisiko einer Bank dadurch vermindert. Übersehen wird allerdings dabei, daß viele Großprojekte, z. B. der Energieversorgung, heute im öffentlichen Interesse und von Unternehmen durchgeführt werden, die überwiegend der öffentlichen Hand gehören. Ausnahmen wären hier sachgerecht. Das Argument zusätzlicher Sicherheit vor Insolvenzen kann allenfalls noch für die Vorschrift zugestanden werden, wonach die fünf größten Großkredite zusammen das Dreifache des haftenden Eigenkapitals nicht übersteigen dürfen.

Dagegen ist in der einschneidenden Vorschrift, das Volumen der zugesagten Großkredite, also der über 15 Prozent des haftenden Eigenkapitals hinausgehenden Kredite, auf das Sechsfache des haftenden Eigenkapitals zu begrenzen, ein solcher zusätzlicher Sicherheitseffekt nicht erkennbar, der einen derartig schweren Eingriff in die Geschäftsstruktur unseres Bankensystems rechtfertigen würde. Bundesregierung und Bundesbank sind bisher die Beispiele für daraus resultierende Insolvenzfälle schuldig geblieben. Dabei sind die Bedenken der Kreditwirtschaft bisher von der übrigen Wirtschaft wie auch von den Verbraucherverbänden eindeutig geteilt worden.

Bei der näheren Untersuchung der Problematik des Großkredits ist zuzugeben, daß eine übertriebene Großkreditgewährung zu einer ungünstigen Kreditstreuung und auch zu Bonitätsrisiken führen kann. Deshalb sah schon das bisher geltende KWG Limits vor. Andererseits stellt aber gerade die Gewährung von Großkrediten an große deutsche und internationale Unternehmen durch mittlere Kreditinstitute eine auch für diese liquiditäts- und rentabilitätsmäßig durchaus vernünftige Anlage dar. Wenn die Kreditinstitute vom Kreditgeschäft mit solchen Unternehmen, deren Bonität keinem Zweifel unterliegt, nicht ausgeschlossen werden sollen, müssen sie die Möglichkeit haben, auch größere Kredite geben zu können, da kleinere Beträge von Kunden dieser Größenordnung nicht gefragt sind.

Bei einer extremen Beschränkung der Großkreditgewährung würden die geschäftlichen Aktivitäten besonders kleiner und mittlerer Banken sowie der Zentralinstitute des Sparkassen- und des Genossenschaftssektors ganz entscheidend eingeengt. Diese Institute würden in das kostenträchtigere mittlere Kreditgeschäft abgedrängt, das ohne Filialen in einem ausgleichenden Umfang gar nicht bewältigt werden kann. Strukturveränderungen und wettbewerbsmindernde Konzentrationsvorgänge würden nicht ausbleiben, das ausfallende Kreditvolumen könnte im wesentlichen nur von den großen Kreditinstituten, in der Hauptsache von den drei Großbanken, übernommen werden. Entweder wird also die Konzentration massiv gefördert, oder es müssen infolge unzureichender Deckung des Kreditbedarfs Nachteile für die Gesamtwirtschaft befürchtet werden. Das Bundesfinanzministerium und die Bundesbank machen es sich sicher zu leicht, wenn sie diese Gefahren für den Wettbewerb in der Kreditwirtschaft bagatellisieren.

Mehr Gläubigerschutz nicht durch enge quantitative Begrenzungen

Im übrigen muß bezweifelt werden, ob solche Maßnahmen wirklich ein geeignetes Mittel sind, den Gläubigerschutz entscheidend zu verbessern. Die Erfahrungen mit Bankinsolvenzen beweisen nämlich nicht, daß das Hauptrisiko ausschließlich bei den Großkrediten liegt. Vielmehr ist das Risiko bei Großkrediten im Durchschnitt eher geringer als bei entsprechenden Krediten kleinerer Größenordnung, da gerade bei Großkrediten regelmäßig eine besonders sorgfältige Bonitätsprüfung und Überwachung stattfindet. Einzelfälle können hier nicht verallgemeinert werden, denn die Mehrzahl der Bankinsolvenzen seit 1948 hatten ihre Ursache eher in Liquiditätsschwächen, in anderen unbeaufsichtigten Geschäften, in einseitiger Branchenorientierung, in undurchsichtigen oder betrügerischen Geschäften, in der Nichtbeachtung der bereits heute geltenden Gläubigerschutzbestimmungen oder generell in einem unfähigen Management der betreffenden Institute. Nicht enge quantitative Begrenzungen, sondern Bonitätsgesichtspunkte sind als Sicherheitskriterien entscheidend, vor allem die Prüfung der gestellten Sicherheiten und die sorgfältige Überwachung der bedeutenden Engagements. Weiterhin dürfte im Kreditgeschäft eine vernünftige Branchenstreuung eher Krisen verhindern als übertriebene quantitative Einschränkungen globaler Art.
Die stets wiederholten Hinweise auf die angeblich scharfen Kreditbegrenzungen im Ausland sind nicht gerechtfertigt. Denn einmal besitzen die Kreditinstitute anderer Länder in der Regel ein höheres Eigenkapital als unsere Kreditwirtschaft nach zwei Inflationen. Zum anderen unterscheidet sich die Struktur des deutschen Kreditgewerbes von den etwa in den USA anzutreffenden Verhältnissen. Unsere Kreditgenossenschaften und öffentlich-rechtlichen Institute (Sparkassen, Landesbanken/Grozentralen) nehmen voll am Wettbewerb mit den Großbanken teil, obgleich sie teilweise durch zusätzliche gesetzliche Einschränkungen Wettbewerbsnachteilen im Großkreditgeschäft ausgesetzt sind. Hinzu kommt, daß wir den freien Zinswettbewerb haben, während man beispielsweise in den USA noch heute eine staatliche Reglementierung der Haben-Zinsen praktiziert. Dadurch wird dort vermutlich die Eigenkapitalbildung stabilisiert, während sie bei uns durch den Wettbewerbsdruck tendenziell verringert wird.

Wettbewerbsverzerrungen mit desintegrierenden Effekten

Bei Verwirklichung extremer Vorschläge müßten die kleineren und mittleren Privatbanken sowie alle übrigen filiallosen Institute (vor allem Landesbanken/Girozentralen und genossenschaftliche Zentralkassen) einen wesentlichen Teil der bestehenden größeren Kreditengagements abbauen. Dabei beschränken sich diese Auswirkungen keineswegs auf die Finanzierung der Großunternehmen. Selbst auf lokaler Ebene würden manche Sparkassen, Genossenschaften oder kleine Privatbanken bei der Kreditversorgung mittelständischer Unternehmen oder selbständiger Kommunalunternehmen sehr schnell an die Grenze des § 13 Abs. 4 stoßen und die Geschäftsbeziehungen einschränken müssen, im Gegensatz zur ortsansässigen Filiale einer großen eigenkapitalstarken Bank.

Ähnliches gilt auch für die Kreditversorgung der großen Unternehmen. Eine Reduzierung der Großkreditgrenzen vermindert entscheidend die Auswahlmöglichkeiten des Kreditnehmers an den Kreditmärkten. Denn diese Unternehmen können ihren Kreditbedarf wirtschaftlich nicht bei einer Unzahl von Kleinanbietern decken, zumal sie heute schon bei der Größenordnung des Kreditbedarfs auf relativ große Bank-Konsortien angewiesen sind. Diese wettbewerbsbehindernde Beschränkung der Auswahlmöglichkeit der Kreditnehmer bei Großunternehmen wie auch auf lokaler Ebene müßte als weitere Konsequenz den Konzentrationsprozeß im Kreditgewerbe fördern.

Außerdem beruht die Struktur der deutschen Kreditwirtschaft wesentlich auf dem Prinzip der Arbeitsteilung. Dies gilt besonders für die auf das Industriegeschäft oder die Baufinanzierung ausgerichteten Spezialbanken und die Zentralinstitute der Sparkassen und Kreditgenossenschaften. Diese gewachsene Arbeitsteilung ist von großer Bedeutung für die Kreditversorgung unserer Wirtschaft mit ihrer mittelständischen und dezentralen Struktur. Gerade in einer kritischen Konjunkturphase ist es für die Wirtschaftsstruktur schädlich, einen wichtigen Kreis unserer Kreditinstitute durch gesetzliche Begrenzung oder Einengung des Großkreditanteils zu zwingen, ihr Kreditgeschäft massiv abzubauen. In vielen Fällen wäre es schwierig, einen neuen Kreditgeber mit gleichen Konditionen zu finden.

Auch der Rat, Großkredite über Konsortien zu vergeben, kann diese Probleme nicht beseitigen, zumal ja ohnehin bei fast allen Finanzierungen von Großprojekten heute schon Konsortien üblich sind. Außerhalb der bisher üblichen Konsortialgeschäfte könnte aber ein wettbewerbshemmender Effekt entstehen, wenn sich beispielsweise stets mehrere Anbieter auf einem lokalen Markt für die Kreditversorgung eines Unternehmens zusammenfinden müßten: Dies wäre geradezu der klassische Fall eines unerwünschten, aber hier notwendigen quasi-Kartells. Zum anderen würden übertrieben klein gestückelte

Konsortialkredite einen Mehraufwand an Arbeit und Kosten verursachen, der sich in den Konditionen niederschlagen müßte. Daher ist nicht anzunehmen, daß Konsortialkredite im vorausgesetzten Umfang realisierbar würden. Hinzu kommt vor allem, daß die Begrenzung des Gesamtvolumens der Großkredite auch die Konsortialkreditkapazität der in Betracht kommenden Institute erheblich einengen würde.

Beschränkung des Großkreditvolumens stört Arbeitsteilung

Berechnungen haben ergeben, daß bei einer Begrenzung der Großkredite auf das Sechsfache des haftenden Eigenkapitals das Großkreditvolumen besonders bei den filiallosen Instituten um teilweise mehr als die Hälfte des bisherigen Umfanges abgebaut werden müßte. Diese Kreditinstitute werden bei einer solch extremen Regelung aus einer wesentlichen Domäne ihrer gewachsenen Geschäftsverbindungen verdrängt. Die spezialisierten Banken und insbesondere die Zentralinstitute der Verbundsysteme würden in ihrer gesamten Geschäftsstruktur existenzbedrohend getroffen.
Diese Institute könnten sich nicht ohne wesentliche Umstrukturierung ganzer Bankengruppen zum mittleren Kreditgeschäft hin umorientieren. Derartige Auswirkungen müßten aber auch solche Privatbanken treffen, die sich nicht primär mit dem Massengeschäft befassen, sondern seit Jahrzehnten ein breitgestreutes, dadurch weniger riskantes Geschäft mit einer industriellen Großkundschaft betreiben. Damit erfüllen sie in der Regel ohne einen kostenträchtigen Apparat zwischen großen und kleinen Instituten eine volkswirtschaftlich bedeutsame Aufgabe, weil sie sich im Markt elastischer als diese verhalten können.
Bei Industriekundschaft mit unzweifelhafter Bonität führt eine Verschärfung der Vorschrift zwangsläufig dazu, daß das deutsche Kreditgewerbe tendenziell stärker ausgeschaltet und auf Auslandsfinanzierungen zurückgegriffen werden wird. Wenn Banken weniger Industriekredite geben können, wird nach den Erfahrungen der Vergangenheit das sog. Industrieclearing gefördert. Alles Aspekte, die gesamtwirtschaftlich bedenklich sind.
Überdies ist eine Systemänderung, nämlich die Begrenzung nach haftendem Eigenkapital zu bemessen, schon vom theoretischen Ansatz her nicht überzeugend. Die Anknüpfung an das Eigenkapital wäre nur konsequent, wenn es in diesem Zusammenhang um die Absicherung des einzelnen Kredits oder des gesamten Kreditvolumens geht. Diesem Zweck dient die Begrenzung des einzelnen Großkredits nach § 13

Abs. 4 KWG. Wenn darüber hinaus der Anteil der Großkredite am gesamten Kreditvolumen nochmals gesondert am Eigenkapital gemessen werden soll, so ist dies für eine gesunde relative Kreditstreuung nicht notwendig. Maßgeblicher Anknüpfungspunkt hierfür sollte nämlich nicht das Eigenkapital, sondern das gesamte Kreditvolumen sein. Dem Zweck dieser Kreditstreuungsbestimmung entspricht eine solche Regelung nicht, und sie erscheint auch aus der Sicht der Bonitätssicherung nicht sachgerecht, weil Großkredite nicht von Hause aus risikoträchtiger sind.

Ungerechtfertigt ist auch die Einbeziehung der Kreditzusagen in den Großkreditanteil, weil nach allgemeiner Bankerfahrung die eingeräumten Kreditlinien nur zum Teil ausgenutzt werden. So haben auch die Untersuchungen der Deutschen Bundesbank ergeben, daß sich die Ausnutzung dieser Kreditlinien durchschnittlich relativ konstant bei 60 Prozent hält. Dies darf bei den Messungen des Großkreditanteils nicht unberücksichtigt bleiben. Der Einwand, daß die Einhaltung von rechtsverbindlichen Zusagen im Extremfall zu Überschreitungen der Grenze führen müsse, erscheint als wenig praxisgerechte und zu formale Betrachtung, zumal Kreditzusagen nach den Vertragsbedingungen im allgemeinen kurzfristig widerrufen und bei Bonitätsverschlechterung auch gestrichen werden können.

Bei intensiven Diskussionen mit Befürwortern einer stärkeren Großkreditbegrenzung wird immer deutlich, daß man zwei Fliegen mit einer Klappe erledigen möchte, die Risikobegrenzung einerseits und eine kräftige Aufstockung der Eigenmittel der Kreditinstitute andererseits. Dazu ist zu sagen, daß dieser indirekte Zwang über den Großkredit, der nur einen Teil der Kreditinstitute geschäftspolitisch belasten würde, nicht der richtige Weg ist, die gewiß problematischen Fragen einer ausreichenden Eigenkapitalausstattung der deutschen Kreditinstitute zu lösen. Es ist auch der Bundesregierung aus ihren eigenen Bankbeteiligungen bekannt, wie schwierig es im Bereich der öffentlichen Haushalte sein kann, rechtzeitig seinen Wirtschaftsunternehmen das erforderliche Eigenkapital zu geben. Diese Schwierigkeiten mehren sich bei den finanzschwachen Ländern und kommunalen Körperschaften. Bei Privatbankiers stößt das Verlangen nach mehr Eigenkapital rasch an die Grenzen der Eigenfinanzierung, die allen nicht emissionsfähigen Unternehmen bei den heutigen Steuersätzen sehr schwerfällt. Nur mehr Eigenkapital zu fordern und dafür keine Wege aufzuzeigen, heißt die Konzentration bei den großen Aktienbanken zu fördern.

Eigenkapitalfrage muß neu geregelt werden

Bei einer künftigen grundsätzlichen Novellierung des KWG wird sich deshalb der Gesetzgeber intensiv mit der Eigenkapitalausstattung unserer Kreditinstitute befassen müssen. 1961 verfolgte man hier einen konservativen Weg, bei dem faktisch nur das eingezahlte Grund-, Stamm- oder Geschäftskapital sowie die Rücklagen als haftendes Eigenkapital anerkannt wurden. Sonderregelungen für Privatbankiers und Genossenschaften mit der Berücksichtigung des freien Vermögens und des Haftsummenzuschlags kamen zwar ebenso hinzu wie die Anerkennung bestimmter Einlagen stiller Gesellschafter. Jedoch hat sich im Laufe der Jahre gezeigt, daß damit der Engpaß in der Eigenkapitalausstattung angesichts der rechtlichen Vielfalt der deutschen Kreditinstitute nicht überwunden werden kann.

Die jetzige Eigenkapitalrelation zur Bilanzsumme in Höhe von 2,5 bis 4 Prozent im Normalfall stellt sicher eine untere Grenze des Vertretbaren dar, wenn dem haftenden Eigenkapital eine Risikoausgleichsfunktion im Interesse des Gläubigerschutzes und der Funktionsfähigkeit der Kreditwirtschaft zukommen soll. Die Entwicklung des Geldwertes und die damit verbundene Aufblähung der Bilanzsumme hat in den letzten Jahren zu einem bedenklichen Rückgang des Anteils des haftenden Eigenkapitals an den Bilanzsummen geführt. Der intensive Wettbewerb und der zunehmende Lohnkostendruck haben die Möglichkeiten der Eigenfinanzierung aus Gewinnen wie überall in der Wirtschaft stark eingeschränkt. Bedenkt man, daß unsere Kreditwirtschaft ohnehin ein durch zwei Inflationen dezimiertes Eigenkapital nach dem Kriege wieder aufbauen mußte, so ergibt sich daraus vor allem im Hinblick auf den internationalen Wettbewerb ein dringliches Problem. So bringt die ausschließliche Eigenfinanzierung des haftenden Eigenkapitals bei Einzelbankiers und Sparkassen diese Gruppen in zunehmende Schwierigkeiten, das notwendige betriebswirtschaftliche Wachstum durch Verstärkung des Eigenkapitals abzusichern.

Bei einer »großen« KWG-Novelle sollte deshalb intensiv überlegt werden, ob nicht zusätzliche Formen haftenden Eigenkapitals anerkannt werden können. Hierbei sollte man sich noch mehr als bisher im KWG vom gesellschaftsrechtlichen Eigenkapitalbegriff lösen und darauf abstellen, daß die Haftung einer angelegten Kapitalsumme für das unternehmerische Risiko des Instituts die entscheidende Maßgröße sein sollte. Auch eine vorübergehende Haftung sollte dabei genügen. Die damit allgemein eröffnete Möglichkeit eines variablen haftenden

Eigenkapitals wäre nichts Neues, denn sie besteht ohnehin bei mehreren Gesellschaftsformen. Würde man, wie etwa in Dänemark und in den USA, besondere haftende Einlagen mit längerer Festlegungszeit als haftendes Eigenkapital anerkennen, wäre dies eine Möglichkeit, auch außerhalb der Rechtsform einer Aktiengesellschaft Kreditinstituten haftende Eigenmittel von außen zuzuführen.

Bei den öffentlich-rechtlichen Instituten stellt sich außerdem die Frage, ob man aus dem Blickwinkel des Gläubigerschutzes heraus die unbeschränkte Haftung der hinter dem jeweiligen Institut stehenden öffentlichen Körperschaften (Land, Kreis, Stadt, Gemeinde) ohne weiteres ignorieren kann, wie dies im Gesetz von 1961 im Gegensatz zu seinem Vorgänger von 1934 geschieht.

Neben der Zuführung von Dotationskapital durch die kommunalen Gewährträger – was in der Praxis bei der hohen Verschuldung der kommunalen Körperschaften sehr schwierig sein dürfte – sollte deshalb auch die Möglichkeit der sogenannten Quantifizierung der Gewährträgerhaftung diskutiert werden, da nicht einzusehen ist, warum der Haftsummenzuschlag bei den Kreditgenossenschaften Eigenkapitalcharakter haben soll, die unbeschränkte Haftung einer deutschen Stadt oder eines Kreises aber nicht. Wenn die Bundesregierung ihre Absicht, die Körperschaftsteuersätze für Sparkassen, Kreditgenossenschaften und für den langfristigen Kredit drastisch zu erhöhen, im Parlament durchsetzen kann, kann man diesem Problem nicht länger ausweichen.

Die wertvollste Hilfe für eine gesunde Eigenkapitalrelation der Kreditinstitute wäre allerdings ein stabiler Geldwert, der dann nur noch zu einem realen und nicht mehr nominal aufgeblähten Bilanzsummenzuwachs führen würde. In einem solchen Fall wäre es gut geführten Kreditinstituten eher möglich, durch Eigenfinanzierung die notwendige Haftungsbasis für die Zukunft zu schaffen und die Relation Eigenkapital zur Bilanzsumme zu halten oder sogar leicht zu verbessern.

Organisationsprobleme der Bankenaufsicht

Der Streit über die Frage, ob im Kreditwesen eine Bundesaufsicht sinnvoller ist als eine Landesaufsicht, muß heute im Sinne einer Bundesaufsicht beantwortet werden, denn eine Bundesbehörde ist schlagkräftiger als 11 Landesbehörden. Ihr umfangreicherer Personalbestand ermöglicht eine stärkere Spezialisierung, ihr bundesweites Tätigkeitsfeld führt zu einem größeren Überblick und zu mehr Erfahrungen. Hinzu kommt die wirksamere Kooperation mit der Deutschen Bundesbank, die ja erhebliche Mitwirkungsrechte im Bankenaufsichtsbereich hat. Hier ist die Bundesaufsicht ein adäquater Partner, und die Zusammenarbeit zwischen dem Bundesaufsichtsamt und dem Zentralbanksystem ist eine der wesentlichen Voraussetzungen für eine effektive Bankenaufsicht. Dies gilt für den Bereich der Grundsatzfragen ebenso wie für die laufende das Einzelunternehmen erfassende Institutsaufsicht. Die sich ergänzenden Erfahrungen beider Institutionen ermöglichen ein optimales Ergebnis.

Der Apparat der Bundesbank mit seinem umfassenden Material ist für die Bankenaufsicht unverzichtbar, denn die Bundesbank hat mit ihren Landeszentralbanken wohl den besten Einblick in unser Kreditsystem. Sie steht durch ihren föderalistischen Aufbau und durch die Zweigstellen an den wichtigsten Bankplätzen in engem Kontakt mit dem Kreditgewerbe und der Wirtschaft, an ihr Ohr gelangen die Nachrichten über positive und negative Entwicklungen von Instituten und Wirtschaftsunternehmen am schnellsten. Damit wird die Bundesbank zu einem unentbehrlichen Partner der Bankenaufsicht.

Die gesetzlich vorgeschriebene Kooperation zwischen der Bundesbank und der Bankenaufsicht sollte aber nicht dazu verleiten, ordnungspolitische Ziele der Notenbank über die Bankenaufsicht zu verfolgen. In der Vergangenheit hat sich dann und wann der Eindruck ergeben, daß eine solche Neigung bestehen könnte. So waren z. B. die Vorschläge der Bundesbank zur letzten Änderung des Liquiditätsgrundsatzes III hinsichtlich der Interbankverbindlichkeiten deutlich von geldpolitischen Vorstellungen der Bundesbank geprägt. Die Bundesbank sollte aber ihre Ziele mit ihren Instrumenten, die Bankenaufsicht ihre Aufgaben mit ihren Möglichkeiten wahrnehmen. In der Gesamtschau hat sich aber die Polarität zwischen der Bundesbank, die von ihrer Aufgabe her »mehr« grundsätzlich eingestellt ist, und dem Aufsichtsamt, das sich an kritischen Einzelfällen orientieren muß, letztlich positiv ausgewirkt.

Es versteht sich von selbst, daß bei der Fülle der Aufgaben und Probleme, die die Bankenaufsicht zu bewältigen hat, die Behörde im personellen Bereich quantitativ und vor allem qualitativ gut ausgestattet sein muß. Für seine schwierigen Aufgaben benötigt das Amt vor allem auch Mitarbeiter mit bank- und betriebswirtschaftlicher Erfahrung. Das Kreditgewerbe braucht weiterhin eine zwar liberale, aber fachlich qualifizierte und in den wirklichen Problemfällen rasch zugreifende Aufsicht. Die Novelle zum KWG, die dem Amt neue Aufgaben und neue Verantwortung überträgt, sollte Anlaß sein, auch im Haushaltsausschuß des Bundestages die personelle Ausstattung des Amtes zu diskutieren. Fiskalische Einwände ziehen hier nicht, weil das Kreditgewerbe über eine besondere Umlage ohnehin die Kosten des Amtes weitgehend trägt. Das Kreditgewerbe erwartet von einer guten Qualität der Bankenaufsicht weniger Routinepapierkrieg und mehr Konzentration auf die wirklichen Problemfälle.

Stärkere Kooperation mit den Verbänden

Die Bankenaufsicht tut gut daran, sich der Mitarbeit der Verbände der Kreditwirtschaft zu versichern, was im Gesetz ja auch vorgesehen ist. Das KWG sieht die Verbände als selbständige Partner der Aufsicht bei der Eigenkapital- und Liquiditätsregelung, der Zins- und Wettbewerbsreglementierung, der Bilanzvorlage und der Prüfung. Den Verbänden werden auch Mitwirkungs- und Anhörungsrechte eingeräumt. Man hat damit gute Erfahrungen gemacht, und es sollte daher überlegt werden, auf diesem Weg weiterzugehen. Denn wo die Verbände aufgrund eines gesetzlichen Prüfungs- und Betreuungsauftrages wie bei den Sparkassen und Kreditgenossenschaften in ständigem Kontakt mit ihren Mitgliedsinstituten stehen, könnte es möglich sein, die zentrale Aufsichtsbehörde in Berlin zu entlasten. Da das Gesetz der Aufsichtsbehörde gestattet, sich bei der Durchführung ihrer Aufgaben anderer Personen und Einrichtungen zu bedienen, könnte das Amt diese Möglichkeit verstärkt wahrnehmen und sich von Kleinarbeit befreien. Dabei dürften die Verbände aber keinesfalls in untere Aufsichtsbehörden umfunktioniert werden, denn das Verhältnis zwischen Verbänden und ihren Kreditinstituten muß allein von der partnerschaftlichen Selbstverwaltung bestimmt bleiben.
Schon bisher haben sich die Verbände dem Aufsichtsamt als Mittler und Partner zur Verfügung gestellt. Das in den einzelnen Gruppen des Kreditgewerbes ausgeprägte Bewußtsein vom notwendigen Standing der eigenen Institutsgruppe ermöglicht es den Verbänden, dem Amt auch bei konkreten Aufsichtsproblemen zu helfen. Durch die aufgeschlossene Kooperation zwischen Amt und Verbänden konnten Schwierigkeiten in vielen Fällen ohne massives Eingreifen der Behörde und ohne die mit jeder Publizität verbundene Beunruhigung abgewickelt werden. Sichtbarer Beweis dafür ist die seit 1969 bestehende

Einlagensicherung, die als Erfolg der kreditwirtschaftlichen Selbstverwaltung zu werten ist. Selbst wenn die Gemeinschaftsaktionen der drei großen Verbände, der privaten Banken, der Kreditgenossenschaften und der Sparkassenorganisation im Zusammenhang mit der Hilfe für die Sparer der Bayerischen Wirtschaftsbank und des Bankhauses Herstatt in den verschiedenen Gruppen naturgemäß sehr differenziert beurteilt wurden, ist doch das gesamtwirtschaftliche Engagement der Verbände in kritischen Situationen zu würdigen.
Bei jeder Kooperation zwischen Verbänden und der Aufsichtsbehörde sowie der Bundesbank müssen die Selbstverwaltungsinstitutionen natürlich die Interessenwahrer ihrer Gruppen bleiben, und das selbstverständliche Spannungsfeld zwischen Aufsicht und Gewerbe darf nicht verwischt werden. Der Bankenaufsicht könnte aber durch Errichtung eines kleinen effektiv einsetzbaren Beirats aus den führenden Repräsentanten des Kreditgewerbes ein Gesprächs- und Informationspartner an die Seite gestellt werden, der die Erfahrung der Aufsicht mit den Kenntnissen der Praxis konstruktiv verbindet.

EG-Bankenaufsicht harmonisieren!

Chancengleichheit nur durch gleiches Aufsichtsrecht

Wegen der grenzüberschreitenden Funktionen des Kreditgewerbes hat die Bankenaufsicht aber nicht nur nationale Bedeutung. Deshalb befaßt sich die EG-Kommission schon seit Jahren mit dem Projekt, das Bankenaufsichtsrecht in den Mitgliedsländern der Europäischen Gemeinschaft anzugleichen. Denn die angestrebte Wirtschafts- und Währungsunion in Europa kann nicht ohne gewisse Grundregeln für den Bankenapparat erreicht werden: Die zunehmenden grenzüberschreitenden Aktivitäten der Kreditinstitute in den Mitgliedsstaaten erfordern gleichmäßige Mindestbedingungen für alle Banken der Gemeinschaft und auch Chancengleichheit durch die wettbewerbsneutrale Gestaltung des Aufsichtsrechtes.
Solange nämlich die Geschäftspartner der Banken nicht davon ausgehen können, daß innerhalb der Gemeinschaft gleichmäßige Anforderungen an die Zulassung und an die laufende Beaufsichtigung der Institute gestellt werden, solange werden sie »ausländischen« Kreditinstituten kein volles Vertrauen gewähren. Ohne dieses Vertrauen

kann aber kein einheitlicher Markt im Bereich Geld und Kredit verwirklicht werden, denn ein solcher verlangt, daß sich die Unternehmen von der Leistung her unterscheiden, nicht aber durch legislativ und administrativ bedingte Bonitätsdifferenzen.
Solange die Mitgliedsstaaten unterschiedliche Liquiditäts- und Eigenkapitalforderungen an ihre Banken stellen, solange die Zulassung von Instituten oder ihren Filialen in einigen Mitgliedsländern der Bedürfnisprüfung unterliegen, solange den Universalbanken der Zugang zu Ländern mit Spezialbanksystem nur beschränkt möglich ist, solange wird kein einheitlicher Markt im Kreditsektor zu verwirklichen sein und ein umfassender europäischer Kapitalmarkt Illusion bleiben.
Die Arbeiten der EG-Kommission führten 1972 zu einem Richtlinienvorschlag, der aber durch die Auseinandersetzungen mit den drei neuen Mitgliedsländern zu den Akten gelegt wurde. Dieser Entwurf hätte die wichtigsten Aufsichtsbereiche vereinheitlicht: Zulassungswesen, Qualifikation der Geschäftsleitungen, Liquiditäts- und Eigenkapitalausstattung, Kredithöchstgrenze, Kreditmeldung, Prüfungswesen, Bilanzschema, Eingriffsbefugnisse und Niederlassungsfreiheit.

Richtlinienvorschlag von 1974 ohne konkrete Rechtsangleichung

Ende 1974 wurde schließlich ein neuer Richtlinienvorschlag verabschiedet, der aber, sieht man von der allgemeinen Einführung eines Zulassungsystems ab, keine konkrete Rechtsangleichung mehr enthält, sondern sich im Kern darauf beschränkt, die Zusammenarbeit der nationalen Bankaufsichtsbehörden zu institutionalisieren. Die Mitgliedsstaaten verpflichten sich, in dem Koordinationsgremium dieser Behörden einen fortlaufenden Prozeß der Rechtsangleichung einzuleiten.
Der in Brüssel als realistisch bezeichnete Entwurf legt aber die eigentlichen Probleme zunächst zu den Akten. Was nützt beispielsweise die Verpflichtung der Mitgliedsstaaten, die Zulassung von Kreditinstituten dann zu verweigern, wenn diese nicht über »ausreichendes Eigenkapital« und ihre Geschäftsleitung nicht über die »erforderliche berufliche Eignung und Zuverlässigkeit« verfügen? Hier kann man nicht mit unbestimmten Rechtsbegriffen arbeiten, nur konkrete Kriterien helfen weiter. Was soll der Grundsatz der Niederlassungsfreiheit, wenn einzelne Mitgliedsstaaten weiterhin an der Bedürfnisprüfung und anderen Einschränkungen bei der Neuzulassung von Banken oder deren Zweigstellen festhalten könnten. Selbstverständlich ist es schon

ein Fortschritt, daß die Eröffnung von Zweigstellen in anderen Mitgliedsstaaten nicht mehr deshalb abgelehnt werden darf, weil das ausländische Institut eine Rechtsform hat, die im Gastland nicht zugelassen ist.

Man kann aber solange nicht von einem gemeinsamen Kreditmarkt sprechen, wie die Grundsätze über Liquidität und Eigenkapital weiterhin von jedem Staat unterschiedlich geregelt werden und nicht einmal die Kriterien für aufsichtsbehördliche Eingriffe einheitlich gelten. Wesentliche Voraussetzung für eine Rechtsangleichung und eine Niederlassungsfreiheit ohne Wettbewerbsverzerrung sind daher eine einheitliche Liquiditäts- und Eigenkapitalregelung sowie übereinstimmende Qualifikationskriterien für die Geschäftsleiter. Denn ohne eine entsprechende Vereinheitlichung in diesen Punkten müssen die materiellen Aufsichtsbeschränkungen für Mutterinstitute und ihre ausländischen Zweigstellen zu stark differieren. Wenn der Entwurf von 1974 die Bankaufsichtsbehörden verpflichtet, gemeinsame Berechnungsschemen und Statistiken der für eine einheitliche Liquiditäts- und Eigenkapitalregelung wichtigen Relation zwischen Aktiva und Passiva anzufertigen, so ist das ein positiver Ansatz. Ob die Behörden damit aber bald auf einen gemeinsamen Nenner kommen werden, ist zu bezweifeln, denn dieses Material hätte in den vergangenen Jahren ohnehin schon längst erstellt werden können.

Unerfreulich ist schließlich, daß der Entwurf zunächst nur den »Kern« der Kreditwirtschaft eines jeden Landes ansprechen will. Deshalb können beispielsweise die französischen und britischen Sparkassen, die neben der Spareinlagensammlung nur eine sehr schmale Palette von Bankgeschäften betreiben dürfen, durch nationale Gesetzgebung zunächst ausgeklammert werden. Weil Bankenaufsicht nicht nur Einlegerschutz, sondern auch Schuldnerschutz bedeutet, müßte ein Aufsichtsgesetz auch die Institute erfassen, die lediglich Einlagen annehmen oder nur Kredite aus eigenen Mitteln gewähren.

Darüber hinaus sollte die Angleichung des Bankenaufsichtsrechtes auf die Fortentwicklung der nationalen Kreditwirtschaften der Gemeinschaft dort Einfluß nehmen, wo dies wie bei den Sparkassen im Sinne der Wettbewerbsförderung und Verbesserung der kreditwirtschaftlichen Versorgung der breiten Bevölkerung läge. Aber auch hier läßt der Entwurf von 1974 eine bedauerliche Zurückhaltung erkennen, antiquierte Geschäftsbeschränkungen in der Kreditwirtschaft zu beseitigen.

Nahziel Koordination

Damit liegt die eigentliche Bedeutung des Richtlinienvorschlags von 1974 darin, die Koordination der nationalen Bankaufsichtsbehörden zu institutionalisieren und die Mitgliedsstaaten zu verpflichten, in den Koordinationsgremien dieser Behörden einen fortlaufenden Prozeß der Rechtsangleichung einzuleiten. Angesichts der bisherigen Erfahrungen mit ähnlichen Koordinationsgremien werden sich materielle Fortschritte wahrscheinlich nur schwer und langsam erzielen lassen, zumal die nationalen Rechtsbereiche doch sehr erhebliche Unterschiede aufweisen und die wirtschaftlichen Interessen der nationalen Kreditwirtschaften besonderes Gewicht haben.
Daher liegt der besondere Wert des vorgesehenen Kontaktausschusses der nationalen Behörden zunächst in der Möglichkeit, einen ständigen Erfahrungsaustausch zu etablieren. Darüber hinaus könnten die Behörden aber schon jetzt ihre praktischen Maßnahmen aufeinander abstimmen und dadurch die Chance einer – wenn auch geringfügigen – faktischen Angleichung des Aufsichtsrechtes eröffnen. Wie der Herstatt-Fall ja gezeigt hat, können Kriseninsolvenzen einzelner Kreditinstitute heute sehr leicht grenzüberschreitende Auswirkungen innerhalb der Europäischen Gemeinschaft haben.

Weiterhin gruppenspezifische Einlagensicherung

Politikum mit Emotionen

Seit der Währungsreform haben die mehr als 40 offenen Bankinsolvenzen und die stillen Sanierungsfälle bei privaten Banken und Kreditgenossenschaften das Thema »Einlagensicherung« ständig in der Diskussion gehalten. 1974 kam das emotionsgefüllte Faß zum Überlaufen. Dabei wurden auch die Leistungen der freiwilligen Einlagensicherungssysteme nicht ausreichend gewürdigt.
So haben die Kreditgenossenschaften bereits seit Jahrzehnten ein sehr leistungsfähiges Sicherungssystem, das in allen akuten Fällen geholfen und dazu beigetragen hat, daß Gläubiger von Kreditgenossenschaften keine Verluste erlitten haben. Auch im privaten Bankgewerbe wurden seit 1968 die Insolvenzschäden der Gläubiger durch den »Feuerwehrfonds« in einer beachtlichen Weise reguliert, selbst wenn die sog. »Fallbeilklausel« in den Entschädigungsgrundsätzen des Fonds beanstandet wurde. Danach wurden grundsätzlich nur Gläubiger von Guthaben bis 10000 und später bis 20000 DM entschädigt, nicht aber Gläubiger von höheren Guthaben. Wenn man aber berücksichtigt, daß die Institute des privaten Bankgewerbes stark miteinander konkurrieren, dann sind die Aufwendungen für diese freiwilligen Sicherungsfonds ein deutlicher Beweis für eine gemeinschaftliche Verantwortung.
Ebenso hat sich das Sicherungssystem der Sparkassenorganisation bewährt, mit dem den in der Wettbewerbsenquete von 1968 unter dem Gesichtspunkt der Wettbewerbsgleichheit begründeten Forderungen der Bundesregierung entsprochen wurde. Damals wurden von allen Verbänden gleiche Sicherungsmaßnahmen verlangt, damit die damit verbundenen Belastungen der Kreditinstitute die Wettbewerbssituation nicht beeinträchtigen. Diese regional gegliederten Sicherungseinrichtungen wurden im Sparkassenbereich bis zum Jahre 1974 lediglich in zwei Fällen und nur in geringer Höhe beansprucht. Dabei zeigte sich, daß damit Schäden von den Gewährträgern der Sparkassen ferngehalten werden konnten, wenn die Aufsichtsgremien einwandfrei gearbeitet haben.

Selbst die Gläubiger des »Outsiders« Bayerische Wirtschaftsbank AG, der keinem Verband der Kreditwirtschaft angehört hatte, wurden in einer Gemeinschaftsaktion von Privatbanken, Sparkassen und Kreditgenossenschaften nach den mit der Bundesregierung gemeinsam erarbeiteten Grundsätzen der Einlagensicherung entschädigt. Wenn verschiedene Kritiker nach dem Gesetzgeber rufen und auf ausländische Beispiele verweisen, sollten die bisher freiwillig erbrachten Leistungen des Kreditgewerbes und die damit gezeigte Verantwortung gewürdigt werden.

Absolute Absicherung nicht möglich

Eine absolute Absicherung aller Risiken im Kreditgewerbe und aller Gläubigerforderungen ist auch nicht durch eine Solidarhaftung aller Institute möglich. Die Einlagensicherung darf nämlich nicht zur Begünstigung »schlechter« und zur Gefährdung »gesunder« Kreditinstitute und ihrer Gläubiger führen und muß sich deshalb auch künftig an realistischen Größenordnungen von Sicherungsmaßnahmen orientieren. Es wäre bedenklich, wenn in der Öffentlichkeit der Eindruck entstünde, daß mit Einführung einer neuen Einlagensicherung alle Forderungen an das Kreditgewerbe in praktisch unbegrenzter Höhe abgesichert seien. Die Fälle Herstatt und Hessische Landesbank haben gezeigt, daß sich schon von der Institutsgröße her für Sicherungssysteme gewisse Belastungsgrenzen ergeben. Auch die Interdependenz von Bankenaufsicht und Einlagensicherung ist zu beachten. Je wirksamer die Bankenaufsicht Schäden im Frühstadium aufdecken und beheben kann, um so geringer werden die Aufwendungen der Einlagensicherung später sein. Umgekehrt gestattet eine ausreichende Einlagensicherung aber auch eine ausgewogene Gestaltung des Aufsichtsrechtes ohne dirigistische Übersteigerungen. Deshalb stehen beide Vorhaben – Novellierung des Kreditwesengesetzes und Verbesserung der Einlagensicherung – in einem inneren Zusammenhang.

Unternehmenssicherung oder Einlagenschutz?

Bei solchen Sicherungssystemen stellt sich zunächst die grundsätzliche Frage, ob die Sicherung der Unternehmen, d. h. der Banken, oder der

Schutz der Einlagen im Insolvenzfall anzustreben ist. Wenn im Falle der Unternehmenssicherung die Kreditinstitute bei Insolvenzgefahr von ihren Konkurrenten gestützt werden, wird zwar der Gläubigerschutz in perfekter Weise verwirklicht, aber auch das Wettbewerbsprinzip berührt. Würde ein genereller Unternehmensschutz gewährt, so würde das für eine Marktwirtschaft wesentliche Ausleseprinzip nicht mehr funktionieren.

In die Nähe des Unternehmensschutzes würde man kommen, wenn der Bestand eines fallierenden Instituts vorübergehend durch Liquiditätshilfe anderer Unternehmen gesichert, die Abwicklung der Aktiven und Passiven durchgeführt und schließlich der Fehlbetrag voll auf die an dem Sicherungssystem beteiligten Kreditinstitute umgelegt wird. Diese Konstruktion des ursprünglichen »Apel-Planes« ist eine Variante der auf einer Solidarhaftung aller Institute beruhenden absoluten Einlagensicherung, auch wenn das gestützte Kreditinstitut nach der Abwicklungsphase seine Pforten schließt.

Unternehmenssicherung als umfassende Form des Gläubigerschutzes kann deshalb nur dann verwirklicht werden, wenn die am Sicherungssystem Beteiligten nicht im Wettbewerb miteinander stehen, wie dies bei den Kreditgenossenschaften und in der Sparkassenorganisation der Fall ist. In einem Sicherungssystem mit Unternehmensschutz wagen aber die beteiligten Institute ein größeres Risiko, denn sie sind zum Ersatz aller Kreditausfälle verpflichtet, während die Einlagensicherung in der Regel das Risiko limitiert. Unternehmensschutz kann daher nur von den lokal gegliederten Sparkassen und Kreditgenossenschaften praktiziert werden, weil durch die Vielzahl dieser Institute und die geringere Betriebsgröße das im Einzelfall mögliche Risiko im Volumen begrenzt ist und von einer großen Risikogemeinschaft der anderen Unternehmen abgefangen werden kann. Dazu treten im Sparkassenbereich zusätzliche Geschäftsbeschränkungen, im äußersten Fall noch die Gewährträgerhaftung der jeweils tragenden kommunalen Körperschaft. Die Verbände der Sparkassen und der Kreditgenossenschaften können den Unternehmensschutz für ihre Institute auch nur organisieren, weil sie über verbandseigene Prüfungsstellen einen intensiven Einblick in die wirtschaftlichen Verhältnisse der Mitgliedsinstitute haben und rechtzeitig auf Fehlentwicklungen hinweisen können.

Dagegen ist im privaten Bankgewerbe eine Unternehmenssicherung nicht vorstellbar, weil es nicht zu konkurrierenden Unternehmen paßt, und vor allem, weil das Risiko aus dem Sicherungssystem für die beteiligten Institute beachtlich wäre. Es wird auch längere Zeit dauern, bis der neue Prüfungsverband des privaten Bankgewerbes die gleichen intensiven Kenntnisse über die Geschäftspolitik der Mitgliedsinstitute erwerben kann, wie dies bei Sparkassen und Kreditgenossenschaften seit Jahrzehnten der Fall ist.

Einlagensicherung, nicht Einlagen*ver*sicherung

Wenn eine Unternehmenssicherung in einem wichtigen Bereich von Kreditinstituten nicht möglich ist, kann man die Einlagen entweder sichern oder versichern. Die Einlagensicherung ermöglicht dabei die größere Flexibilität und kann besonders während der Aufbauphase eines Sicherungssystems beweglicher arbeiten. Die Versicherung eines Einlagenvolumens von 100 Milliarden DM und mehr mit einem zwangsläufig entstehenden Rechtsanspruch ist praktisch nur bei einer staatlichen Garantie für den äußersten Fall möglich. Im Rahmen einer Einlagensicherung des Kreditgewerbes selbst oder seiner Gruppen schließen sich ein Rechtsanspruch des Gläubigers und die Haftung der Sicherungsmasse nur mit dem zur Verfügung stehenden Vermögen aus, denn dem Gläubiger würde eine Rechtsposition versprochen, die ihm im Ernstfall wenig nützen wird. Deshalb muß man von dem Monstrum »Rechtsanspruch« Abschied nehmen und sich darauf verlassen, daß die großen Gruppen der Kreditwirtschaft im Ernstfall das Mögliche tun werden; das Unmögliche von ihnen zu verlangen, wäre nicht sinnvoll.

Im übrigen ist eine Einlagensicherung in der Wahl ihrer Mittel sehr elastisch, sie kann die geschützten Einlagen im Insolvenzfall absichern, sie kann aber auch den Insolvenzfall durch Stützung eines Instituts, dort wo es zweckmäßig ist, verhindern. Eine Institution der Einlagen*ver*sicherung hätte diese Freiheit nicht, denn sie müßte die bestehenden Rechtsansprüche in jedem Fall befriedigen, solange ihr Vermögen reicht, sie müßte auch rechtlich selbständig sein, um die Erfüllung von Rechtsansprüchen notfalls ohne Risiko für die hinter ihr stehenden Kreditinstitute ablehnen zu können. Die Einlagen*ver*sicherung mit Rechtsanspruch würde bei den in der Bundesrepublik notwendigen gruppenspezifischen Sicherungseinrichtungen unterschiedliche Belastungen der einzelnen Institutsgruppen unvermeidlich machen, weil das Risiko im Genossenschafts- und Sparkassenbereich wegen der dort bestehenden Sonderverhältnisse erheblich geringer sein dürfte als bei den Geschäftsbanken.

Die bisher vorgebrachten Bedenken würden bei einer staatlichen Einlagenversicherung kumulieren, die als zentrale Einrichtung geschaffen und alle Institute umfassen müßte. Sie könnte im Einzelfall nicht nach Unternehmenssicherung und begrenzter Einlagensicherung differenzieren, sondern müßte sich nach starren Vorschriften auf die zugesagte Versicherungsleistung beschränken. Kreditgenossenschaften und Sparkassen müßten ihr eigenes Sicherungssystem mit Unternehmensschutz aufgeben, es sei denn, daß sie zusätzlich in ihrer Gruppe Unternehmenssicherung betreiben und die Kosten für die Einlagenversicherung dann praktisch ohne Gegenleistung erbringen. Dies erscheint nicht zumutbar, weil es bei solchen Systemen mangels Risiko dann nichts zu versichern gibt.

Eine gesetzlich vorgeschriebene Einheitsversicherung für Einlagen sämtlicher Kreditinstitute würde daher verfassungsrechtlichen Bedenken begegnen. Die Rechtsgrundlagen der drei größten Gruppen des Kreditgewerbes sind im Hinblick auf die geschäftspolitischen Aktivitäten, die Haftung der Unternehmensträger, das gruppenspezifische Prüfungswesen und die staatliche Aufsicht so unterschiedlich, daß daraus auch grundlegende Unterschiede in der Risikostruktur resultieren. Bei derartig divergierenden Verhältnissen würde eine staatliche Zwangseinlagenversicherung zu Wettbewerbsverzerrungen führen, die einer verfassungsrechtlichen Überprüfung nicht standhalten könnten. Deshalb ist es zu begrüßen, daß der »Apel«-Plan einer versicherungsähnlichen Abdeckung bestimmter Risiken von Kreditinstituten rasch zu den Akten gelegt wurde, weil er in die kreditwirtschaftliche Landschaft der Bundesrepublik nicht paßt.

Welche Einlagen müssen geschützt werden?

Die Frage, welcher Gläubigerkreis bis zu welcher Höhe im Einzelfall von der Einlagensicherung erfaßt werden sollte, war im bisherigen System nicht einheitlich beantwortet worden. Die Forderung der Bundesregierung ging im Rahmen der Wettbewerbsenquete von 1968 dahin, Spareinlagen, Lohn-, Gehalts-, Renten- und Pensionskonten bis zu 10000 DM eines Einzelgläubigers zu schützen, wobei die Konten eines Gläubigers zu addieren waren. In den Verhandlungen mit der Bundesregierung schlugen einige Verbände des Kreditgewerbes vor, daß auch Sparbriefe und Sparobligationen einbezogen werden

sollten. Ferner hielten diese Gruppen es für richtig, auch die Privat- und Geschäftsgirokonten von selbständigen natürlichen Personen einzubeziehen.
Dagegen bedürfen bei einer grundsätzlichen Betrachtung die Kunden mit großen und individuellen Geschäftsverbindungen unter sozialpolitischen und bankpolitischen Gesichtspunkten keines besonderen Einlagensicherungsschutzes, weil sie die Bonität und Seriosität ihrer Kreditinstitute hinreichend beurteilen können. Außerdem bewegen sich ihre Geschäfte im allgemeinen in Größenordnungen, deren Risiken von einer realistischen Einlagensicherung nur schwer abgedeckt werden können.
Andererseits wäre die Einbeziehung von Sparbriefen in den Gläubigerschutz schon vom Vermögensbildungscharakter dieser Papiere richtig gewesen. Schwieriger ist es jedoch, Termineinlagen in ein Sicherungssystem einzubeziehen, weil sich auf den Termingeldkonten normalerweise nicht die schützenswerteren kleinen Einlagen befinden.
Solche Anlagen werden im allgemeinen in größeren Beträgen und aus besonderem Zinsbewußtsein getätigt, auch liegen ihnen stets individuelle Vereinbarungen zugrunde. Vom Termingeldanleger kann man annehmen, daß er über diese Anlage hinaus noch weitere Vermögenswerte hat und deshalb sein Kreditinstitut sorgfältig auswählt. Überaus günstige Zinsangebote könnten sich dabei leicht als Vorboten einer künftigen Insolvenz erweisen. Wer unter solchen Umständen sein Geld anlegt, müßte nach den heute vorliegenden Erfahrungen wissen, was er tut. Allerdings ist nicht zu übersehen, daß Politiker und Presse der Bevölkerung immer wieder nahelegen, »zinsbewußter« zu werden, ohne dabei jedoch auf die Kehrseite der Medaille zu sehen.

Höhe der Sicherung sinnvoll begrenzen

Bei den diversen Stützungsfällen wurden in der Öffentlichkeit verschiedene Einschränkungen des bisherigen Sicherungssystems zunehmend kritisch aufgenommen. Einmal war es die »Fallbeilklausel«, daß Sparguthaben sowie Lohn- und Gehaltskonten bei Überschreiten der 20000-DM-Grenze überhaupt keine Leistungen aus der Einlagensicherung erhielten, sondern auf ihren Anspruch an die Vergleichsmasse verwiesen wurden. Auf gleiches Unverständnis stieß die Regel, daß Konten kleiner Gewerbetreibender nicht entschädigt wurden, obwohl hier oft ein größeres soziales Schutzbedürfnis als z. B. bei Lohn- und Gehaltskonten leitender Angestellter vorlag. Hier traten eine Menge von Härtefällen auf, die nur dann überdeckt wurden, wenn es zu einer einigermaßen befriedigenden Vergleichsregelung kam oder die Konkursquote relativ hoch ausfiel.

Nach den Beschlüssen des Bankenverbandes, sein Einlagensicherungssystem auf eine völlig neue Basis zu stellen, dienen diese Betrachtungen der Vergangenheit lediglich der Vervollständigung des Spektrums. Bei den Mitgliedsinstituten des Bankenverbandes sind im neuen System alle Einlagen von Nichtbanken bis zur Höhe von 30 Prozent des Eigenkapitals der jeweiligen Bank voll geschützt, wobei allerdings ein Rechtsanspruch an den Sicherungsfonds nicht besteht. Damit werden auch alle Einlagen von Kapitalgesellschaften und anderen juristischen Personen einbezogen. Die Banken haben also in einer Solidaritätsaktion ein beachtliches Risiko auf sich genommen, das von ihnen im Falle ernsthafter Schwierigkeiten eines größeren Instituts spürbare Opfer abverlangen wird. Die im Jahre 1974 aufgetretenen Probleme haben die Dimensionen sichtbar gemacht, um die es hier im Einzelfall gehen kann.

Die Banken glauben dieses Risiko übernehmen zu können, wenn bei einer in Zahlungsschwierigkeiten geratenen Bank nicht nach den allgemeinen gesetzlichen Vorschriften sofort das Vergleichs- oder das Konkursverfahren eröffnet, sondern ein besonderes Moratorium vorgeschaltet wird. Mit diesem Moratorium soll versucht werden, laufende Geschäfte zu Ende zu bringen und nicht abrupt abzubrechen, um damit den Schaden möglichst klein zu halten.

Damit rückt das System des Bankenverbandes – soweit es den Kundenschutz betrifft – in die Nähe der Unternehmenssicherung. Nur die Einlagen anderer Banken und überdimensionierte Einzelanlagen großer Kunden bleiben außerhalb des Solidarschutzes. Dies könnte im Ernstfall den Einsatz erheblicher Mittel der Banken erfordern.

Man wird bei Großschäden aber künftig davon ausgehen müssen, daß Gemeinschaftshilfen der gesamten Kreditwirtschaft nach dem Muster eines Überlaufs der verschiedenen Sicherungssysteme untereinander ausscheiden, zumal Sparkassen und Kreditgenossenschaften Großschäden im eigenen Bereich mit eigenen Mitteln abgewickelt haben. Es bleibt zu hoffen, daß das eigene Prüfungssystem des Bankenverbandes und die verbesserten Kontrollmöglichkeiten des Bundesaufsichtsamtes künftig Großschäden früher erkennen lassen, damit schon eingegriffen werden kann, bevor erhebliche Risiken dann auch auf die anderen gesunden Banken zukommen.

Unter dem Gesichtspunkt des Schutzes gesunder Banken vor einem übermäßigen Risiko aus Maßnahmen der Einlagensicherung hätte ein Sicherungssystem weniger Risiko und weniger Lasten beinhaltet, das unter Berücksichtigung der Erfahrungen der Vergangenheit mehr auf soziale Kriterien abgestellt hätte, etwa die Einbeziehung aller Kundeneinlagen in den Einlagenschutz bis zu einer bestimmten Höhe ohne die »Fallbeilklausel«.

Dotierung der Fonds je nach Risiko

Nach der Höhe der zu übernehmenden Risiken müssen sich auch die Beiträge für die Fonds bemessen. Diese Beiträge richten sich zum Teil am Einlagenbestand der Kreditinstitute (Verbindlichkeiten gegenüber Nichtbanken) oder an ihrem Kreditvolumen (Forderungen an Kunden) aus. Nach den schlechten Erfahrungen mit Fonds von absolutem Umfang werden jetzt in allen Gruppen die Fonds dynamisiert, um dem Bilanzsummenwachstum und der Geldwertentwicklung Rechnung zu tragen.

Wie hoch das Volumen eines Sicherungsfonds sein muß, wird sich kaum feststellen lassen, da die Häufigkeit von Insolvenzen oder Bankkrisen zu stark von unvorhersehbaren äußeren Faktoren abhängig ist, die von der nicht kalkulierbaren gesamtwirtschaftlichen oder branchenbezogenen Entwicklung bestimmt werden. Hinzu kommen betriebsinterne Faktoren wie unzulängliches Management, mangelhafte Kreditprüfung oder Innenrevision, und schließlich kriminelle Vorgänge. Daher ist auch das Risiko der Einlagensicherung versicherungsmathematisch nicht zu ermitteln. Man wird sich daher letztlich mit »gegriffenen« Fondsgrößen abfinden müssen, wobei es richtig sein dürfte, Krisen von Großinstituten nicht mehr in das absicherungsfähige Risiko einzubeziehen. Die Großbanken müßten auch nach der Erfahrung der großen Bankenkrise im Jahre 1931 als Fälle faktischer Gewährträgerhaftung des Staates angesehen werden. Allerdings haben heute die Großbanken im Gegensatz zu 1931 ein beachtliches Risikopolster in Form von haftendem Eigenkapital und stillen Reserven gebildet, so daß ein solcher Fall bei normaler Wirtschaftsentwicklung kaum vorstellbar ist.

Gruppenspezifische Einlagensicherung hat sich bewährt

Nach der Struktur des deutschen Bankensystems sind gruppenbezogene Sicherungssysteme auf Selbstverwaltungsbasis einem staatlichen Sicherungssystem vorzuziehen. Sie können vor allem flexibler und kostengünstiger arbeiten. Auch kann das beachtliche Gruppenbewußtsein der Kreditgenossenschaften, Privatbanken und Sparkassen für die Einlagensicherung genutzt werden.

Bisher haben alle Gruppen in schwierigen Situationen bewiesen, daß sie auf freiwilliger Basis bereit und in der Lage sind, das schwierige Problem der Einlagensicherung über Institutionen der Selbstverwaltung zu lösen. Gerade der Trend zur Unternehmenssicherung spricht eindeutig dafür, auch künftig die gruppenspezifische Sicherung als Organisationsprinzip unserer gesamten Einlagensicherung beizubehalten. Die Institute sind aber nur wegen ihres Gruppenbewußtseins bereit, die besonderen Belastungen der Unternehmenssicherung freiwillig auf sich zu nehmen. Gegenüber den Konkurrenten anderer Gruppen bestünde diese Aufgeschlossenheit nicht.

Damit muß dem Gedanken der Solidarhaftung im Kreditgewerbe eine Absage erteilt werden. Die verbindliche Solidarhaftung aller Institute für alle Unternehmen der Kreditwirtschaft ist wegen der unterschiedlichen Rechtsform, der unterschiedlichen Geschäftsgrundsätze, der unterschiedlichen Kontrolle und der unterschiedlichen Haftungsbasis rechtlich und wirtschaftlich nicht möglich.

Gesetzgeberische Regelung nur für Mindestbedingungen

Wenn gegen eine einheitliche staatliche Einlagensicherung Position bezogen wird, so bedeutet das nicht, der Gesetzgeber müsse sich jeglicher Regelung enthalten. Aber er sollte sich auf eine Minimallösung beschränken, in der die Mindestbedingungen für die von den einzelnen Gruppen des Kreditgewerbes zu errichtenden Einlagensicherungsinstitutionen geregelt werden. Dazu gehört ebenso die Festlegung des Kreises der von der Einlagensicherung begünstigten Personen und Anlageformen wie die Höhe der im Einzelfall zu sichernden Werte.

Wenn der Gesetzgeber eingreift, müßte ein Anschlußzwang für alle Kreditinstitute vorgesehen werden, die unter die Einlagensicherung

fallende Passivgeschäfte betreiben: Es dürfte dann künftig kein Institut mehr geben, das einem Fonds nicht angeschlossen ist.
Mit oder ohne gesetzliche Regelung ist aber zu fragen, wie sich Postsparkasse und Postscheckdienst verhalten sollen. Die sogenannten »Postbankdienste« müßten gleich hohe Belastungen wie andere Kreditinstitute auf sich nehmen, da jede abweichende Lösung wettbewerbsverzerrend wäre. Die von der Post aufzubringenden Beträge könnten bei der Bundesbank angelegt und gegebenenfalls dann zur Verfügung gestellt werden, wenn die Bundesregierung an die gemeinsame Verantwortung aller Kreditinstitute für die Regulierung von Gläubigerschäden im Kreditgewerbe appelliert.
Auf die eindeutige Regelung der Steuerfrage kann nicht verzichtet werden, da die bisherige auf Erlaß beruhende Steuerfreiheit der zum Vermögen der steuerfreien Verbände gehörenden Fonds von den Länderfinanzverwaltungen als nicht ausreichend betrachtet wird. Bei allen Satzungen der Verbände für Einlagensicherung würde aber die Geschäftsgrundlage berührt, wenn steuerliche Belastungen aufträten. Eine Besteuerung des Verbandsfonds wäre vor dem Hintergrund einer alternativen staatlichen Einlagensicherung unverständlich und nicht sachgerecht.
Ferner müßte die gesetzliche Regelung sicherstellen, daß sich die Fonds weitgehende Prüfungsrechte gegenüber den angeschlossenen Instituten vorbehalten könnten. Auch sollte die Geheimhaltungspflicht des Bundesaufsichtsamtes gegenüber der Fondsleitung aufgehoben werden, da Einlagensicherung und Bankenaufsicht auf eine enge Kooperation angewiesen sind.
In jedem Fall müßte das Konkursantragsrecht bei Kreditinstituten nach dem Vorbild des Rechts der Bausparkassen und der Versicherungen gesetzlich geregelt werden. Denn die Regelung für Bausparkassen und Versicherungsunternehmen, die im kreditwirtschaftlichen Aufsichtsrecht des Auslandes Parallelen findet, erscheint schon angesichts der vielfältigen Möglichkeiten zur Behebung von Liquiditätsschwierigkeiten und Bonitätsrisiken auch für Kreditinstitute sinnvoll. Die schwerwiegenden Konsequenzen für Gläubiger und Schuldner beim Konkurs eines Kreditinstituts machen es erforderlich, daß eine sachverständige Stelle vor der Konkurseröffnung die Möglichkeit erhält, eine eingehende Prüfung durchzuführen und den Konkurs durch Sanierungsverhandlungen abzuwenden.
Solange aber der Gesetzgeber auf gesetzliche Mindestvorschriften für die Einlagensicherung verzichtet, würde es Außenseiterinstitute geben, die keinem Sicherungsfonds angeschlossen sind. Der Bankkunde hat ein

verständliches Interesse daran, erfahren zu können, ob und wie hoch er bei einem Kreditinstitut gesichert ist. Damit ergibt sich ein Widerspruch zur bisherigen Auffassung des Bundesaufsichtsamtes, die Werbung und Information über die Sicherheitslage eines Kreditinstituts stark einzuschränken. Der im Frühsommer 1975 vorgelegte Erlaßentwurf mit Regeln über Werbung und Information, die die Sicherheit eines Kreditinstituts betreffen, wird der differenzierten Lage des Unternehmensschutzes und der Einlagensicherung in der deutschen Kreditwirtschaft nicht gerecht.

Man sollte es deshalb wie in der Vergangenheit der Selbstverwaltung der Verbände überlassen, Regeln zu finden, die einmal mit dem Gesetz über unlauteren Wettbewerb übereinstimmen, zum anderen aber das Interesse der Kunden an einer sachgemäßen Information beachten. Besonders kann auf eine umfassende Information der Öffentlichkeit über die Zusammenhänge von extrem hohen Einlagenzinsen und Risiko nicht verzichtet werden. Daher sollten z. B. die Aushänge in den Instituten über Zinsen und Gebühren ergänzt werden durch einen Hinweis auf den Umfang der Einlagensicherheit. Sonst werden die Kunden automatisch zum schlechtesten Institut mit den höchsten Zinsangeboten gelenkt.

Es ist zu hoffen, daß im Laufe des Jahres 1976 alle rechtlichen Voraussetzungen für eine differenzierte, aber wirksame Einlagensicherung in der Bundesrepublik geschaffen werden. Das Haftungsvolumen der Fonds der Sparkassenorganisation wird dann ca. 800 Millionen DM, das der Kreditgenossenschaften ca. 350 Millionen DM betragen. Das Haftungsvolumen des Fonds des Bankenverbandes läßt sich nicht in einer Gesamtsumme ausdrücken, da eine Fondsbegrenzung nicht vorgesehen ist. Die privaten Banken zahlen jährlich 0,3 Prozent ihrer Bilanzsumme in den Fonds; darüber hinaus sind jährlich weitere 0,3 Prozent derselben Berechnungsgrundlage als Nachschuß zu entrichten, wenn das Fondsvermögen zur Abdeckung der Verpflichtungen nicht ausreichen sollte. Die Fonds der Sparkassen werden wie bisher regional aufgebaut und durch Haftungsverbund miteinander und mit dem Fonds der Landesbanken/Girozentralen verbunden sein. Kreditgenossenschaften und private Banken werden wie bisher zentrale Fonds haben.

Kartellpolitik: Mißbrauchsaufsicht beibehalten!

Kreditwesen kein verbraucherfeindlicher Naturschutzpark

Das Kreditgewerbe wird selbstverständlich wie alle anderen Wirtschaftsunternehmen vom Kartellrecht (Gesetz gegen Wettbewerbsbeschränkungen) erfaßt, allerdings mit der entscheidenden Variante, daß hier nicht die allgemeine Verbotsaufsicht, sondern nur die sogenannte Mißbrauchsaufsicht gilt. Wettbewerbsmindernde Maßnahmen sind also in der Kreditwirtschaft möglich, sie sind aber dem Kartellamt zu melden und dürfen keinen Mißbrauch darstellen.

Die Bundesregierung hat 1975 auf Veranlassung des Bundestages einen Bericht über die Frage vorgelegt, ob diese kartellrechtliche Bereichsausnahme für die Kreditwirtschaft heute noch zeitgemäß ist. Insbesondere geht es darum, ob diese Art der Aufsicht dem Verbraucherschutz ausreichend Geltung verschafft und ob das Kartellverhalten des Kreditgewerbes transparenter gestaltet werden kann. In der Regelung, daß die Kreditwirtschaft nicht der allgemeinen Verbotsaufsicht, sondern nur der Mißbrauchsaufsicht unterworfen wird, sehen manche Kritiker die Grundlagen für einen verbraucherfeindlichen Naturschutzpark im Kartellrecht. Entscheidend für die wirtschaftspolitische Beurteilung sollte aber sein, ob den Interessen der Verbraucher und der Förderung des Wettbewerbs am besten mit einer Verbots- oder mit einer Mißbrauchsaufsicht gedient ist und welche Auswirkungen die künftige Regelung auf die gesamtwirtschaftliche Funktion der Kreditwirtschaft hat.

Die Gründe, die seinerzeit den Ausschlag für die Mißbrauchsaufsicht gegeben haben, müssen aus heutiger Sicht überprüft werden. Dabei ist zuzugeben, daß das besondere Aufsichtsrecht für das Kreditgewerbe mit dem Ziel, Bankinsolvenzen zu verhindern, und die Möglichkeit staatlicher Zinsreglementierung unter wettbewerbspolitischer Sicht die Ausnahmevorschrift des § 102 GWB nicht mehr voll abdecken können. Die besondere Fachaufsicht über das Kreditgewerbe nach dem Kreditwesengesetz ist in der Praxis nur bedingt geeignet, kartellpolitische Ziele zu verwirklichen. Die institutsbezogene und mehr der Gewerbeaufsicht zuzurechnende Fachaufsicht kann zwar

krasse Kartellfälle aufgreifen, letztlich ist aber die Kartellbehörde dazu berufen, den Wettbewerb zu sichern.
Für die Mißbrauchsaufsicht und gegen die Verbotsaufsicht in der Kreditwirtschaft sprechen aber auch noch heute drei wesentliche Gesichtspunkte:

- Die gesamtwirtschaftliche Funktion des Kreditgewerbes,
- der Kooperationszwang innerhalb der einzelnen Sektoren der Kreditwirtschaft
- und schließlich der Gruppenwettbewerb zwischen ihnen unter Berücksichtigung mittelstands- und strukturpolitischer Aspekte.

Verbandsempfehlungen unterstützen staatliche Wirtschaftspolitik

Die Kreditwirtschaft steht in einer besonderen gesamtwirtschaftlichen Verantwortung. Die Entwicklung der Konjunktur, der Währung oder des Kapitalmarktes hängt auch von dem Verhalten der Kreditinstitute ab, denn sie stellen das Verbindungsstück zwischen der Geldpolitik der Bundesbank und dem Wirtschaftskreislauf dar. Die Zinspolitik im Kreditgewerbe muß sich nach § 23 KWG an den gesamtwirtschaftlichen Kriterien orientieren. Zinsempfehlungen der Verbände können deswegen ein unverzichtbares Instrument sein, in bestimmten wirtschaftspolitischen Situationen die gesamtwirtschaftlichen Aspekte der Zinspolitik in der erforderlichen Zeitspanne mit sichern zu helfen. Bundesregierung und Bundesbank haben in den letzten Jahren an die Kreditwirtschaft zahlreiche Appelle gerichtet, die Spar- und Kreditzinsen der jeweiligen konjunkturellen Entwicklung anzupassen, so besonders in der Zinssenkungsphase des Jahres 1975.
Die Empfehlungen zur Einschränkung der Kreditwerbung in jüngster Zeit gehen auf die Veranlassung des Bundeswirtschaftsministeriums und der Bundesbank zurück, ebenso die seinerzeitige Empfehlung zur Abwicklung der Wertpapierkompensationsgeschäfte. Selbst das Bundeskartellamt hat von den Verbänden eine Empfehlung zur einheitlichen Gestaltung der Gebühren bei der Hereinnahme von Euroschecks erbeten, was allerdings abgelehnt werden mußte. Diese Reihe der von Politik oder Verwaltung gewünschten wettbewerbsbeeinflussenden Verbandsempfehlungen ließe sich fortsetzen. Die staatliche Wirtschafts- und Finanzpolitik wird vermutlich auch künftig immer

wieder darauf angewiesen sein, mit Hilfe von Empfehlungen der Spitzenverbände des Kreditgewerbes bestimmte wirtschaftspolitische Wirkungen im kreditwirtschaftlichen Bereich zu erzielen.
Im Kreditgewerbe sind außerdem in die Abwicklung der Zahlungsvorgänge vielfach miteinander konkurrierende Kreditinstitute eingeschaltet. Daraus resultiert die Notwendigkeit zu enger technischer Kooperation. So konnte der Euroscheck als eindeutig verbraucherfreundliches Zahlungsinstrument nur durch wettbewerbsbeschränkende Absprachen zwischen allen kreditwirtschaftlichen Gruppen bis hinein in den internationalen Bereich verwirklicht werden. Millionen von Zahlungsverkehrsvorgängen zwischen den Kreditgenossenschaften, Privatbanken und Sparkassen bedürfen der Normierung, denn die Automation des Zahlungsverkehrs und eine verbraucherfreundliche, weil kostensenkende Regionalisierung läßt technisch keine andere Wahl. Es ist dabei unvermeidbar, daß die Abkommen des Kreditgewerbes über den Scheck-, Wechsel- und Lastschriftverkehr auch einige wettbewerbsbeschränkende Regelungen enthalten.

Gruppenwettbewerb stärkt Leistungsvermögen

Eine Besonderheit des deutschen Kreditgewerbes ist, wie im Teil II eingehend dargelegt, der Wettbewerb zwischen den einzelnen Gruppen der Kreditwirtschaft. Der gruppenorientierte Wettbewerb ist bei uns vor allem das Ergebnis des für die Gesamtwirtschaft sinnvollen Regionalprinzips bei Sparkassen und Kreditgenossenschaften. Die Institute der jeweiligen Gruppen konkurrieren grundsätzlich nicht untereinander. Sie sind zur Kooperation und zur gemeinsamen Aktion gezwungen, um in einem dynamischen Markt voll wettbewerbsfähig zu bleiben. Die Großbanken und auch die Regionalbanken treffen für ihr Geschäftsgebiet die wesentlichen Marktentscheidungen zentral. Das löst für Sparkassen und Kreditgenossenschaften einen gewissen Zwang aus, bei aller lokalen Differenzierung in bestimmten Punkten eine einheitliche Geschäftspolitik anzustreben.
Die gestiegene Mobilität unserer Bevölkerung sowie die stärker werdenden Verflechtungen unserer Wirtschaft erfordern qualitativ vergleichbare Bankdienstleistungen im gesamten Bundesgebiet. Qualität und Kapazität der überregionalen Großbanken sind im Norden, Süden und Westen des Bundesgebietes identisch. Die Großbank und

auch die Regionalbank ist ohne weiteres geeignet für Geschäfte mit regionalen oder überregionalen Geschäftspartnern. Dies zwingt die lokal gegliederten Sparkassen und Kreditgenossenschaften zu einem einheitlichen Leistungsangebot, das in allen Teilen der Bundesrepublik Unternehmen ihrer Gruppe als eine Einheit erscheinen läßt, ohne daß sie dabei ihre unternehmerische Selbständigkeit und ihre lokale Identität verlieren. Ohne den Gruppenrückhalt hätten es die mittleren und kleineren Institute im Wettbewerb sehr viel schwerer. Die Leistungsfähigkeit könnte sinken, und eine Konzentrationsbewegung wäre die Folge.

Der Gruppenwettbewerb stärkt das Leistungsvermögen dieser mittleren und kleinen Institute, die selbst nicht über die großen Stabsabteilungen und Planungsabteilungen großer Banken verfügen können. Sie sind deshalb zum großen Teil auf das Planungspotential ihrer kooperativen Institutionen angewiesen. Der moderne Zahlungsverkehr, der freizügige Sparverkehr, der Konsumentenkredit, der Dispositionskredit, die Allzweckhypothek und die Lohn- und Gehaltskonten sind typische Leistungen des Gruppenwettbewerbs.

Diese Kooperation der in einer Gruppe zusammengeschlossenen Institute selbst ist dabei nicht ohne kartellrechtlich relevante Maßnahmen zu realisieren. Man muß aber der Vielzahl der Sparkassen und Kreditgenossenschaften, auch wenn sie im Einzelfall über den Mittelstandsbegriff des Kartellrechtes hinausragen, die Möglichkeit geben, ihren Kunden die kreditwirtschaftlichen Leistungen zu bieten, die sie als Kunden eines überregionalen Instituts hätten, wenn wir unser dezentrales Kreditgewerbe mit seinen strukturpolitischen Vorteilen erhalten wollen.

Zinsempfehlungen wichtiger Wettbewerbsparameter

Eins der wichtigsten Instrumente des Gruppenwettbewerbs ist natürlich die Zinspolitik, mit der angestrebt wird, daß auch die lokal und regional gegliederten Kreditinstitute gleichgewichtige Partner im Zinswettbewerb mit den überregionalen Großinstituten sein können. Es steht dabei allen Instituten frei, ob sie die Empfehlungen befolgen wollen oder nicht. Die Zinsstatistiken mit ihren starken Abweichungen bestätigen dann auch, daß die Empfehlungen nur eine Orientierungshilfe darstellen, von der selbstverständlich abgewichen wird, wenn es

die konkrete Marktsituation erfordert. Bei den Zinsempfehlungen der Verbände stehen die konjunkturpolitischen Erfordernisse und die wirtschaftlichen Zukunftserwartungen im Vordergrund. Die Verbandsempfehlung ist dabei in der Lage, in einer gegebenen konjunkturellen Situation die zinspolitische Entwicklung im Sinne der Bundesbank zu beschleunigen, was der Wettbewerb allein überall im Bundesgebiet erst in einem längeren Zeitraum bewältigen könnte. Dies ist insbesondere die Folge der unterschiedlichen Bilanzstrukturen bei Sparkassen, Kreditgenossenschaften und privaten Banken, wie im zinspolitischen Kapitel bereits dargelegt wurde.
Die Verbandsempfehlung kann den im gesamtwirtschaftlichen Interesse notwendigen Kompromiß erzielen. Dabei wäre es falsch, wie manchmal in der öffentlichen Diskussion zu beobachten, immer nur auf das Passivgeschäft der Kreditinstitute, d. h. auf die Verzinsung der verschiedenen Kategorien von Einlagen zu sehen. Hohe Einlagenzinsen bedingen hohe Kreditzinsen, was sich durchaus auch auf den Verbraucher negativ auswirken kann. Aus all diesen Gründen stellt die maßvoll angewandte Verbandsempfehlung ein Instrument dar, das einen sinnvollen Kompromiß zwischen staatlicher Zinsbildung und völliger Zinsfreiheit mit unübersichtlichen örtlichen und regionalen Märkten bewirken kann.

Mißbrauchsaufsicht flexibelste Aufsichtsform

Diese Überlegungen sprechen für die Beibehaltung der Mißbrauchsaufsicht über das Kreditgewerbe. Wenn die Bundesregierung in ihrem Bericht über die Prüfung der Ausnahmebereiche insbesondere vorschlägt, die Mißbrauchsaufsicht mit einer stärkeren Transparenz und einem Verfahren zu ergänzen, das dem betroffenen Wirtschaftsbereich eine Mitsprachemöglichkeit bei der Bewertung von Kartellmaßnahmen der Kreditwirtschaft einräumt, so kann man darüber diskutieren. Eine Anhörung des anderen Marktpartners findet im System des Kartellgesetzes bei anderen Ausnahmeregelungen ihre Parallele. Es geht nur darum, dieses Verfahren praktikabel zu gestalten. Dabei ist gegen die eingehende Begründung von Kartellmaßnahmen und ihre Veröffentlichung prinzipiell nichts einzuwenden, weil die Öffentlichkeit dann auch mehr über die Motive erfahren dürfte.
Bedenklich dürfte aber der Vorschlag sein, das Wirksamwerden von

Kartellmaßnahmen grundsätzlich vom Ablauf einer längeren Wartefrist abhängig zu machen. Dies ließe sich nur dort praktizieren, wo es um Verträge und Beschlüsse geht, die längere Zeit vorbereitet werden und deshalb auch einen Aufschub vertragen. Es gibt aber Absprachen und Empfehlungen, die das Ergebnis sich rasch wandelnder Marktsituationen sind und deshalb schnell wirksam werden müssen, so z. B. im Zinsbereich. Auch die Möglichkeit der Bankenaufsicht, die Wartefrist im Einzelfall zu verkürzen, dürfte hier nicht ausreichen. Es wäre wohl richtiger, zunächst alle gemeldeten Maßnahmen sofort wirksam werden zu lassen. Die Mißbrauchskontrolle kann dann immer noch eingreifen, wenn sie eine ungerechtfertigte Benachteiligung der Verbraucher feststellt.

Deshalb ist wohl die Mißbrauchsaufsicht bei den Verhältnissen der Kreditwirtschaft die flexibelste Aufsichtsform, die den dort gegebenen komplexen wettbewerbspolitischen Problemen am ehesten Rechnung trägt. Auch hier kommt es sehr auf das geschäftspolitische Einfühlungsvermögen und den kreditwirtschaftlichen Sachverstand des Bundeskartellamtes an. Die Verbände des Kreditgewerbes haben sich auch im Kartellbereich zu einer sinnvollen, die allgemeine Wirtschaftspolitik unterstützenden Kooperation zur Verfügung gestellt.

Literaturverzeichnis

Literaturhinweise zu Teil I

Aschinger, Franz E.: Das Währungssystem des Westens, 2. Aufl., Frankfurt 1973

Becker, Wolf-Dieter und Dignas, Karl-Heinz: Versuche rationaler Wirtschaftspolitik, in: Sparkasse, Heft 4/1972, S. 97 f.

Bockelmann, Horst: Die Rolle der Banken in der Geldpolitik, in: Kredit und Kapital, Heft 2/1974, S. 144 f.

Brunner, Karl: Eine Neuformulierung der Quantitätstheorie des Geldes, in: Kredit und Kapital, Heft 1/1970, S. 1 f.

Brunner, Karl: Die Kosten der Inflation und der Inflationsbekämpfung, in: Sparkasse, Heft 2/1971, S. 37 f.

Cairncross, Giersch u. a.: Wirtschaftspolitik für Europa, Wege nach vorn, München 1974

Deutsche Bundesbank (Hrsg.): Die währungspolitischen Institutionen und Instrumente in der Bundesrepublik Deutschland, Frankfurt 1975

Duwendag, Dieter (Hrsg.): Macht und Ohnmacht der Deutschen Bundesbank, Frankfurt 1973

Emminger, Otmar: Währungspolitik im Wandel der Zeit, Frankfurt 1966

Friedman, Milton (Hrsg.): Die optimale Geldmenge und andere Essays, München 1970

Geiger, Helmut: Auswirkungen inflationärer Bewegungen auf den Sparprozeß, in: Sparkasse, Heft 6/1972, S. 160 f.

Geiger, Helmut: Wie soll das Instrumentarium der Bundesbank ausgebaut werden? in: Wirtschaftswoche, Heft 50/1972, S. 20

Geiger, Helmut: Europäische Währungsunion und Weltwährungssystem aus stabilitätspolitischer Sicht, Sonderdruck aus »Internationale Währungsordnung, Europäische Währungspläne und Kapitalmarkt«, Frankfurt 1973

Geiger, Helmut: Indexierung – ein problematischer Vorschlag, in: Probleme der Indexbindung. Hrsg. Werner Ehrlicher, Beihefte zu Kredit und Kapital, Heft 2 (1974)

Geiger, Helmut: Möglichkeiten einer konjunkturellen Feinsteuerung durch die Geldpolitik – Erfahrungen mit dem Bundesbankinstrumentarium, in: Recht und Wirtschaft in Geschichte und Gegenwart, Festschrift für Johannes Bärmann zum 70. Geburtstag, München 1975, S. 333 f.

Geiger, Helmut: Herausforderungen für Stabilität und Fortschritt, Stuttgart 1974

Hankel, Wilhelm: Währungspolitik, Geldwertstabilisierung, Währungsintegration und Sparerschutz, 2. Aufl., Stuttgart 1972

Irmler, Heinrich: Ursachen und Abwehr der Inflation, in: Internationales Währungssystem und Inflation, Zürich 1973

Johnson, Harry G.: Geldtheorie und Geldpolitik, Berlin 1969

Kalmbach, Peter (Hrsg.): Der neue Monetarismus, München 1973

Ketzel, Eberhart: Praktische Fragen zum Geldmengenkonzept, in: Sparkasse, Heft 1/1975, S. 3 f.

Ketzel, Köser, Pfisterer: Die Notenbank, Stuttgart 1975
Klasen, Karl: Währungspolitik heute, in: Deutsche Bundesbank, Auszüge aus Presseartikeln, Nr. 17/1975, S. 1
Köhler, Claus: Geldwirtschaft, Berlin 1970
Köhler, Claus (Hrsg.): Geldpolitik kontrovers, Köln 1973
Lipfert, Helmut: Einführung in die Währungspolitik, 8. Aufl., München 1974
Milde, Hellmuth: Monetarismus kontra Fiskalismus, in: Sparkasse, Heft 3/1972, S. 65 f.
Pöhl, Karl Otto: Inflation and Oil Deficits confront World Leaders, in: American Banker, Nr. 188 vom 30. 9. 1974
Richebächer, Kurt: Überforderte Wechselkurspolitik, Tübingen 1974
Schlesinger, Helmut: Geldpolitik und Konjunkturpolitik heute, in: Deutsche Bundesbank, Auszüge aus Presseartikeln, Nr. 35/1975, S. 1 f.
Simmert, Diethard B.: Potentialorientierte Kreditpolitik, in: Sparkasse, Heft 9 und 10/1973
Simmert, Diethard B. (Hrsg.): Geldtheorie und Geldpolitik, Köln 1974
Stützel, Wolfgang: Moderne Kreditpolitik, in: Konjunkturpolitik, Heft 1/1975, S. 65 f.
Stützel, Wolfgang: Währung in weltoffener Wirtschaft, Frankfurt 1973
Willgerodt, Hans u. a.: Wege und Irrwege zur europäischen Währungsunion, Freiburg 1972
Zweig, Gerhard: Grenzen der »neuen« Geldpolitik, in: Sparkasse, Heft 5/1975, S. 110 f.

Literaturhinweise zu Teil II

Baumann, Horst: Die Volksbanken, Frankfurt/M. 1964
Becker, Wolf-Dieter: Das Bild der modernen Sparkassen, Stuttgart 1970
Bericht der Bundesregierung über die Untersuchung der Wettbewerbsverschiebungen im Kreditgewerbe und über eine Einlagensicherung, Bundestagsdrucksache V/3500 vom 18. 11. 1968
Büschgen, Hans: Das Universalbanken-System, Frankfurt/M. 1971
Büschgen, Hans: Struktur des Bankensystems und Geldpolitik, in: Kredit und Kapital, Heft 4/1971, S. 421 f.
Bundesverband Deutscher Banken: Banken im Fortschritt von Wirtschaft und Gesellschaft, XII. Deutscher Bankentag 1974, Köln 1974
Butschkau, Fritz, Wenn's um Geld geht ..., Erinnerungen, Düsseldorf 1972
Christians, F. Wilhelm: Kapital: Motor des Wachstums. Die Herausforderung der Banken und der Börsen in einer wirtschaftspolitisch integrierten Kapitalmarktpolitik, in: Die Banken in der Welt von morgen, XI. Deutscher Bankiertag, Düsseldorf 1968
Cramer, Jörg u. a.: Die herausgeforderten Banken, Frankfurt/M. 1972
Deutscher Sparkassen- und Giroverband: Die Sparkassen im Wettbewerb, Bonn 1964
Deutscher Sparkassen- und Giroverband: Sparkassen in öffentlicher Verantwortung, Deutscher Sparkassentag 1973, Stuttgart 1973
Fries, Karl: Die Girozentralen, Stuttgart 1973

Geiger, Helmut: Herausforderungen für Stabilität und Fortschritt, Stuttgart 1974
Hagenmüller, Karl F.: Der Bankbetrieb, 3 Bände, 3. Aufl., Wiesbaden 1970
Hahn, Oswald: Struktur der Bankwirtschaft, 3 Bände, Erlangen/Nürnberg 1973
Hermanns, Fritz: Mengengeschäfte, eine Herausforderung für das Bankmarketing, in: Sparkasse, Heft 3/1975, S. 57 f.
Hesselbach, Walter: Die gemeinwirtschaftlichen Unternehmen, Frankfurt/M. 1971
Hoffmann, Josef: Der Weg der Sparkassenpolitik, Stuttgart 1966
Hoffmann, Josef: Deutsche Sparkasseneinheit, Stuttgart 1969
Hoffmann, Josef: Auf der Bühne des Verbandes, Stuttgart 1971
Krämer, Willy: Wandel im Sparkassenkreditgeschäft, in: Sparkasse, Heft 1/1968, S. 9 f. und Heft 2/1968, S. 22 f.
Krämer, Willy: Kundenorientierte Geschäftspolitik vor dem Hintergrund der gesellschaftspolitischen Spannungen unserer Tage, in: Sparkassen in öffentlicher Verantwortung, Stuttgart 1973, S. 113 f.
Lehmann, Werner: Die Bausparkassen, Frankfurt 1970
Mülhaupt, Ludwig: Strukturwandlungen im westdeutschen Bankwesen, Wiesbaden 1971
Ponto, Jürgen: Wirtschaft auf dem Prüfstand, Düsseldorf 1975
Poullain, Ludwig: Die deutsche Sparkassenorganisation, Stuttgart 1972
Röper, Burkhardt: Die Wettbewerbsfunktion der deutschen Sparkassen und das Subsidiaritätsprinzip, Berlin 1973
Simmert, Diethard B.: Banken – Reform oder Verstaatlichung, in: Beilage zur Wochenzeitung Das Parlament, B 23/75
Stern, Klaus und Burmeister, Joachim: Die kommunalen Sparkassen, Stuttgart 1972
Stützel, Wolfgang: Bankpolitik – heute und morgen, 2. Aufl., Frankfurt 1964
Troberg, Peter: Die Bankensysteme in der Europäischen Gemeinschaft, in: Bank-Betrieb 1973, S. 422, 475; 1974, S. 6, 206, 259, 305, 408, 452, 499
Zimmerer, Karl: Die Struktur der Bankwirtschaft, in: Zeitschrift für das gesamte Kreditwesen 1973, S. 192

Literaturhinweise zu Teil III

Dürre, Günter: Möglichkeiten und Grenzen der Bankenaufsicht, in: Zeitschrift für das gesamte Kreditwesen 1973, S. 1189
Dürre, Günter: Wie das Aufsichtsamt die KWG-Novellierung sieht, in: Zeitschrift für das gesamte Kreditwesen 1975, S. 7 f.
Günther, Hans: Marktmäßiger Wettbewerb und staatliche Einwirkungen begrenzen Bankeneinfluß und verhindern Machtausübung, in: Bank-Betrieb 1974, S. 194, 251
Hofmann, Paul: Der Umfang des Verbots aufeinander abgestimmten Verhaltens in § 25 Abs. 1 GWB, in: Recht und Wirtschaft in Geschichte und Gegenwart, Festschrift für Johannes Bärmann zum 70. Geburtstag, München 1975, S. 471 f.

Jacob, Karl Theodor: Probleme der Staatsaufsicht über Sparkassen und Girozentralen, in: Zeitschrift für das gesamte Kreditwesen 1973, S. 1191
Kammholz, Axel: Wettbewerbspolitische Anmerkungen zur geplanten KWG-Novellierung, in: Bank-Betrieb 1975, S. 42
Möschel, Wernhard: Das Wirtschaftsrecht der Banken, Frankfurt 1972, S. 199 f., 326 f., 482 f.
Ponto, Jürgen: Banken und Staat im Konflikt, in: Zeitschrift für das gesamte Kreditwesen 1973, S. 1197
Reiss, Jürgen: Wunderheilung durch das Kreditwesengesetz, in: Zeitschrift für das gesamte Kreditwesen 1975, S. 71
Schmidt, Dirk: Harmonisierung des Sparkassenrechts in der EWG, in: Sparkasse, Heft 4/1969, S. 120
Schmidt, Dirk: Zur Einlagensicherung, in: Sparkasse, Heft 11/1969, S. 338
Schmidt, Dirk: Kreditwirtschaft und Kartellpolitik, in: Zeitschrift für das gesamte Kreditwesen 1974, S. 795 f. (Teil I), S. 841 f. (Teil II)
Schmidt, Dirk: »Abgestimmtes Verhalten«: Rechtsfrage oder Politikum? in: Zeitschrift für das gesamte Kreditwesen 1975, S. 423
Schmidt, Dirk: Gesetzgebungszuständigkeit des Bundes für das Sparkassenrecht? in: Recht und Wirtschaft in Geschichte und Gegenwart, Festschrift für Johannes Bärmann zum 70. Geburtstag, München 1975, S. 837 f.
Schneider, Manfred: Der Wettbewerb der Kreditinstitute im Spannungsfeld von Bankenaufsicht und Notenbankpolitik, in: Bank-Betrieb 1973, S. 122 f.
Troberg, Peter: Die Niederlassungs- und Dienstleistungsfreiheit der Kreditinstitute in der EWG, in: Bank-Betrieb 1973, S. 318 f.